ALIZIA PAULI
PAR PAUL FÉVAL

PREMIÈRE PARTIE

LES

Amies d'enfance

I.

LE DÉPART.

Il y avait quatre ou cinq équipages, tout attelés et attendant leurs maîtres, devant la terrasse fleurie du château de Villers-Bryant.

On était aux premiers jours d'octobre. Les hôtes du comte Hector de Bryant prenaient congé de lui, tous ensemble, pour gagner leurs quartiers d'hiver; les adieux se faisaient après un diner excellent, et la tristesse n'était point de mise.

Pour ces heureux, quand un plaisir finit, c'est que d'autres joies commencent. L'été, ils ont la douce vie de château; l'hiver, la vie brillante des salons.

Le comte et la comtesse de Villers reconduisant leurs invités.

Les saisons se succèdent et passent uniquement pour mettre dans leurs jouissances cette dose de variété qui préserve de l'ennui.

Le château de Villers, bâti par Amaury de Villers-d'Aubanton, brigadier des armées et premier comte de Bryant, vers la fin du règne de Henri IV, était un parfait échantillon de ce style aimable et cavalier dont la seconde moitié du seizième siècle nous a laissé de si charmants modèles. Il s'élevait sur la côte de Normandie, entre Granville et Avranches. Sa façade regardait les grèves du mont Saint-Michel et dominait toute la baie bretonne, jusqu'à la pointe de Cancale.

C'était un corps de logis leste et crâne, coiffé de hautes toitures à pic et flanqué de quatre pavillons toscans. Le tout était construit en briques rouges et

LAGNY. — Imprimerie de VIALAT et Cⁱᵉ.

pierres de liais, alternées symétriquement, dans la manière du pavillon de Saint-Germain-en-Laye et des hôtels de notre Place-Royale.

Il s'asseyait au revers d'une colline boisée, à douze ou quinze cents pas de la falaise, qui subissait, en cet endroit, une large dépression et s'abaissait presque au niveau des grèves, comme pour lui laisser le bel aspect de la mer.

Derrière le château, au delà des terrasses régnantes d'où l'on apercevait au loin les faubourgs d'Avranches, s'étendait un magnifique jardin ; au delà encore un parc immense. — Sur le devant c'était, au bas du perron seigneurial, la cour d'honneur, terminée en terrasse elle-même à cause de la conformation du sol, et descendait à la grande avenue par une double rampe en cœur, praticable aux voitures.

Il était cinq heures du soir, le soleil se couchait parmi des nuages rougeâtres, derrière les petites îles qui sont à l'embouchure de la baie. L'horizon lumineux et vermeil envoyait des reflets de pourpre à la belle façade du château. La mer étincelait au loin, tachée çà et là par quelques barques dont la voilure sombre se découpait en silhouette sur le ciel. Le mont Saint-Michel, éclairé à revers, dressait tristement, parmi la lumière prodigue du paysage, sa masse noire et dentelée.

Les hôtes du château de Villers étaient rassemblés à l'extrémité de la terrasse et s'apprêtaient à monter en voiture.

Le comte Hector et la comtesse sa femme leur faisaient la conduite jusqu'au bas de la rampe.

Il y avait peu de poètes dans cette fashionable assemblée, et pourtant, sur le point de dire adieu à ces magnifiques aspects que le soleil inondait de ses derniers rayons, comme pour les faire regretter davantage, chacun jetait un regard pensif sur le paysage.

Et quand l'œil, après avoir parcouru l'éblouissante immensité des grèves, remontait vers le château, il semblait que ce regard, jeté à la noble demeure, fût le premier. Jamais on ne l'avait vu dresser si fièrement sa façade, jamais on n'avait vu ses hautes fenêtres renvoyer si gaiement le vif azur du ciel. Au-dessus des toitures, empourprées par le couchant, les grands marronniers du jardin, que l'automne jaunissait déjà, se balançaient comme un panache. — Et toute cette maison, bâtie au temps des longues épées, vous gardait un si bon air de gaillarde fanfaronnerie qu'on pensait malgré soi à la plume couchée sur le large feutre des mousquetaires de Louis XIII.

Tout devait être gai dans ce gracieux manoir ; la vie devait y passer comme les heures d'une fête.

Point de soucis, point de tristesses, — à moins qu'il n'y eût là, comme la masse noire du mont Saint-Michel au milieu du splendide paysage, un point sombre et menaçant pour ternir toutes ces joies...

Le comte Hector paraissait avoir trente-cinq ans à peine. C'était un joli homme dans toute la force du terme : teint blanc, cheveux noirs merveilleusement lustrés, taille moyenne et bien prise dans des habits de goût suprême. Il possédait à un degré fort éminent ce sang-froid courtois et ce flegme de provenance britannique qui a remplacé chez nos gentilshommes les grâces avenantes et légères de l'ancienne urbanité française. Il possédait même cette qualité indéfinissable qui varie à mesure qu'on parcourt les différents degrés de l'échelle sociale, mais qui garde son nom, maladroitement appliqué, dans les salons comme dans les arrière-boutiques : *la distinction*.

C'était un homme distingué, — à part même ses dignités et son immense fortune ; car le comte Hector était grand d'Espagne de première classe, commandeur de la Légion d'honneur, chevalier de trois ordres souverains, etc., etc. Il avait, en outre, plus de quatre cent mille francs de revenus.

A Paris, son hôtel, situé dans le faubourg Saint-Germain, aux abords du Palais-Bourbon, était un centre d'élégance et de richesse, où se réunissaient, sur un terrain neutre, la noblesse fidèle et la noblesse ralliée, la haute magistrature, la banque, la diplomatie, tout ce qui avait une position de naissance ou de conquête.

Le comte Hector, en effet, n'avait jamais tranché ses opinions de cette manière cassante et austère dont notre siècle se corrige évidemment. On ne pouvait dire qu'il fût légitimiste, car il allait à la cour et sollicitait la pairie ; mais, quand il se trouvait seul à seul avec un ami des princes exilés, il se plaisait à découvrir un trésor de chevaleresque sympathie.

On ne pouvait pas savoir. Si jamais les choses changeaient, si la Providence amenait de ces événements que les hommes sages prévoient toujours, — les Bryant avaient servi le roi pendant six siècles, — le roi de France ; — le grand-père d'Hector était mort à l'armée de Condé. — Le comte Hector mettait la main sur son cœur et disait tout bas :

— Il est des souvenirs qui ne s'effacent jamais !...

Mais son père avait été chambellan de l'empereur. — Et Dieu sait qu'avec les vieux généraux, le comte Hector se montrait dévot aux gloires de l'ère impériale. Les rares héros qui rêvent la restauration de la monarchie militaire n'étaient pas éloignés de le regarder comme un de leurs adhérents.

Après la révolution de juillet, il avait dîné chez Lafayette et dansé chez Laffitte.

Quant aux chefs du tiers-parti et de l'opposition dynastique, il les portait positivement dans son cœur.

Avec un nom du premier ordre, dix millions de fortune et un si heureux caractère, il est évident que le comte Hector de Bryant devait aller très-loin.

Nous ne cacherons point que c'était un petit esprit, un cœur banal et vacillant, une tête sans vigueur ni portée ; mais ces choses sont indispensables seulement aux pauvres diables qui veulent faire fortune avec leur génie.

Le comte Hector n'en était pas là, Dieu merci ! et tous les devins politiques lui prédisaient un énorme avenir.

Son château de Villers n'avait pas désempli depuis le commencement de la saison. Ç'avait été, durant six mois, une succession non interrompue de plaisirs et de fêtes auxquels présidait avec un charme délicieux la comtesse Clotilde sa femme.

La comtesse Clotilde aimait son mari à l'adoration. Elle était citée au premier rang parmi les plus jolies femmes du monde parisien, et chacun la disait aussi bonne que jolie.

C'était une blonde aux traits délicats et d'une finesse extrême. La blancheur de sa peau éblouissait. Quand elle était heureuse, elle avait la gaieté naïve et le sourire d'un enfant.

Aux fêtes de Villers-Bryant, elle n'avait point eu de rivales ; les hôtes du château s'étaient renouvelés plusieurs fois, et toujours elle était restée la reine de beauté.

Quelques femmes pouvaient bien montrer une taille aussi parfaite, d'autres un visage aussi régulier, mais il n'y en avait point pour égaler son sourire et pour présenter surtout cet ensemble de grâces aimables, douces, harmonieuses, qui la faisaient si charmante.

En ce moment encore, parmi le brillant essaim des jeunes femmes qui descendaient au bras de leurs cavaliers de la terrasse du château de Villers, il ne s'en trouvait aucune qui pût lui être comparée. Pour lui trouver une rivale, il fallait chercher ailleurs.

A quelques pas derrière le dernier des groupes, une jeune fille marchait avec lenteur ; elle tenait par la main deux gentilles enfants de cinq à six ans qui souriaient, joyeuses, et qui agitaient sur leurs fronts mutins les boucles de leurs grands cheveux blonds.

Cette jeune fille était remarquablement belle, d'une beauté plus haute peut-être et plus noble que la comtesse elle-même ; mais il y avait sur son visage, aux lignes pures et sculptées, un voile de morne froideur. Ses yeux tristes et fixes semblaient n'avoir point de pensée.

Elle ne répondait pas aux provocations impatientes des deux enfants qui lui tiraient les mains, qui la caressaient, qui la menaçaient en se jouant, pour l'entraîner vers les voitures. Son front était fier et ses yeux baissés ; sa démarche indiquait de la contrainte ; vous eussiez dit parfois qu'elle boudait tout simplement ; d'autres fois, parmi la pâleur mate de son visage, vous eussiez cru découvrir une souffrance amère et vaillamment refoulée...

Mais ce qui dominait en elle, c'était la gêne, et, soit que cette gêne fût le produit de l'orgueil froissé, soit qu'elle vînt d'une blessure de l'âme, la jeune fille perdait l'avantage de sa beauté supérieure, et cédait la palme à la comtesse heureuse. Il y a tant de séductions dans le sourire !

La jeune fille se nommait Alizia Pauli : c'était l'institutrice de mesdemoiselles Berthe et Marie de Bryant, — les jolies anges aux cheveux d'or qu'elle tenait par la main.

Elle restait obstinément à l'écart, malgré les efforts des enfants ; — personne ne songeait à égarer un regard jusqu'à elle.

Au milieu des riches élégances de ce monde, son costume tranchait comme sa tristesse. Tandis que les autres femmes, et surtout la comtesse Clotilde, se paraient complaisamment de leur chevelure, il semblait qu'Alizia eût voulu dissimuler le luxe abondant de la sienne. Deux austères bandeaux se collaient à ses tempes, et ses beaux cheveux noirs étaient serrés derrière sa tête. Elle portait une robe de couleur sombre, dont la coupe cachait les perfections de sa taille svelte et hardie ; son corsage montait au-dessus de sa gorge, et, comme si ce voile n'eût point suffi, une lourde pèlerine s'agrafait autour de son cou.

De loin, ce costume la vieillissait et l'écrasait au point de lui donner l'apparence d'une femme de trente ans ; mais de près, le costume avait beau faire, les plis ingrats de la robe ne devinaient la taille souple et fine ; sous l'étoffe pesante de la pèlerine on sentait la belle harmonie des contours...

Quand le cortége des invités s'arrêta au bas de la rampe, devant les voitures, Alizia s'arrêta également à l'extrémité de la terrasse.

— Viens donc, petite mère!.., dirent les enfants, — viens donc !...

Et, comme Alizia résistait toujours, Berthe et Marie abandonnèrent ses mains pour descendre la rampe en courant.

Elle resta seule au bout de la terrasse. — Elle s'accouda contre la balustrade de marbre et ses yeux se clouèrent au sol.

En bas, les enfants récoltaient leur moisson de baisers et de caresses. — Les marche-pieds des chaises tombaient bruyamment; c'était l'instant du départ.

Partout où l'on sait vivre, on abrége le plus possible cette heure fâcheuse des adieux qui fatigue lorsqu'elle n'attriste pas.

En quelques secondes, on échangea ce qu'il fallait de phrases polies, et chaque voiture eut son contingent.

La comtesse, qui avait pris le bras de son mari, alla d'une portière à l'autre, saluant et disant avec son joli sourire :

— Merci pour le plaisir que vous nous avez apporté, madame...

— Nous aurions bien du regret de vous perdre, si nous ne comptions vous retrouver dans quelques jours à Paris.

— La semaine prochaine, madame la marquise, j'espère vous rendre votre aimable visite.

Et par chaque portière des têtes se penchaient, qui rendaient coup pour coup. C'était un feu roulant de compliments courtois débités avec tout plein de grâce.

La dernière voiture, qui était une berline de voyage, était occupée par quatre hommes et une femme déjà sur le retour.

Nous n'avons point décrit les hôtes du château de Villers, parce que, une fois donnée la position du comte Hector, chacun peut se figurer le monde qu'il voyait : c'était l'entourage aristocratique et néanmoins un peu mêlé de l'homme assis sur l'un des premiers degrés de l'échelle sociale, mais qui cherche à monter encore en s'accrochant à toutes branches.

Il y avait là de vieux nobles et des nobles nouveaux, des gens en place et des hommes d'argent. Tous le regardaient comme un esprit profondément adroit et menant sa vie avec une habileté très-grande.

— Tant il est vrai que les réputations se font partout un peu au hasard.

La dernière voiture dont nous venons de parler contenait la portion la moins relevée de l'assemblée. — C'étaient un jeune tiers d'agent de change nommé Ligeac, l'avocat Gédéon Ricard, un vicomte spéculateur soutenu par ses dettes et un auteur tragique comblé de refus.— C'était enfin madame de Mareuil, jeune veuve frisant la quarantaine depuis plusieurs années, venue on ne savait d'où, mais riche et acceptée dans le monde à cause de quelques bons mariages qu'elle avait combinés.

Madame de Mareuil faisait les hyménées. A cause de sa spécialité, elle savait le fort et le faible de toutes les fortunes, de toutes les généalogies et de toutes les réputations.

Les gens qu'elle avait mariés la recevaient. Une fois reçue, comme il y a partout des célibataires, elle trouvait une petite cour. Elle était aux trois quarts spirituelle, et médisante jusqu'au bout des ongles ; — on l'écoutait assez.

Pendant que le comte et la comtesse achevaient leur tâche, madame de Mareuil mit la tête à la portière et avisa l'institutrice immobile au bout de la terrasse.

La patte d'oie qui était autour de ses yeux s'élargit en éventail; elle se prit à sourire en regardant ses quatre compagnons.

— Cette pauvre demoiselle Pauli !... dit-elle, personne ne lui fait de politesses... Pour ma part je ne veux pas la quitter ainsi !

Elle agita son mouchoir en dehors de la portière et sa voix aiguë s'éleva de plusieurs tons.

— Au revoir, ma chère demoiselle Pauli !... s'écria-t-elle ; ces messieurs me chargent de vous faire leurs compliments.

Ces mots, prononcés à voix haute et non sans un petit accent de moquerie, firent que tous les regards se portèrent à la fois sur la jeune fille.

Celle-ci avait tressailli faiblement ; une nuance rosée était venue à sa joue pâle, tandis que le comte de Bryant s'arrêtait au beau milieu d'une phrase commencée et fronçait le sourcil.

La comtesse jeta un regard furtif sur son mari, et perdit un instant son sourire.

Alizia, sans relever les yeux, s'inclina froidement.

— Oh ! oh ! fit madame de Mareuil à demi-voix, — on dirait que sans le vouloir j'ai mis le feu à quelque traînée de poudre.

— Le fait est, dit Gédéon Ricard, que voici la comtesse toute triste.

— Et le comte tout embarrassé !... ajouta Ligeac, le tiers d'agent de change.

— Il faut faire diversion, reprit madame de Mareuil, qui ajouta, en montrant du doigt une des fenêtres hautes du château :

— Voyez !... voyez, messieurs ! Bosco n'est pas venu nous faire ses adieux... mais du moins il assiste à notre départ...

En suivant le doigt étendu de la veuve, les regards rencontrèrent une petite fenêtre qui s'ouvrait, tout en haut du château, sur la toiture même de l'un des pavillons. Dans le carré de la lucarne s'encadrait une figure étrange, éclairée vivement par les derniers rayons du couchant.

On ne pouvait trop savoir, à la première vue, si cette figure régulière, mais pâle et amaigrie, appartenait à un homme ou à une femme. C'était un visage blanc, long, mélancolique, entouré d'une épaisse chevelure presque incolore. A cette distance, il était difficile de distinguer ses traits, et cependant telle était l'intensité fixe de son regard qu'on en devinait presque la direction précise.

Ses yeux étaient cloués sur la comtesse et semblaient épier tous ses mouvements.

— Bonsoir, Bosco, mon ami !... cria encore madame de Mareuil.

La figure blême qui tenait toute la largeur de la lucarne disparut aussitôt, et l'on ne vit plus à sa place qu'un trou noir.

Tout le monde éclata de rire. Ce Bosco, à ce qu'il paraît, était un personnage fort réjouissant.

Postillons et cocher firent claquer leurs fouets. Chaises et berlines s'ébranlèrent pour rouler à la file sur le sable fin de l'avenue.

Le comte et la comtesse les suivirent un instant du regard.

Puis le comte bâilla. — La comtesse avait la tête penchée, et vous n'eussiez plus trouvé sur son joli visage la moindre trace de ce sourire heureux qui l'éclairait naguère.

II.

MÉDISANCES

— Tu vas donc nous quitter en chemin, Gédéon ? dit le tiers d'agent de change à l'avocat pendant que les voitures descendaient l'avenue.

— Je m'arrête à Avranches... répondit Gédéon ; on m'a dit tant de choses sur mon ancien ami Martial Aubert que je veux lui rendre une petite visite.

— Vous serez mal reçu... dit madame de Mareuil.

— Bah !... nous étions ensemble comme les deux doigts de la main. Ma foi, nous avons fait quelques bonnes folies !... mais il y a bien six ans que je ne l'ai vu... Puisque vous semblez le connaître, madame, donnez-moi donc quelques renseignements sur ce cher Martial.

— Je le connais comme tout le monde... répliqua la veuve. Il y a près d'un mois que je suis dans le pays, et j'avais déjà fait une apparition au château de Villers au commencement de la saison... En ce temps-là, on s'occupait énormément de M. Martial Aubert... Il n'eût tenu qu'à lui d'être un magistrat fort à la mode... On racontait sur sa personne et sur son passé deux ou trois petites histoires très-romanesques... et surtout il y a un homme qui porte la robe noire... mais il a refusé toutes les avances pour vivre dans sa petite maison d'Avranches comme un véritable ermite.

— N'y aurait-il point quelque grande passion là-dessous ? demanda Gédéon Ricard.

— On n'en sait rien.

— Est-il toujours beau garçon ?

— C'est suivant les goûts... une grande figure pâle et froide avec un front qui commence à se découronner... Je dois dire cependant que ces dames le trouvent fort bien... Et il faut cela pour qu'on s'obstine à parler, chez le comte Hector de Bryant, d'un pauvre petit juge de province !...

— Eh ! eh !... fit Gédéon, ne vous y trompez pas !... Martial est apparenté fort solidement... Et, si les conscrits ont un bâton de maréchal dans leur giberne, le plus petit juge doit bien avoir au moins, dans la poche de sa robe, une toque de président... Je vois son affaire... Il a maintenant bien près de trente ans... c'est le bel âge de l'ambition.

L'agent de change haussa les épaules.

— Jolie ambition ! se récria-t-il. Magistrat !... j'aimerais presque autant être militaire ou poète... trois métiers de niais !

— C'est vrai, murmura l'auteur de tragédies ; on n'y peut point faire banqueroute.

— Pour en finir avec M. Martial Aubert... reprit madame de Mareuil, — les femmes à sentiments prétendent qu'il a dans le cœur un souvenir fatal... Tout le monde s'accorde à lui donner beaucoup de t lent... et il passe pour être d'une sévérité excessive dans l'exercice de sa profession... Quant à sa vie, elle est sans reproche, sinon sans mystère : il travaille du matin au soir et ne voit guère pour toute compagnie que sa vieille servante, aussi revêche qu'il est lui-même insociable et sauvage.

— Est-ce que vous avez voulu le marier? demanda Gédéon.

La veuve le menaça du doigt gaiement.

— Pourquoi pas? répliqua-t-elle ; il a une belle fortune, et je le connais depuis aussi longtemps que vous... Autour de moi je ne vois guère de mariage impossible, sinon le vôtre, monsieur Gédéon, celui du vicomte et celui de notre cher poëte.

L'avocat, l'auteur et le gentilhomme s'inclinèrent avec reconnaissance.

La veuve reprit en s'adressant à Gédéon :

— Maintenant que vous avez le signalement de M. Martial Aubert, comptez-vous toujours aller lui rendre visite?

— De plus en plus, s'écria l'avocat ; c'était un joyeux vivant autrefois...... Et il doit y avoir quelque histoire superbe sous cette conversion!...

— Vous nous conterez cela cet hiver à Paris?...

— Je m'y engage...

Les voitures arrivaient au bout de l'avenue, où deux grandes routes se croisaient. Les unes tournèrent à droite, vers la haute Normandie, les autres prirent le chemin d'Avranches, qui mène à Paris.

La chaise de madame de Mareuil suivit cette dernière direction.

Madame de Mareuil possédait une jolie aisance, mais elle était de petite extraction. Ceux qui la connaissaient le mieux ne savaient rien de précis sur sa famille. — On disait seulement que son mari, ancien accapareur de grains, avait pris son nom au bourg de Mareuil-en-Brie.

Elle avait su se glisser dans le grand monde à force de patience, de tact et de volonté. Le genre de services qu'elle rendait entr'ouvre toutes les portes; madame de Mareuil était tolérée. Elle avait ce qu'il fallait de sens pour juger sa position et garder dans sa clientèle une convenance discrète.

On eût pu la prendre à première vue pour une excellente créature, à la fois indulgente et réservée.

Ce n'était pas tout à fait cela. Les concessi ns qu'il lui fallait faire dans ce monde dédaigneux et hostile lui laissaient un fonds d'amertume. Quand elle pouvait se mettre à l'aise en petit comité, — entre hommes, comme elle disait, — elle prenait volontiers sa revanche.

Gédéon Ricard était un avocat du barreau de Paris, un peu israélite, très-vaniteux, méchante langue, à l'abri de tous préjugés, et néanmoins assez à court d'affaires.

Son voyage en Normandie avait un but d'intérêt. Il était venu au château de Villers, pour conquérir le titre d'avocat ordinaire de M. de Bryant, — qui l'avait fait danser, chasser, dîner et jouer la comédie.

Le vicomte spéculateur était ruiné, très-ruiné, très-fort au lansquenet. Il devait bien quelques louis à l'agent de change.

L'agent de change avait prêché, au temps de sa jeunesse, la religion folâtre de Saint-Simon. Maintenant il eût immolé le *Père*, la *Mère* et la *Femme libre* pour dix écus.

Quant à l'auteur de tragédies, ancien fort en thèmes et membre de l'Athénée royal de France, il amassait sournoisement des économies pour se faire mouler en plâtre avec une couronne de lauriers.

Au sortir de l'avenue, la route montait. Quand la voiture eut atteint le sommet de la côte, nos voyageurs purent apercevoir, pour la dernière fois, le beau château de Bryant, éclairé par les lueurs vermeilles du couchant.

Derrière le château, on voyait le parc s'étendre à perte de vue.

Le poëte tragique et le vicomte ruiné se surprirent à pousser ensemble un long soupir.

— Enviable asile!... murmura le poëte.

— Le fait est, dit le petit vicomte, qu'on doit être bien heureux là dedans !

— Il y a cent mille livres de rentes tout d'une pièce à l'entour, jouta Ligeac, l'agent de change, d'un accent pénétré.

— Hélas! déclama Gédéon, en regardant le poëte tragique, — la fortune fait-elle le bonheur!...

Madame de Mareuil saisit la balle au bond.

— Toujours médisant!... répliqua-t-elle ; — est-ce que vous croyez à toutes les histoires qui courent dans le pays?

Et, sans attendre la réponse, elle reprit avec volubilité :

— C'est une chose étrange!... les hommes ne savent pas mieux choisir qu'aimer... Au printemps, quand je suis venue la première fois, c'était un petit ménage adorable... Ils s'aimaient comme des gens qui ont mille écus de rentes... quelques mois ont passé là-dessus, et vous voyez ce qui arrive !....

— Bah! fit Gédéon ; on ne peut pas roucouler jusqu'à cinquante ans!

— Et pourquoi pas tout cela? poursuivit madame de Mareuil; la comtesse est-elle moins charmante?... Mon Dieu, non!... Seulement il y a là une autre figure... Et voilà le mari ensorcelé!

— Vous disiez que vous n'ajoutiez point foi... commença Ligeac.

— Mon Dieu! s'écria la veuve, on a beau faire, il faut se rendre à l'évidence.

Gédéon cherchait un bon mot.

— Ce qui est bien certain, s'écria le vicomte, c'est que madame de Bryant est dix fois plus jolie que l'institutrice!

Madame de Mareuil se pinça les lèvres et secoua la tête.

— Vous n'avez pas vu Pauli comme moi au début de la saison, dit-elle ; c'est à peine si vous la reconnaîtriez... il y a dans tout ceci un peu de la faute de la pauvre Clotilde... Elle aime son mari à la passion.

— Beaucoup trop, interrompit Gédéon ; elle l'a gâté.

— D'abord, reprit la veuve ; ensuite, elle s'est conduite comme une enfant vis-à-vis de cette demoiselle Pauli, qui est une fine mouche!... Voyez-vous, je ne suis pas sans savoir... Mais on ne peut tout dire... Elles se sont connues autrefois, elles étaient amies de pension... enfin n'importe! — le positif, c'est que la pauvre comtesse a donné des armes elle-même à l'ennemi... Au printemps, quand je suis venue, j'ai trouvé ici mademoiselle Alizia, brillante et posée en égale auprès de Clotilde. Elle avait plutôt l'air d'une amie de la maison que d'une institutrice. On l'écoutait quand elle parlait; on lui faisait des succès au piano. Elle dansait, ma foi, très-agréablement. Elle avait presque les mêmes toilettes que la comtesse ; et, quoi que vous en puissiez croire, vicomte, elle était merveilleusement belle!.. Il n'y a pas à dire, c'est une de ces figures qui mettent à l'envers la tête des hommes! — Clotilde n'est que jolie; Pauli, avec ses grands yeux d'Italienne et sa beauté puissante, la laissait bien avant dans l'ombre. Je n'exagère pas, Pauli était la reine de nos promenades et de nos fêtes; Clotilde, qui l'aimait, en ce temps-là, comme une sœur, bien loin d'être jalouse, se montrait heureuse de ses succès. Mais d'autres étaient plus clairvoyants, et moi qui vous parle je devinais déjà la fin de l'aventure... Le comte la regardait des yeux!...

— Ah çà! interrompit Gédéon, — si les choses sont comme vous le dites, comment expliquer la décadence de cette suprême beauté? Devient-on laide pour être aimée? et doit-on penser que le comte ordonne sa favorite de se fagoter comme une vieille femme?

— C'est peut-être une manière de cacher son jeu... répliqua madame de Mareuil — le comte est un si rusé matois!...

Il y eut un murmure d'approbation dans la voiture.

— Celui-là sait ce qu'il fait! reprit l'agent de change d'un ton admiratif.

— Au grand jeu de la vie humaine, ajouta le poëte avec emphase, — il triche comme Walpole ou Talleyrand...

Tout le monde conclut en chœur :

— C'est un homme très-fort et qui doit aller loin !

Gédéon, cependant, n'avait pas encore trouvé son bon mot.

— C'est égal, dit la veuve, voilà une chose qui me passe ! Un homme dans la position du comte Hector de Bryant risquer ainsi l'estime du monde!

— Comment l'estime du monde! répéta le vicomte étonné sincèrement.

Chacun leva sur la veuve un regard de surprise.

S'il s'était agi de billets protestés, de procès perdus ou de pièces sifflées, ces messieurs eussent compris tout de suite ; mais depuis quand une affaire de femme?...

— Je sais ce que je sais, dit madame de Mareuil, répondant à leur interrogation muette ; on jase, et beaucoup!... Les efforts maladroits que fait l'institutrice pour cacher son intrigue impatientent tout le monde. Croit-elle pas se déguiser en sainte avec sa robe noire et sa grande pèlerine?... Mon Dieu! nous autres femmes, nous fermons les yeux sur bien des choses... S'il s'agissait d'une reine du bal Mabille ou d'une danseuse de l'Opéra, je serais la première à sourire... Le comte est jeune, et voilà sept ans qu'il est en ménage ; il faut compter cela. Mais une fille installée dans sa maison !

— C'est plus commode... interrompit Gédéon qui crut avoir trouvé son bon mot.

Personne n'eut l'obligeance de se récrier.

— Une institutrice!... poursuivit madame de Mareuil ; — la seconde mère de ses enfants!

— Oh ! oh ! fit l'agent de change, ceci est de la haute morale !

— Ma foi, dit Gédéon, — ce que j'entends renverse toutes mes idées! J'avais toujours cru qu'un brin d'amourette entrait dans le programme d'emploi d'une institutrice, — à moins que la dite institutrice n'eût dépassé l'âge d'amour. J'ai fait mes études dans un bon collège où mes professeurs m'ont appris l'histoire du grand roi Louis XIV... madame de Maintenon n'était-elle pas une institutrice? et Louis en a-t-il moins sa statue équestre sur la place des Victoires?... Un peu de charité, que diable!... Vous dites vous-même que cette Alizia était charmante... Eh bien! il reste à la comtesse le droit imprescriptible des femmes abandonnées.

— Et Gédéon ne demanderait pas mieux, commença le tiers d'agent de change.

— Mon bon, tu te trompes... je suis complet... j'ai mon cœur plein d'amour... Et d'ailleurs, fi donc!... tromper ce cher Hector!

— Si tout le monde dit comme vous, s'écria la veuve, — que devient le droit de la pauvre abandonnée? Je ne lui vois qu'une consolation possible... c'est son page Bosco.

Cette dernière parole renfermait sans doute allusion à quelque événement connu, car chacun eut un sourire.

— Ce diable de Bosco!... dit Gédéon; — il prenait son rôle fort au sérieux... et je crois, ma parole, qu'il est amoureux de la comtesse!

— Avec sa bosse de moins et deux pieds de plus, murmura madame de Mareuil, ce serait un garçon à compter... Mais laissez venir l'hiver, ajouta-t-elle en changeant de ton, — et vous me direz des nouvelles de notre chère Clotilde... Dans la vie d'une trompée, il y a plusieurs phases successives, et toujours les mêmes... La comtesse en est encore à la période d'héroïsme... Elle combat courageusement... elle cache sa peine sous le sourire, parce qu'elle croit encore que personne n'a deviné sa peine... Mais le jour où un mot, un regard, un rien lui dira la pitié du monde, la comtesse fera comme toutes les autres... elle laissera la lutte inutile... et ce ne sera pas le pauvre Bosco, croyez-moi, qui punira les infidélités du comte...

— Ma foi, dit Gédéon, celui-là sera un heureux coquin, voilà ce qu'on peut affirmer... car la comtesse devient de plus en plus jolie... Elle rajeunit tous les ans, ma parole!.. Vous qui savez tout, belle dame, quel âge faut-il lui donner?

La veuve compta sur ses doigts.

— Elle entre dans sa vingt-sixième année, répliqua-t-elle.

— Pas possible! s'écria-t-on de toutes parts.

— Écoutez donc, dit madame de Mareuil, je sais cela mieux que personne... Je connaissais notre chère Clotilde avant qu'elle fût comtesse de Bryant... j'ai même un peu trempé dans son mariage.

— En vérité!

— C'est toute une histoire... Il y a bien dix ans que le père de Clotilde vint en France avec sa fille... c'était un grand seigneur, un prince florentin du meilleur calibre. Il avait laissé sa femme en Italie, je ne sais où, et vivait avec une Française dont le nom vous importe assez peu... Une belle créature, grande, énergique, fière!... Tenez, un peu dans le genre de la Pauli...

Il y a d'étranges retours en ce monde, messieurs, et il faut bien croire à la Providence!...

Cette remarque incidente, qui n'était pas du tout dans le style habituel de la veuve, vint renouveler la curiosité de l'auditoire.

— Je parle de Providence, reprit madame de Mareuil, parce que voici la pauvre Clotilde délaissée à son tour pour une institutrice.

— Comme sa mère?... interrompit Gédéon.

La veuve le regarda en dessous.

— Non pas, dit-elle comme la femme de son père...

— Hein?... fit l'assistance d'une seule voix.

— Je suis fâchée d'avoir entamé ce récit, dit la veuve, et j'ai bien envie de ne pas aller plus loin.

— Si fait! si fait! cria-t-on. Si vous n'achevez pas, nous allons croire des horreurs.

— Je me dévoue... Clotilde est la fille de cette Française qui vint à Paris avec le prince... et cette Française avait été longtemps l'institutrice des enfants légitimes du prince à Florence.

— Tiens, tiens, tiens, tiens! fit Gédéon, la comtesse est une enfant de l'amour?...

— Et notre ami Hector, ajouta le vicomte, s'est rendu coupable d'une mésalliance!

— Le prince apportait d'Italie sa fortune réalisée, reprit madame de Mareuil, et sa fortune consistait en sept ou huit bons gros millions... Notre Hector n'était pas riche... son oncle, le diplomate, lui avait laissé d'excellents principes sur l'art de nager entre deux eaux, mais peu d'argent... il y avait sûr ce beau château que nous quittons des masses d'hypothèques, que voulez-vous qu'il fit?

— Qu'il mourût! grommela le poëte tragique par habitude.

— Madame, prononça gravement le vicomte spéculateur, — mon pauvre château de Bourgogne a plus d'hypothèques qu'il n'en peut porter. Voyez pourtant si je me mésallie!...

— Il faut trouver, vicomte... mais écoutez mon histoire jusqu'au bout.

— Je demande à faire une question, interrompit Gédéon. Combien de millions cet excellent prince avait-il laissés à son épouse abandonnée et à ses malheureux enfants?

— Voilà ce qu'on ne sait pas.

— Miséricorde! s'écria le vicomte, cet argent me brûlerait les doigts!

— Ta, ta, ta!... fit Ligeac, j'ai vu des raisins bien autrement verts mangés par des vicomtes encore plus dégoûtés... Au fond de tout sac bien rempli on trouve toujours un peu de crasse.

— Mais la morale... voulut dire le poëte.

— Mais les millions! répliqua le tiers d'agent de change d'un accent victorieux.

— D'ailleurs, reprit la veuve, le prince avait peut-être laissé de très-belles ressources à sa famille... et, quant à la mésalliance, vous savez que l'amour excuse tout. Hector était très-amoureux..... amoureux comme un fou et jaloux comme un tigre. Écoutez bien ceci, monsieur Gédéon, nous allons mettre en scène, avant de finir notre récit, un personnage de votre connaissance.

— Je suis tout oreilles, belle dame.

— Le comte était jaloux... tandis que nous jetions les bases de cette union vraiment bien assortie, Clotilde était encore en pension à Paris..... Vous savez, autour des pensions les mieux tenues, le sensible Lindor rôde parfois avec sa guitare... Ces petites filles se croient des demoiselles!... Je ne pourrais pas trop vous dire comment cela se fit, mais Hector eut vent de certaine rumeur qui courait sur le compte de sa fiancée. On prétendait que Clotilde donnait des rendez-vous à la promenade, qu'elle faisait des signes à la fenêtre, et que même elle recevait les billets doux de certain galant à moustaches noires, et à tournure castillane, qui faisait trop souvent les cent pas sous sa fenêtre. Hector voulut, ma foi, tout rompre.

— Quoi! dit Ligeac, pour si peu de chose!

— Il ne rompit rien... Je fis peur à Clotilde, qui trouva, dans la pension même, une de ses têtes romanesques rêvant l'héroïsme de l'amitié, qui se dévoua et prit l'aventure à son compte.

— Il y avait donc réellement une aventure? demanda Gédéon.

— Le galant n'était pas tout à fait un être fantastique... Je le vis de mes yeux au moins trois ou quatre fois... Mais nous arrangeâmes l'affaire, et tout fut mis sur le d s de l'amie dévouée.

— Qui se nommait?...

— Je n'ai jamais songé à m'en informer. Quelque petite sotte qui sera restée vieille fille, justement à cause de cette équipée, et qui maintenant voudrait bien, j'en suis sûre, racheter son ridicule dévouement au prix de mille trahisons... Mais, que ne me demandez-vous plutôt le nom du galant?

— Vous le savez? s'écria-t-on à la ronde.

— Depuis quelques mois seulement... J'ai reconnu notre sentimental rôdeur au beau milieu du salon de Villers.

— Peste!... fit Gédéon; vous aviez bien raison de dire que la petite comtesse n'avait pas besoin de Bosco!...

— Trêve de méchantes pensées, s'il vous plaît!... Le galant n'est venu au château de Villers qu'une seule fois pendant toute la saison... Voulez-vous deviner?

— Nous voulons savoir.

— Eh bien! je ne vous ferai pas languir... le galant c'est M. Martial Aubert... le grave, le puritain, l'austère juge d'instruction.

— Pardieu! s'écria Gédéon, j'étais sur le point de le dire!... et voilà sa retraite expliquée... Il boude.

— Les âmes blessées, dit le poëte tragique, se plaisent dans le silence et la solitude.

— Maintenant que je suis sur la voie, reprit Gédéon, je crois bien que j'ai eu vent autrefois de cette aventure... Il doit y avoir sept ou huit ans...

— A peu près.

— C'est bien cela!... Martial et moi nous faisions notre droit à Paris... Ah! c'est la comtesse que le scélérat allait voir dans la rue de Varennes!...

La veuve se prit à sourire.

— C'était en effet dans la rue de Varennes... dit-elle.

La voiture, qui avait jusqu'alors roulé sans bruit, sauta en ce moment sur le rude pavé d'Avranches.

Gédéon mit en toute hâte la tête à la portière.

— Cocher, cria-t-il, arrêtez!

— Belle dame, reprit-il, après ce que vous venez de me dire, je ne donnerais pas ma soirée pour une cause de vingt-cinq louis... Vais-je l'intriguer, ce pauvre Martial!

— Surtout, ne me citez pas, dit la veuve.
— Fi donc! nous autres avocats!...

La voiture s'était arrêtée juste en face de la première maison du faubourg. Cette maison, vieille et grise, semblait déserte; portes et fenêtres étaient closes. On n'y voyait pas une seule lumière, bien que la nuit fût déjà noire.

— Voici la demeure de votre hôte, dit madame de Mareuil.
— Diable!... fit Gédéon en lorgnant les murailles grises et les contrevents fermés; — la maison de mon hôte n'a pas un aspect fort engageant... C'est égal, je me risque!

Il sauta sur la chaussée.

Tandis qu'il saluait ses compagnons de route pour prendre congé, la veuve lui dit :

— Si l'on vous laisse à la porte, comme je le pense, il y a ici une auberge passable. Bonne chance, monsieur Gédéon !

La voiture partit, Gédéon traversa la rue et s'en alla frapper à la porte de la maison grise.

Le marteau résonna tristement sur la plaque de tôle rouillée. Aucun mouvement ne se fit derrière les murailles silencieuses.

III.

BOSCO.

Cette figure blanche et pâle qu'on avait aperçue au moment du départ à une lucarne du château de Villers, et que les invités avaient saluée d'un éclat de rire, appartenait à un jeune garçon de quinze ans, nommé Sébastien Larcher. Il était orphelin de père et de mère : on l'avait élevé par charité au château.

Les paysans, les domestiques et même les nobles hôtes du comte Hector ne lui donnaient jamais son nom véritable, on l'appelait Bosco.

C'était un pauvre être cruellement disgracié par la nature. A voir son visage, isolé comme tout à l'heure par le cadre étroit d'une lucarne, on l'eût pris pour un enfant ou pour une femme. Ses traits doux et réguliers avaient une beauté mélancolique. De grands cheveux blonds, fins comme de la soie, tombaient en mèches abondantes autour de sa joue maladive. — Mais cette tête gracieuse et jeune était supportée par un corps grotesque.

Bosco n'avait pas plus de trois pieds de haut; son dos était bossu, sa poitrine rentrée; ses jambes se nouaient, courtes et difformes, à un torse rabougri.

Villageois et domestiques se moquaient de lui tant qu'ils pouvaient. Le fait n'a pas besoin d'explication : ces gens, d'ordinaire, ont peu de pitié, — mais les nobles hôtes de Bryant faisaient parfois comme les domestiques et se laissaient aller à rire du pauvre nain, comme d'un bouffon fort réjouissant.

La faute en était un peu à Bosco lui-même : il était fier; il avait des prétentions; il ne voulait pas de pitié.

Comme il arrive d'ordinaire aux malheureux de sa sorte, Bosco n'avait ni confident ni ami. Il vivait seul. Son intelligence faible aurait eu besoin d'un guide et sa vanité naïve demandait un frein. Mais on aimait mieux rire. Son ignorance et son orgueil servaient à une foule de mystifications: personne n'avait souci de l'instruire ou de le corriger.

D'ailleurs l'abandon où chacun le laissait avait une autre cause que le défaut de compassion. Quand Bosco ne prêtait point à rire, il inspirait une sorte de crainte vague que personne ne voulait avouer, mais que tout le monde ressentait dans les environs de Villers. Après la nuit tombée, quand les paysans apercevaient son petit corps difforme par les chemins, ils se signaient et changeaient de route. On disait en raillant que sa pâle figure portait male chance : et l'on avait peur tout de bon.

Au château, les domestiques prétendaient qu'aux heures où tout le monde dort, Bosco sortait de sa cellule et se glissait sans bruit le long des corridors déserts.

Où allait-il? On ne savait, mais ceux qui le rencontraient n'avaient garde de se moquer de lui à ces heures. Ils passaient, pris par un superstitieux effroi, et il fallait le grand jour pour leur rendre le courage de railler.

Bosco ne remplissait aucune espèce de fonctions au château de Villers; mais on lui avait conféré le titre de page de la comtesse.

On lui avait fait un costume tout bariolé d'oripeaux et de paillettes.

Le comte Hector, par faiblesse ou par indifférence, se prêtait à ces jeux cruels. Dans les bals, à la chasse, aux promenades, on voyait le pauvre Bosco affublé comme un page de théâtre, coiffé d'une vaste toque à plumes et portant fièrement ses oripeaux, à la grande joie de la livrée.

Dans les cavalcades, on le hissait sur un énorme cheval normand, dressé à toutes sortes de gambades, et chacun riait de bon cœur à voir les poses burlesques du malheureux nain sur son grand destrier.

Bosco, lui, ne riait jamais. Il prenait tout au sérieux et appelait en quelque sorte la mystification. Il allait, superbe et le poing sur la hanche; il luttait vaillamment contre les caprices de son cheval vicieux, et jamais son regard, imprégné d'une tristesse hautaine, ne se baissait devant les rires de la foule.

Depuis qu'il était en vie, à part une ancienne servante de la famille, qui était presque sa mère adoptive, deux seules personnes lui avaient témoigné un semblant d'intérêt : à la première, il avait voué une reconnaissance sans bornes, à la seconde, un véritable culte. Il détestait la seconde.

Cela sans raison et uniquement parce que le pauvre être avait une cervelle fantasque, capricieuse et vide.

C'était la comtesse Clotilde qu'il aimait; c'était Alizia Pauli, l'institutrice, qu'il détestait.

Les deux jeunes femmes, bonnes toutes deux, lui avaient témoigné pourtant un intérêt égal; peut-être même la brillante comtesse abaissait-elle sur lui moins souvent que l'institutrice un regard de douce compassion.

Mais il eût payé, au prix de tout ce qu'il avait au monde, chacun des regards de la comtesse, et les regards d'Alizia l'irritaient.

C'était de la haine. Et chez certaines natures livrées sans guide à leur instinct, les haines sont d'autant plus vivaces qu'elles ont moins de prétextes. Bosco haïssait comme il aimait, à l'aveugle et sans savoir.

Souvent les gens du château l'avaient surpris, caché derrière un buisson et couvrant d'un regard enflammé l'institutrice qui ne le voyait point. En ces occasions, il n'essayait point de dissimuler sa pensée. Il étendait son bras vers la jeune fille et il disait avec une sorte de mystérieuse emphase :

— Celle-là... prenez garde!... c'est le mal!...

Depuis quelques minutes, il était penché sur l'appui de sa lucarne. Les rayons du soleil couchant mettaient un reflet rosé à sa joue pâle. Ses grands yeux bleus se fixaient de loin sur la comtesse Clotilde; il y avait dans sa prunelle un rayonnement sombre qui était comme une mystérieuse réfraction de ses douleurs muettes.

Il regardait avec son âme; il contemplait, il adorait...

Parfois le sourire de la jeune femme venait se refléter dans son sourire; d'autres fois de grosses larmes tombaient lentement le long de sa joue.

Quand la voix de madame de Mareuil s'éleva, perçante et moqueuse, il tressaillit violemment.

Le bruit des rires qui saluaient son nom prononcé montra jusqu'à lui. Il ôta précipitamment sa tête de la lucarne. Ses yeux brûlaient; un rouge vif avait remplacé la pâleur de sa joue.

— Bosco! murmura-t-il en se laissant choir sur un tabouret. — Et les voilà qui rient!... Toujours des rires!... Mon Dieu ! que vous ai-je donc fait?

Il était là, dans sa chambre. — Sa chambre était une petite mansarde aux murailles nues, ayant pour tous meubles deux ou trois sièges de paille et une couchette.

Dans la ruelle de son lit, il y avait un miroir cassé. Auprès de la porte, son magnifique costume de page pendait à un clou.

La chambre n'était éclairée que par la petite lucarne.

Il resta durant quelques minutes immobile et plongé dans un abattement profond.

Puis il se redressa.

— D'autres sont beaux, murmura-t-il, beaux et méchants... elle surtout, l'Italienne... A quoi lui sert d'être si belle? Pourquoi lui a-t-on donné cette taille souple et haute... pourquoi ce regard d'ange?... Elle n'a point de cœur... elle n'aime personne... elle prend le bonheur de madame, rien que pour se venger d'être pauvre... Madame qui est si douce envers elle et si bonne!

Ses sourcils étaient froncés, ses poings se fermaient sur ses petits genoux difformes.

— Quand elle me sourit, j'ai honte, reprit-il. Je la hais et je voudrais sa haine. Ah ! le comte l'aime, je le sais, je le vois, et la comtesse Clotilde pleure quand elle ne le croit saisie.

Son regard se voila et sa voix devint douce, tandis qu'il prononçait d'un accent rêveur et plein de tendresse :

— Clotilde... ce nom est comme le nom des saintes... Oh ! si j'avais la force, moi, ses yeux ne sauraient que sourire ; mais je ne peux rien contre les hommes, et je suis plus faible que les femmes.

Sa tête retomba dans le creux de sa poitrine. Le jour baissait. Bosco était immobile et ne parlait plus.

Au bout de quelques minutes il se leva lentement; la pâleur était revenue à ses joues, mais une volonté soudaine brillait dans son regard.

— Je veux essayer encore, dit-il d'une voix changée; — il faut que mes jambes s'allongent, que ma poitrine sorte, que mon dos devienne semblable à celui des autres hommes; il le faut... dussé-je en mourir!

Il y avait à l'un des supports de sa couchette un anneau de corde qu'il avait fixé là lui-même et dont personne n'eût deviné la destination.

Il passa une de ses jambes dans cet anneau et se mit à tirer de toute sa force.

Il était renversé sur le dos et imprimait à sa jambe garrottée de brusques secousses. La lourde couchette remuait aux efforts qu'il faisait; ses articulations craquaient.

Et à mesure que l'épreuve avançait, la passion venait, ou la fièvre, si mieux on aime; il s'échauffait, il poussait sa torture avec un enthousiasme sauvage; la douleur lui arrachait des cris, mais il tirait toujours.

Les deux jambes y passèrent; il avait déjà de grosses gouttes de sueur au front.

Quand il se releva, sa poitrine haletait.

Mais il n'était pas temps de se reposer encore.

Un second anneau de corde plus grand que le premier était cloué solidement à la muraille.

Bosco y introduisit sa pauvre tête, et ses jambes abandonnèrent le sol, comme s'il eût voulu se pendre.

Il travaillait; il s'efforçait, les muscles de son cou saillaient en révolte; sa face devenait écarlate; — ses efforts redoublaient.

Il voulait grandir et mettre sa tête au-dessus de ses épaules. La mort aurait pu venir au milieu de ce labeur insensé; mais que lui importait la mort?

Un espoir fiévreux le soutenait dans sa torture; il avait essayé déjà bien des fois, mais il faut de la patience. — Quelque jour, ce lien mystérieux qui ramassait et contractait toutes les parties de son corps, viendrait à se rompre peut-être.

Oh! si Dieu le voulait!...

Le lien rompu, l'enfant se dresserait comme un ressort; sa poitrine élargie aurait de l'air à pleins poumons; au lieu de piétiner comme un enfant, il marcherait d'un pas viril, et sa tête haussée mettrait son front au niveau du front des hommes...

Et alors on l'aimerait, car Dieu lui avait donné un beau visage.

— Il travaillait. — Sa poitrine gémissait. — La sueur, qui ruisselait le long de ses joues, tombait goutte à goutte sur le sol.

C'était aujourd'hui peut-être que le miracle devait s'accomplir!

Quand il s'arrêta, c'est que le souffle lui manquait et qu'il se sentait perdre connaissance.

Il retira sa tête et respira longuement.

Ses bras tremblaient; ses tempes battaient. — Mais l'épreuve n'était pas encore achevée.

Il s'avança jusqu'au milieu de la chambre. De là, il aurait pu se voir dans le fragment de glace collé derrière sa couchette. — Il tourna la tête d'un autre côté pour ne point céder à la tentation.

Et il commença une gymnastique étrange, jetant sa tête et ses épaules en arrière, tournant ses bras avec violence, comme pour défaire le nœud de ses muscles; ses cheveux, mouillés de sueur, s'agitaient autour de son front; il trépignait; il s'agitait frénétiquement, et sa gorge rendait des sons inarticulés.

Personne n'aurait pu croire ce pauvre être chétif et débile capable d'un effort si désordonné.

Souvent il semblait prêt à défaillir; ses petites jambes chancelaient comme s'il eût été ivre; mais sa volonté entêtée dominait la fatigue: il allait toujours riant, râlant, et se démanchant avec fureur.

Au plus fort de cette lutte folle, engagée contre l'impossible, le nain ferma les yeux tout à coup, et prit en arrière un élan impétueux; il traversa la chambre à reculons, et son dos bombé vint frapper contre la muraille.

Sa poitrine rendit au choc une plainte sourde.

Il s'éloigna pour revenir, frappant toujours la muraille de son dos: sa face était décomposée. — Il murmurait avec démence:

— Je veux t'écraser!... je veux t'écraser!... pour être grand, pour être beau... pour être aimé!...

Et comme ces fakirs ivres qui se martyrisent eux-mêmes à la porte des pagodes de l'Inde, il s'exaltait dans sa souffrance même et poussait son supplice avec rage.

Quand sa bosse toucha la muraille pour la quatrième fois, il tomba brisé sur le carreau; sa bouche s'ouvrit pour respirer, et quelques gouttes de sang vinrent à ses lèvres. Il serra sa poitrine endolorie à deux mains.

— Oh!... fit-il avec épuisement; cette fois j'ai dû grandir... car je souffre bien!

Il resta quelques instants couché dans la poussière, incapable de faire un mouvement.

Quand il se releva enfin, ses joues étaient redevenues blêmes, et un cercle bleuâtre se creusait autour de ses yeux.

Il sortit sans jeter un coup d'œil à son miroir cassé.

Il descendit l'escalier à pas lents et pénibles; ses pauvres petites jambes étaient rompues, comme s'il eût subi la question appliquée aux criminels d'autrefois.

Il entra dans une salle du premier étage qui était déserte en ce moment.

De grandes glaces ornaient les murailles entre les panneaux sculptés de la boiserie.

Bosco s'avança, les yeux baissés, jusqu'au milieu de la chambre.

Il y avait sur son visage une émotion grave; on devinait un rayon d'espoir à travers les cils clos de sa paupière.

Il leva enfin les yeux. — Sa figure changea. — Les glaces symétriques lui renvoyaient, multipliée à l'infini, sa personne grotesque et difforme.

Son martyre avait été vain aujourd'hui comme toujours!

Pour cacher, une des glaces lui montra passant, svelte et gracieuse, dans le corridor voisin, la forme d'Alizia Pauli...

Bosco tomba sur ses genoux et prit son front à deux mains:

— Aussi belle que je suis laid, moi!... murmura-t-il à travers ses dents serrées convulsivement; — elle est belle pour deux... elle a sa part et la mienne!... Oh! quelque jour où je verrai madame pleurer, je la tuerai, l'Italienne..........

IV.

UN DIPLOMATE.

Il était huit heures du soir. Dans le grand salon de Villers, éclairé par une seule lampe, le comte, la comtesse, l'institutrice et les deux enfants étaient réunis.

Cette vaste salle qui, la veille encore, resplendissait de lumières et de parures, avait aujourd'hui un aspect maussade. Il y manquait la vie, le mouvement et ce gracieux essaim de femmes qui s'y agitaient naguère.

Rien n'est triste comme le lendemain d'une fête, surtout quand la fête a duré des semaines et qu'on se retrouve seuls, le mari et la femme, dans une grande maison déserte.

A moins que l'amour ne soit là pour changer la tristesse en joie, et mettre les délicieux épanchements à la place de l'ennui.

S'il y a de l'amour, comme on est heureux de ne plus avoir autour de soi la foule curieuse et bruyante! Comme on savoure avec recueillement l'allégresse intime et les bonheurs de la solitude!

Au château de Villers il y avait bien de l'amour, mais du côté de la comtesse seulement.

Le comte Hector avait huit ans de mariage, et il n'était guère capable d'éprouver ce sentiment profond qui survit à la passion première, et qui s'augmente avec les années.

Le comte Hector était un mari décent; il observait les convenances jusqu'au pied de l'alcôve. — En somme, sa femme était charmante, et même, abstraction faite de l'amour qu'il n'avait plus, le sentier conjugal gardait pour lui plus de fleurs que d'épines.

Devant le monde, il était fier de la comtesse qui s'asseyait au premier rang des déesses de la mode, et qui récoltait chaque hiver la moisson la plus abondante des admirations mondaines.

On pourrait presque dire qu'il l'aimait, s'il n'était plus exact d'affirmer qu'il s'aimait lui-même en elle.

Le comte Hector était une âme étroite et un petit esprit, le tout dans cette heureuse mesure qui n'empêche point de passer aux yeux du plus grand nombre, — si les faits vous portent, — pour une intelligence large et pour un cœur généreux. Sa vertu était l'égoïsme, sans l'égoïsme, peut-être eût-il cédé à de dangereux instincts qui avaient leur source dans les sens plutôt que dans le cœur: mais les écarts de jeunesse nuisent, et le comte était resté sage.

Il était sceptique en fait de religion, et affectait pour les formes du culte le plus profond respect. C'était un homme de dehors, dans toute la force du terme : il n'y avait rien sous les crachats qui couvraient sa poitrine.

De ce remarquable ensemble, la nature avait fait la moitié, l'éducation le reste. Avec un maître dévoué, loyal, sincère, on ne sait pas ce que le comte Hector aurait pu devenir, mais il avait été élevé par un professeur qui méprisait systématiquement ces qualités bourgeoises.

Ce professeur était son oncle propre, M. le baron de Villers-d'Aubanton, diplomate subalterne de l'école impériale.

Le brave homme avait passé sa vie à louvoyer, à tergiverser, tranchons le mot, à mentir. Il ne voyait rien au-dessus de la ruse et mettait tous ses efforts à utiliser la fameuse maxime de son chef de file :

« La parole a été donnée à l'homme pour cacher sa pensée. »

C'était là son principe ; il n'en avait pas d'autre. Le comte, qui n'avait plus de père et qui était son pupille, apprit de lui à regarder la morale comme un recueil de naïvetés à l'usage des pauvres d'esprit. Ce qui devait l'empêcher de mal faire, c'était son intérêt bien entendu. En dehors de cette philosophique barrière, tout était illusion ou préjugé.

Avec un système pareil, on a vu des gens aller très-loin. — Mais, eussent-ils fourni une moindre carrière en suivant tout bonnement la ligne droite?

Combien, d'ailleurs, se perdent honteusement au milieu du chemin!

La chose qu'on ne peut pas nier, c'est que les adeptes de cette religion tortueuse passent, jusqu'à l'heure de la chute, pour des habiles de premier ordre. On leur fait l'honneur de les craindre et de se défier d'eux. Cette moutonnière majorité qui emplit nos salons les admire naïvement, quitte à les écraser une fois la culbute faite.

Et comme quelques-uns parviennent, en définitive, on oublie ceux qui tombent : et l'on se dit : c'est la bonne route...

Le comte Hector de Bryant portait jusque dans la vie privée cette manie diplomatique, qui était en lui une seconde nature. Il trompait avec goût, en artiste, et pour tromper. Les quelques intrigues qu'il avait eues depuis son mariage s'étaient arrangées en comédies. — Son cœur froid et son tempérament ardent s'accommodaient de ces petits périls, affrontés avec hardiesse et vaincus haut la main.

Il lui plaisait de se divertir à la barbe du monde qui vantait le bonheur de la comtesse.

Mais, comme les causes changent, les effets se modifient. Depuis quelques mois, il jouait un jeu tout contraire.

Jusqu'alors il n'avait essayé que des amours faciles, où l'héroïne du roman se mettait de moitié dans sa tromperie. Cette fois il avait entrepris de jouer sa femme, le monde et sa maîtresse par-dessus le marché.

Boïca dans sa mansarde.

On n'a pas sucé dès l'enfance le lait de la diplomatie sans être en droit de se croire un homme excessivement fort. L'esprit subtil des adeptes plane au-dessus des entraves vulgaires, et cherche naturellement des difficultés à combattre. Le comte pensait à être capable de montrer au monde ce qu'il cacherait à Clotilde, jusqu'au moment où il forcerait lui-même les indiscrétions à passer le seuil de la chambre conjugale.

Car il n'entrait point dans son plan de laisser toujours la comtesse en dehors du mystère.

Son plan était d'autant plus remarquable, au point de vue de la diplomatie pure, que l'intrigue qui en formait la base n'existait pas.

Au moment où, pour la première fois, il avait arrangé dans sa cervelle les fils d'araignée de ce remarquable imbroglio, loin d'aimer Alizia Pauli, le comte la détestait et la craignait. Son envie était de la faire chasser, et, s'il employait, pour arriver à son but, tant de détours et de mensonges, c'était tout bonnement qu'il suivait la pente de sa nature.

Il craignait Alizia, parce que la comtesse l'aimait d'une tendresse sérieuse et sincère; il détestait Alizia, parce que la jeune fille témoignait à Clotilde un dévouement profond.

Cela le gênait de voir si près de lui une amitié vraie.

Et puis cette Alizia savait certains détails d'un passé qu'on voulait oublier...

Parler en maître, c'était le pont aux ânes. — Clotilde aimait assez pour être jalouse. Le comte trouva joli de faire chasser Alizia par son amie elle-même.

Il avait commencé ses manœuvres vers le milieu de la saison. Pour quiconque a vu de près ces familles où l'éducation des enfants est confiée aux soins d'une étrangère, pas n'est besoin de dire combien la position de l'institutrice est fausse, délicate et facile à briser. C'est un métier qui, de loin, a ses séductions et où se jettent volontiers les jeunes filles que la pauvreté a surprises après une enfance heureuse et cultivée. De près, c'est un esclavage triste et froid, un labeur semé de dangers et de dégoûts, un équilibre impossible.

D'ordinaire, on plaint ceux qui souffrent en silence, mais ici, point de compassion. Le monde d'un œil indifférent ou hostile ces existences exceptionnelles. Il ne tient compte ni des efforts patients, ni de l'amertume voilée sous le mélancolique sourire de la dépendance. Une seule chose le frappe, c'est qu'on met presque à son niveau une créature salariée.

L'institutrice, pour son malheur, entre au salon; elle mange à table. — Les domestiques la servent comme vous, madame; tandis qu'on vous fait fête, voyez comme elle est délaissée! Ce repas si joyeux pour vous, pour elle comme il est amer!

Il faudrait avoir pitié...

Mais non! Qu'une parole médisante se glisse, vous l'accueillerez avec un rire moqueur, vous qui êtes peut-être charitable pour vos compagnes; à la première parole vous croirez : il s'agit d'une institutrice, les preuves sont ici superflues; ces réputations-là se ternissent au premier souffle.

Justement parce que les pauvres filles vivent de leur réputation toute seule...

Assurément, s'il est une action lâche, et honteuse, c'est la calomnie dirigée contre un être faible et souffrant.

Mais le comte Hector n'en était pas à ces considérations communes. On lui avait appris à traiter les choses de la vie selon l'art; il fallait bien que ce diplomate sans emploi se fit la main de manière ou d'autre.

Au premier effort qu'il tenta, les hôtes du château de Villers ouvrirent de grands yeux. Cette créature l'avait donc ensorcelé, lui, si prudent et si adroit! Il avait beau faire, disait-on, la passion perçait dans ses moindres actes; ses regards ne savaient plus feindre.

Oh! la pauvre comtesse! si jolie, si brillante, si aimable!...

Mais aussi pourquoi choisir une institutrice plus jeune qu'elle-même et aussi belle pour le moins?

Pourquoi lui permettre ces toilettes trop riches et qui frisaient, en vérité, l'inconvenance?

Pourquoi la traiter avec cette amitié familière? Il faut garder sa position, et, si vous abattez certaines barrières élevées par la sagesse du monde, vous serez punie. Quant au comte, on l'excusait presque; tous les anathèmes étaient pour l'institutrice.

Hector de Bryant poursuivait son œuvre, et il avait certes bien peu de peine, car on ne demandait qu'à croire. Pourtant il fallait bien que l'institutrice parût y mettre un peu du sien à l'insu de la comtesse. Pour arriver à ce résultat, Hector s'avisa d'un moyen banal, plat, petit, naïvement perfide, tout à fait en rapport avec son caractère.

La comtesse adorait ses deux filles. M. de Bryant vit un jour, en secret, Alizia Pauli et l'entretint pendant une demi-heure. — Depuis ce moment, il y eut entre lui et l'institutrice un petit mystère, et, il faut bien le dire, Alizia en était tout heureuse, car elle avait senti d'instinct, dès son entrée au château de Villers, que le comte serait son ennemi.

Elle était enchantée de se concilier à peu de frais un adversaire aussi puissant; elle entrait de tout son cœur dans la voie que lui ouvrait Hector.

Entre elle et lui, c'était désormais un échange continuel de petits signes, une correspondance muette et cachée. — Et l'on semblait, de part et d'autre, craindre également les regards de Clotilde.

La pauvre Alizia était à cent lieues de soupçonner l'interprétation qu'on donnait à sa conduite. Dans leur fameuse entrevue le comte lui avait dit tout simplement : — La fête de Clotilde a lieu dans quelques mois; je voudrais lui faire une surprise et je suis sûr qu'elle serait aux anges si Berthe et Marie lui offraient un bouquet de fleurs qu'elles auraient peintes elles-mêmes.

Il n'y avait que cela entre le comte et l'institutrice : c'était toujours des fleurs qu'il s'agissait. Les deux petites filles étaient dans le mystère, et Alizia leur montrait à peindre, le matin de bonne heure, alors que tout le monde au château dormait encore.

Si quelqu'un avait dit cela aux nobles hôtes de Villers, quels haussements d'épaules et quels malins sourires!

Le bouquet de fleurs eût paru merveilleusement inventé; on se fût égayé beaucoup de la fête de Clotilde, et le comte eût passé décidément pour un Lovelace d'ordre supérieur...

Le comte Hector dérobant le manuscrit d'Alizia.

Les choses restèrent ainsi pendant un mois. Le poison versé opérait lentement; on eût pu voir une sorte de malaise se glisser dans les relations de la comtesse et de son institutrice. Jusqu'alors, pour des raisons qui seront expliquées, mademoiselle Pauli avait été traitée comme une amie bien chère. On se refroidit peu à peu; on s'éloigna; la confiance était partie, et à mesure que la comtesse se redressait dans son orgueil de maîtresse de maison, Alizia Pauli semblait s'abaisser volontairement et courber la tête à plaisir.

Ceci était encore une arme contre elle. Ne voyait-on pas dans cette conduite l'aveu muet de sa conscience coupable?.. Tout, en elle, changeait à vue d'œil : toilette et visage. Elle semblait vouloir s'enlaidir et se faire vieille. Cette préoccupation était si visible que beaucoup de gens se disaient : — Le comte lui a donné le mot.

Ce fin matois de comte!

Quoi qu'il en pût être, elle n'avait point gagné au change. On l'avait vue arriver au château de Villers-Bryant, gaie, jeune, heureuse; et maintenant elle semblait affaissée sous le poids d'un mystérieux chagrin.

Le comte, cependant, laissait aller les événements et attendait la catastrophe, lorsqu'un incident dérangea tout à coup l'équilibre de ses froids calculs.

L'amour le prit à l'improviste et avec une violence soudaine. — Il se croyait cuirassé contre la passion par une douzaine d'aventures. Il comptait sans son cœur, il avait raison; mais, en dehors du cœur, il y a le désir ardent et la fantaisie invincible.

Le comte Hector avait peu vécu en définitive, et il était à l'âge où la fougue des sens dompte de plus fortes volontés que la sienne.

Un beau jour, il découvrit qu'il était aimé, aimé d'amour par une âme chaste de jeune fille.

C'était un soir de bal. Le comte Hector se disait justement que les choses traînaient en longueur et que son chef-d'œuvre de ruse tardait bien à produire un résultat. Il s'irritait : une jeune fille sans défense résister si longtemps aux manœuvres savantes d'un homme tel que lui!

Il avait quitté le bal sans trop savoir, il s'était dirigé vers la chambre occupée par Alizia, au premier étage du château.

La porte de la chambre se trouvait ouverte. Le comte entra.

Alizia était au salon. Le comte avait carte blanche. D'ailleurs, lors même que la jeune fille serait revenue, le comte n'avait-il pas ce mystérieux bouquet de fleurs peintes pour motiver sa démarche?...

La diplomatie, appliquée aux affaires d'intérieur, n'a garde de se priver des petits moyens tolérés par le droit des gens : elle décachette volontiers les lettres et ne se fait point scrupule d'écouter aux portes.

Hector ouvrit le secrétaire d'Alizia Pauli.

Dans le secrétaire, il ne vit rien d'abord qui pût compromettre l'institutrice; mais à force de chercher, il mit la main sur un cahier manuscrit, dont la lecture parut l'intéresser au plus haut degré.

Quand il quitta la chambre d'Alizia, son front était humide et pâle; il semblait en proie à une émotion extraordinaire.

Le manuscrit était une sorte de journal où Alizia écrivait ses actions et ses pensées de chaque jour depuis son arrivée au château. — Ces pauvres âmes solitaires ont besoin de s'épancher et tombent toutes dans la même faute. — Le comte était ému parce que le manuscrit venait de lui montrer sans voile le cœur de la jeune fille. Son nom n'y était point prononcé, mais qu'importe un nom quand les faits parlent? Il était aimé, adoré pour mieux dire, adoré de ce délicieux amour des vierges, plein d'ignorance et d'illusions chères.

Et Alizia était si belle! — Quand le comte rentra dans le bal, il la regarda comme s'il ne l'eût jamais vue. Ses yeux aveuglés se dessillaient brusquement. Il découvrait pour la première fois cette grâce forte et jeune; pour la première fois il comprenait le regard divin de ces grands yeux noirs.

Et cette taille vigoureuse, si souple et si fine! et le jais ondulant de ces longs cheveux!...

Hector subissait une sorte d'ivresse. Quel que soit le nom qu'on donne à ce qu'il éprouvait, c'était un mal brûlant, un entraînement irrésistible.

A cette heure, il ne faisait point de calculs. La passion l'écrasait. Mais le lendemain, après une nuit de fièvre, sa nature prit le dessus; il raisonna sa fantaisie; il convint avec lui-même qu'il était amoureux et se dit avec beaucoup de bon sens : — Je serai l'amant de mademoiselle Pauli. C'est un moyen sûr de guérison.

Quand je serai guéri, mademoiselle Pauli s'en ira.

Voilà ce qu'il se disait dans sa fatuité de philosophe; mais on sait quelle distance sépare la théorie de la pratique.

Le comte était amoureux beaucoup plus qu'il ne le pensait lui-même; ce fut au point que, durant un mois, il eut toutes les timidités de l'amour.

On le proclamait seigneur et maître d'Alizia, et c'est à peine s'il osait la regarder à la dérobée.

Il se croyait bien toujours sûr de la victoire, mais il ne voulait point la brusquer; il savourait le bonheur de l'état présent, et il attendait le départ de ses hôtes pour être plus heureux encore.

Alizia ne savait rien, sinon que la froideur de la comtesse allait croissant de jour en jour. Les calomnies du monde n'étaient point venues jusqu'à ses oreilles. Elle avait bien surpris parfois les regards du comte fixés sur elle avec une expression étrange, mais elle ne voulait pas croire...

Le soir, elle se tenait à l'écart, derrière le guéridon qui supportait la lampe. Elle brodait; son regard ne se détachait point de son ouvrage.

— A ses côtés, les deux petites filles jouaient sans bruit sur le tapis et laissaient tomber parfois leurs têtes blondes, inclinées déjà par le sommeil. — A l'un des coins de la cheminée, la comtesse Clotilde s'étendait dans une bergère; — à l'autre coin le comte s'asseyait.

Il mettait sa main étendue au-devant de ses yeux, comme pour les préserver des ardeurs du foyer, mais en réalité pour regarder sans être vu la figure pâle et immobile d'Alizia.

Il régnait dans le salon comme une atmosphère de gêne et de tristesse.

Le silence n'était troublé que par le babillage enfantin des deux petites filles.

Outre les cinq personnes dont nous venons de parler, il y avait un sixième acteur qui restait invisible.

Derrière une porte entre-bâillée, Bosco était aux écoutes.

V.

LA VALSE DE WEBER.

Bosco écoutait et regardait par l'ouverture de la porte entre-bâillée. C'était là son rôle. Il avait cette curiosité maladive des enfants faibles et des femmes. — A l'office, on se moquait de lui. Trop irritable pour supporter la raillerie, et manquant de force pour se venger, il fuyait la société de ses pareils. Tandis qu'on le croyait confiné dans sa mansarde, il errait sans bruit le long des corridors du château; il se glissait partout; il savait tout.

Dans les rares occasions où il parlait aux domestiques de Villers, ceux-ci s'étonnaient et s'effrayaient à l'entendre. Il leur semblait que son regard avait le pouvoir de percer les murailles.

Que penser de cet être étrange qui devinait tous les secrets?

Il épiait, le maudit nain, il écoutait; on avait beau se parler bas, il entendait.

Mais ici, ce n'était pas pour épier qu'il se cachait derrière la porte entr'ouverte; c'était pour regarder la comtesse Clotilde, les deux mains sur le cœur et les yeux émus...

— Comme on est heureux de se retrouver seuls après ces plaisirs bruyants!... dit le comte en adressant à sa femme un sourire de commande; — nous allons jouir enfin du vrai bonheur de la campagne...

— Cette salle me paraît énorme! répondit la jeune femme, dont le regard se tourna involontairement vers Alizia. — Il me semble que tout ce qui nous entoure est d'une tristesse mortelle!... Est-ce que nous resterons longtemps ici?...

— Vous êtes déjà lasse du tête-à-tête?... demanda le comte.

— Oh! fion! repliqua vivement Clotilde, mais...

Elle n'acheva pas sa pensée, qui était : Nous ne sommes pas seuls!

Entre femmes, on se comprend sans paroles. La tête d'Alizia Pauli se courba davantage sur sa broderie.

— Mais vous voudriez être à Paris déjà... dit le comte doucement; je conçois cela... Vous êtes jeune, charmante surtout... Et vous ne devez pas renoncer sans peine aux hommages flatteurs dont le monde vous comble...

Clotilde laissa échapper un gros soupir. — Son regard était toujours fixé sur Alizia.

— Mademoiselle Pauli, dit-elle, — les enfants ont besoin de se reposer.

Alizia se leva aussitôt, prit les deux petites filles par la main, et les amena auprès de leur mère.

Berthe et Marie se mirent à genoux et joignirent leurs jolies mains blanches dans les mains de la comtesse.

Tandis qu'elles récitaient bien dévotement la prière du soir, leurs yeux se fermaient et leurs blondes têtes oscillaient, chargées de sommeil.

A la fin de l'oraison, elles ajoutèrent, souriant à leur tâche achevée :

— Bon Dieu et bonne Vierge, protégez notre père, notre mère et petite maman...

C'était Alizia Pauli qu'elles appelaient petite maman, — et c'était la comtesse Clotilde, elle-même, qui leur avait appris à lui donner ce doux nom.

Elle attira Berthe et Marie ensemble sur son sein.

— Vous voilà bientôt de grandes filles, dit-elle. — Il ne faut plus parler comme des enfants... Vous prierez Dieu désormais de veiller sur votre père, sur votre mère... et sur mademoiselle Pauli.

— Oh!..... firent Berthe et Marie, tu es donc fâchée contre petite maman?...

— Non certes, répliqua la comtesse en détournant la tête. — Allez dormir, mes enfants.

Pendant la prière, l'institutrice était restée debout, les bras pendants, les yeux baissés. — Au dernier mot de la comtesse, un léger tressaillement agita l'immobilité triste de son visage. Mais sa bouche ne s'ouvrit point.

Elle s'éloigna en tenant les deux enfants par la main.

Derrière ses doigts étendus en visière, le comte la suivit du regard. Et, comme s'il eût craint d'avoir été deviné, il reprit dès qu'Alizia fut partie :

— Les voilà grandes, en effet, ces deux chères enfants!... Elles vous ressemblent toutes deux, Clotilde... elles seront bien belles!

— Dieu veuille qu'elles soient bien heureuses!... murmura la comtesse.

Cette réponse indirecte avait la menaçante tournure des phrases jetées à dessein pour amener une explication. Or, le principe fondamental de la diplomatie de ménage est d'éviter les explications comme la peste.

L'explication ressemble à la calomnie de Beaumarchais; il en reste toujours quelque chose. Si prestement que vous puissiez aligner les mensonges, vous prêterez le flanc au moins une fois. La simple causerie conjugale a déjà ses dangers; la discussion cache mille pièges; l'explication est mortelle.

Il faut savoir égarer l'entretien en se jouant, dépister les soupçons, donner le change à la pensée; — tandis que le silence est une armure si bonne et en même temps un oreiller si doux !

Le comte s'approcha de sa femme et lui baisa la main tendrement.

— Je suis un peu votre médecin, dit-il, vous vous êtes bien fatiguée durant ces dernières nuits, et je vous trouve toute pâle.

— Ce n'est pas la fatigue... commença Clotilde.

Le comte fit comme s'il n'avait pas entendu et prit une bougie sur la cheminée.

— Je vous ordonne douze grandes heures de sommeil, poursuivit-il d'un ton enjoué ; — demain, par exemple, je ne vous tiendrai pas quitte de si bonne heure. Vous souvenez-vous de nos longues causeries d'autrefois, Clotilde ?

— Oh ! murmura la jeune femme, moi, je n'ai rien oublié.

— Eh bien ! reprit le comte gaiement, ce sera comme autrefois... nous serons seuls... nous ferons encore de beaux projets d'avenir... pour vous, Clotilde, pour notre Berthe et pour notre Marie... mais, ce soir, je sonne d'autorité votre femme de chambre et je me condamne à vous quitter.

Il agita en effet le cordon de la sonnette ; puis il se dirigea vers la porte, après avoir mis un baiser sur le front de Clotilde.

La comtesse resta seule ; sa jolie tête se pencha, rêveuse et mélancolique.

Le nain était toujours derrière la porte et la dévorait du regard.

L'appartement d'Alizia Pauli était situé à l'extrémité du nord du château et occupait le premier étage de l'un des quatre pavillons.

Sa chambre avait deux fenêtres, dont l'une regardait de profil la façade du château et dont l'autre s'ouvrait sur un balcon-terrasse qui dominait le parterre.

De cette terrasse on avait une vue admirable. Ce n'était point l'aspect que nous avons décrit au début de ce livre. On tournait le dos à la mer, mais on apercevait une étendue de pays immense, la riche terre de Normandie, des bois, des coteaux riants, et à l'horizon entre deux collines, les maisons confusément groupées de la ville d'Avranches.

On avait monté là, sous sa toiture de tôle vernie, le télescope obligé de toutes les grandes maisons de campagne.

La chambre de Berthe et de Marie donnait dans l'appartement d'Alizia.

L'institutrice était seule. Elle venait de présider, suivant son devoir, au coucher de ses deux élèves.

Elle était debout devant la cheminée ; ses deux coudes s'appuyaient à la tablette de marbre, et sa tête était entre ses mains.

Sa méditation triste l'absorbait.

Autour d'elle régnait un luxe frais et gracieux ; une main amie avait orné sa chambre ; les meubles étaient élégants et commodes, et la fille de la maison n'aurait pas pu désirer une plus gentille retraite.

C'est qu'on lui avait arrangé cette chambre au commencement de la saison, — et depuis lors les choses avaient bien changé.

Aux premiers jours de ce beau printemps tout souriait sur son passage ; c'était l'automne maintenant : les feuilles étaient tombées, le paysage prenait au loin des teintes mélancoliques, et, pour elle, l'avenir s'assombrissait comme le paysage.

Elle avait vingt-deux ans. Elle avait souffert durant des années. Elle avait espéré pendant quelques jours...

La soirée était calme ; aucun bruit ne se faisait au dehors. — Alizia demeurait immobile et perdue dans sa rêverie.

Au bout de quelques minutes, les cils noirs et recourbés de sa paupière se relevèrent lentement ; son regard se fixa sur la glace que son front touchait presque. Elle se contempla elle-même, morne et froide qu'elle était. Sa lèvre eut un sourire amer.

— Si Dieu veut que j'arrive à la vieillesse, murmura-t-elle, personne ne sera jalouse de moi... et je gagnerai ma vie, en paix, à montrer l'alphabet aux petits enfants...

Sa main pressa son front ardent et lourd.

— S'il n'était pas là, murmura-t-elle encore, tandis que ses grands yeux se baissaient, — je m'en irais bien vite !... Où pourrais-je aller ?... je ne sais... dans le monde entier, je ne connais pas une porte qui me soit ouverte... mais je fuirai cette maison où je souffre et où je suis une cause de souffrance...

Elle était si pâle que les traits réguliers et fiers de son visage semblaient taillés dans le marbre.

— J'aime ces deux pauvres enfants... reprit-elle ; — mais la tendresse qu'elles me donnent, on me l'envie !... On est riche, noble, heureuse... et on jalouse la pauvre fille qui engage, pour exister, les années de sa jeunesse !... on lui reproche d'être belle... Oh ! cette beauté s'en va, madame ! ajouta-t-elle, comme si elle se fût adressée à une interlocutrice invisible ; — regardez-moi bien... ma joue peut-elle être plus pâle ?... puis-je éteindre mes yeux davantage ?... Votre beauté, à vous, le sourire l'embellit et la garde... Hélas ! ne soyez pas jalouse : je pleure trop souvent !...

Ses yeux étaient secs ; mais ils disaient une détresse cruelle.

— Clotilde !... prononça-t-elle doucement ; — madame la comtesse de Bryant !... Si elle savait tout le mal qu'elle m'a fait... Je serais noble aussi et brillante, et peut-être aimée... Dieu l'a mise sur mon chemin... Dieu lui a donné tout ce qui était à moi... Oh ! si elle savait, si elle savait !...

Son front toucha la surface lisse et froide de la glace. — Elle ne savait pas qu'elle parlait.

— Mais le hasard a beau faire !... poursuivit-elle ; — je l'aime et je la voudrais heureuse... Comme autrefois je me dévouerais encore pour elle... n'est-ce pas à moi de souffrir toujours ?...

Sa dernière parole s'éteignit dans un soupir. — Elle resta muette durant plusieurs minutes.

Puis elle se redressa d'un brusque mouvement.

Ses sourcils étaient froncés. Son regard s'allumait, brûlant et superbe.

— Pourquoi souffrir ?... dit-elle d'une voix brève. — Qu'ai-je fait pour être ainsi condamnée ?... Aimer est-il un crime ?... et parce que je me suis dévouée, mon martyre doit-il éternellement durer ?...

Elle arracha d'un geste violent le cordon qui retenait sa chevelure collée autour des tempes. Au premier mouvement que fit sa tête, ses cheveux dénoués tombèrent à profusion sur ses épaules. C'était un luxe magnifique de boucles luisantes et flexibles qui se jouaient, qui chatoyaient, qui brillaient.

Elle jeta sur le tapis sa lourde pèlerine.

Ce fut comme une transfiguration. Son beau cou dessina, sans voile, ses lignes harmonieuses et pures ; sa gorge, soulevée, montra la moitié de son divin contour.

C'était la vierge forte et fière, — le chef-d'œuvre de Dieu.

Et la vierge souriait naïvement à l'éclat soudain de sa propre beauté. Un vif éclair rayonnait dans sa prunelle ; son regard caressait doucement les suaves perfections de son corps.

Elle prit à pleines mains sa chevelure et la disposa en boucles, le long de sa joue ranimée ;— puis, saisissant par derrière le cordon de sa robe, elle la serra sans efforts et fit bondir la riche courbe de ses hanches.

A peine l'eussiez-vous reconnue, tant il y avait en elle de charmes invincibles et nouveaux !

Ce n'était plus la pauvre fille écrasée sous sa misère, l'âme dépendante, le corps esclave ; — c'était la femme dans tout le splendide éclat de la jeunesse et de la liberté, la femme orgueilleuse d'être belle, qui s'admire, qui espère et qui aime...

Elle ne semblait plus se souvenir de sa récente détresse. — Ce front fier avait-il pu jamais se courber sous le découragement !

Dans sa solitude que nul regard n'épiait, on eût dit qu'elle vivait une autre vie où le présent anéanti permettait à son passé de joindre l'avenir.

La rêverie, douce et heureuse cette fois, vint incliner de nouveau son front pensif et voiler l'éclair aigu de sa prunelle.

Elle traversa la chambre d'un pas lent et moelleux.

Elle s'assit devant son piano et ses doigts agiles caressèrent les touches d'ivoire qui mêlèrent de gracieux arpèges.

Parmi cette pluie de notes qui jaillissaient en gerbes, un chant s'éleva, doux et vague comme un lointain souvenir...

C'était un motif allemand, une de ces valses sentimentales, toutes pleines d'émotion recueillie, où Weber jetait ses derniers regrets et ses derniers espoirs.

Les notes du chant semblaient dire les joies effacées d'un beau songe, tandis que l'harmonie capricieuse gémissait ou raillait à l'entour.

Alizia n'avait valsé qu'une seule fois en sa vie. Une seule fois, la main forte d'un jeune homme avait entouré l'élastique souplesse de sa taille.

— Était-ce hier ? — Elle se souvenait, elle eût pu compter chacun des mouvements de son cœur, chacun des frissons produits par le plaisir inconnu...

Parmi les jours austères et tristes de sa jeunesse, cette heure voluptueuse avait marqué. — Elle avait fait à ce chaste souvenir un lit de fleurs au fond de sa mémoire.

Le chant gardait, sous ses doigts, sa poésie triste et profonde. — Son front incliné avait comme une couronne de mélancoliques pensées.

Le sang remontait à sa joue ; l'étoffe de sa robe se soulevait aux battements de son sein. Et la valse ondulait, plus tendre, plus émue...

Il y avait, certes, une vision devant les yeux d'Alizia, car son regard errait dans le vide et sa paupière, chargée de molles paresses, se fermait à demi...

Hélas ! il ne faut point railler les enfantillages de la passion ; le cœur cherche à vivifier son souvenir aimé, et il y a toujours des larmes au delà de ces courtes folies !...

Le fantôme évoqué s'enfuit, et plus le songe vous faisait heureux, plus est amère, à l'heure du réveil, l'étreinte froide de la réalité.

Au milieu de la valse, le piano se tut soudain : Alizia s'était levée tout d'une pièce et comme malgré elle. — Le silence régnait dans la chambre, mais la pensée du maître chantait encore au fond du cœur de la jeune fille, car son beau corps se prit à osciller selon les mouvements de la valse.

Ses bras s'arrondirent ; sa taille plia sous la pression d'une main absente, — sa tête s'inclina doucement comme pour chercher l'épaule du valseur.

Ses pieds effleurèrent le tapis. — Elle dansait au son d'un orchestre féerique, dont les accords connus lui serraient délicieusement le cœur...

Oh ! ne souriez pas ! — Elle n'avait que ce pauvre souvenir ! Et si vous saviez comme elle était heureuse et belle ! — Que d'amour il y avait dans ses grands yeux noirs ! que de pures voluptés sur ses lèvres entr'ouvertes !...

Elle était tout entière à son naïf bonheur.

N'était-ce point une robe de mousseline blanche qui serrait sa taille de vierge ? N'y avait-il point dans ses cheveux des guirlandes de fleurs ?

Et parmi les notes de cette valse enchantée, son oreille n'entendait-elle pas la première parole d'amour. . . . .

Elle se laissa choir à deux genoux sur le tapis ; ses mains couvrirent son visage baigné de larmes. Ses beaux cheveux tombaient épars autour d'elle ; sa poitrine battait épuisée.

— Mon Dieu ! murmura-t-elle avec désespoir ; il ne m'aime plus !

VI.

L'HOSPITALITÉ.

C'était vers cette même heure que Gédéon Ricard, l'avocat en vacances, frappait à tour de bras à la porte d'une maison isolée qui formait l'extrémité de l'un des faubourgs d'Avranches.

La chaise de poste qui emportait madame de Mareuil, le vicomte ruiné, le tiers d'agent de change et le poëte tragique, avait déjà tourné l'angle du faubourg. On n'entendait plus le bruit des roues sautant sur le pavé pointu de la ville normande.

Aucun mouvement ne se faisait à l'intérieur de la maison, bien que Gédéon frappât comme un sourd. L'inquiétude commençait à le saisir. Il se demandait si mieux ne vaudrait point prendre sa course et rejoindre la chaise de poste pendant qu'elle changerait de chevaux.

Mais il avait fait blanc de son épée ; il s'était dit l'ami intime de Martial Aubert, lequel était un lion dans le pays, à cause de sa sauvagerie même.

On le recherchait parce qu'il se retirait du monde ; on parlait de lui parce qu'il semblait vouloir que sa vie fût cachée. Son talent éminent de magistrat, sa science et son intelligence ne lui eussent point donné assurément une position fashionable parmi les hauts barons de la contrée.

Qu'est-ce que c'est, en définitive, qu'un petit juge d'instruction, sinon un pauvre diable dont les appointements ne vont même pas à mille écus ? — En France, comme chacun sait, la magistrature meurt de faim et use sa robe rouge ou noire jusqu'à la corde.

On parlait de Martial Aubert uniquement pour la teinte mystérieuse répandue sur sa personne. Le roman ne se mêle guère à la vie des gens de palais, et beaucoup prétendaient, cependant, que l'existence du juge d'instruction d'Avranches était un roman. Cela suffisait.

On ne se fait plus ermite. Maintenant, le diable, sur ses vieux jours, devient notaire, banquier ou magistrat.

Gédéon se sentait pris de honte, en songeant qu'il allait revenir vers ses compagnons de route pour leur avouer sa déconvenue.

Le grand homme n'avait pas voulu le recevoir !

Il voyait d'avance le sourire narquois de la veuve ; il entendait le gros rire de l'homme d'argent.

Et il jouait du marteau tant qu'il pouvait.

Dix bonnes minutes se passèrent. La soirée était froide. Gédéon avait des idées tristes.

Il pensait aux lits d'auberge et aux soupers de table d'hôte.

Car la chaise de poste était loin maintenant.

Et pourtant, il fallait en finir. La maison grise était toujours muette et sombre : on eût dit une demeure abandonnée.

Gédéon, à bout de courage, allait se résoudre à quitter la partie, lorsqu'une petite lueur apparut derrière les fentes de la porte.

Gédéon se frotta les mains. — Il entendait maintenant un bruit de sabots à l'intérieur, et même, ce qui le flattait moins, les aboiements d'un chien qu'il devinait énorme.

Une grosse clé s'introduisit dans la serrure qui rendit des grincements lugubres.

La porte s'ouvrit et Gédéon se trouva en présence d'une vieille femme, coiffée à la normande, dont la laideur était vraiment redoutable.

Au côté de la vieille femme, il y avait un chien de taille gigantesque. La vieille femme et le chien le regardèrent d'un œil également hostile.

Le chien jeta un aboiement sourd. — La vieille dit d'une voix grondeuse :

— Est-ce qu'on frappe comme ça à la porte d'une maison honnête ?.. que voulez-vous ?

— Je voudrais voir M. Martial Aubert, répondit Gédéon d'un ton doux et timide.

La vieille haussa les épaules, et le chien montra les dents.

— Voir M. Aubert !... grommela la Normande ; — voir M. Aubert !... à cette heure ! Est-il fou, celui-là !...

— Ma bonne dame, répliqua Gédéon ; — Je suis l'ami de votre maître.

— Hum !.. gronda la vieille, — je ne suis pas une dame... et mon maître n'a pas d'amis.

— Cependant... voulut dire encore Gédéon, qui fit un pas en avant.

Le chien se dressa gravement sur ses pattes de derrière et mit ses griffes poilues sur les épaules de l'avocat épouvanté. Ce chien était de très-bonne garde.

— A la bonne heure, Pluton !... dit la vieille femme ; — Et vous, allez-vous-en !... s'il fallait ouvrir comme ça au premier venu, la maison serait trop petite !

— Rappelez votre chien, ma bonne dame... murmurait l'avocat qui ne pouvait plus faire aucun mouvement ; — je m'en irai, si vous le voulez ; mais, pour Dieu ! rappelez votre chien....

— Ici, Pluton ! prononça la Normande.

Pluton retomba aussitôt sur ses quatre pattes.

Gédéon respira longtemps et se recula jusqu'au milieu de la rue, pour éviter toute accolade nouvelle.

— C'est donc ici la maison du diable ! s'écria-t-il en colère ; — la vieille, vous direz à votre maître, que Gédéon Ricard, avocat près la cour royale de Paris, s'est présenté pour le voir, en revenant du château de Villers.

— Ah ! fit la Normande d'un ton radouci, — vous venez du château !

— Vous lui direz en outre, ajouta l'avocat, que le même Gédéon Ricard s'en retourne avec l'intention bien arrêtée de dire partout que M. Martial Aubert est devenu fou, — et qu'il l'envoie subsidiairement à tous les diables.

Le chien ouvrait une gueule effrayante, comme s'il eût compris le sens injurieux de ces paroles.

— La paix, Pluton ! murmura la vieille.

Puis, elle ajouta en s'adressant à Gédéon :

— Comment se porte l'innocent ?

— Qui ça, Bosco ? dit l'avocat, ce doit être votre fils unique, Euménide ?... Où diable suis-je venu me fourrer ?

— Et la demoiselle ? demanda encore la vieille.

— Elle se porte comme elle veut, furie d'enfer ! répondit l'irascible Gédéon. Je vous souhaite une mauvaise nuit.

Il tourna le dos et s'éloigna dans la direction de la ville.

— Arrêtez, dit la bonne femme d'un ton goguenard, — ou je vais vous lâcher Pluton aux jambes.

— Comment ! s'écria l'avocat exaspéré ; on ne peut ni entrer ni s'en aller !

Il s'arrêta toutefois, parce que Pluton grondait sur le seuil.

La Normande lui fit la révérence avec un respect équivoque.

— Faut pas vous fâcher, mon bon monsieur, dit-elle ; nous ne recevons guère de visites... Et le pays n'est pas sûr.... Entrez voir un peu... Je vais aller prévenir M. Aubert.

Gédéon hésita, tant il avait de rancune; mais, en définitive, le maître n'était pas complice de cet accueil inhospitalier. Gédéon revint vers la maison. La vieille ferma la porte sur lui.

— C'est que, voyez-vous bien, reprit-elle en repoussant Pluton d'un coup de pied amical, — j'ai mangé bien longtemps le pain du château, et je sais ce que chacun vaut dans ce pays-là... Je ne suis pas la mère de l'innocent Sébastien Larcher; car je n'ai jamais été mariée; mais je l'aime un petit brin, pour l'amour du bon Dieu... Dites-moi, comment se porte la demoiselle?

— Quelle demoiselle? demanda Gédéon avec un reste d'impatience.
— La demoiselle qui garde les enfants.
— L'institutrice? parbleu! je ne me suis pas informé de ses nouvelles. Elle se porte comme à l'ordinaire.

— En voilà une qui est meilleure dans son petit doigt que tous les autres ensemble, murmura la vieille; il y a des gens qui n'ont pas honte d'en dire du mal; mais ça ne fait rien au bon Dieu qui voit sa conscience... Restez là, notre monsieur, avec Pluton. Je vas et je reviens.

Gédéon aurait préféré une autre compagnie; mais la vieille avait disparu déjà, laissant l'avocat en face du chien qui le regardait avec de grands yeux larmoyants et rouges.

Au bout d'une grande minute, on entendit de nouveau les sabots de la vieille.

— Entrez!... cria-t-elle de loin; monsieur a dit que ça lui était égal de vous voir.

Cette formule, normande au premier chef, mit le comble à la mauvaise humeur de notre avocat. Il remonta sa cravate, enfonça son chapeau sur l'oreille, et passa devant Pluton sans sourciller.

La vieille, qui marchait devant lui, lui fit traverser un corridor assez long et deux chambres à peine meublées.

C'était une de ces grandes vilaines maisons de province, où, pour cent écus, on a de quoi loger abominablement deux ou trois familles.

Tout en marchant, la vieille marmottait :

— Ça n'est pas pour dire que madame ne soit pas une brave dame... mais on n'a qu'à se laisser aller pour être bonne quand on est heureuse... Et les deux petites, ça doit grandir comme des charmes?

— Vieille pie! pensa Gédéon, serons-nous bientôt au bout!

Vint une troisième chambre, puis une quatrième. Dans la cinquième, il y avait une petite table supportant un seul couvert.

— C'est ici que nous allons souper, se dit Gédéon.

La Normande ouvrit la porte de la chambre suivante et s'effaça pour le laisser entrer.

Gédéon franchit le seuil, déterminé à le prendre sur un ton de crânerie. Mais l'exorde *ab irato* qu'il avait préparé durant son voyage à travers les chambres, s'arrêta sur sa lèvre, dès qu'il aperçut Martial Aubert.

— Ma foi, murmura-t-il avec étonnement, je ne t'aurais pas reconnu par exemple!... comme on vieillit!... est-ce que je ne suis pas mieux conservé que ça, moi?

Son regard fit le tour de la chambre pour chercher une glace où se regarder; mais il n'y avait point de glace.

C'était un cabinet large et haut d'étage, boisé de chêne noir à panneaux carrés. Il y régnait une sorte de luxe austère. — La grande cheminée, où deux tisons disjoints achevaient de s'éteindre, était en marbre noir. Des rideaux de laine de couleur sombre pendaient aux fenêtres. Une vaste bibliothèque, où se rangeait la redoutable armée des jurisconsultes in-folio, tenait tout un côté de la chambre.

Devant la fenêtre, il y avait un beau bureau d'ébène, à colonnes. Martial Aubert était assis au bureau.

Quoi qu'en dît Gédéon, il ne paraissait pas avoir plus de trente ans, mais il y avait sur son visage une pâleur mate, si uniforme et si froide, qu'on se sentait glacé à son aspect.

Sous cette pâleur, ses traits réguliers gardaient un beau caractère.

— Mais Gédéon avait connu cet homme si fier, si vivant!...

Cette grande figure blanche, qui ressortait avec une énergie blessante sur le fond noir de la cloison lui sembla le visage d'un fantôme.

Martial ne s'était point levé pour le recevoir.

Gédéon perdit son exorde et se sentit vaguement embarrassé.

— Comme j'étais dans le pays, dit-il en s'avançant vers son hôte immobile, — je n'ai pas voulu passer si près d'un vieux camarade sans lui dire un petit bonjour.

Martial lui tendit sa main blanche et froide.

— Tu as bien fait... répliqua-t-il d'une voix faible et fatiguée. — Je suis content de te voir.

Le ton de cette réponse n'était pas des plus engageants, mais le sens littéral était bon, en définitive, et il fallait peu de chose pour encourager notre avocat.

Il secoua cordialement la main de Martial Aubert.

— A la bonne heure!... s'écria-t-il, — voilà un accueil qui vaut mieux que celui de ta gouvernante... sans parler des mœurs féroces de ton chien... Ce bon Martial!... y avait-il longtemps que je ne l'avais vu!

— Huit ans... murmura le jeune juge d'instruction dont les sourcils purs et arqués se froncèrent légèrement. — Nous étions fous... et nous étions heureux.

— Voilà un gros soupir qui annonce toute une histoire!... dit Gédéon; — nous allons nous conter mutuellement nos peines... mais il fait un froid de loup dans cette chambre noire... je trouve que tu pousses bien loin l'austérité de la magistrature... Tudieu!... je parie que la grande chambre de votre palais d'Avranches n'a pas une physionomie aussi sépulcrale... Si l'on rallumait un peu le feu?

— Julienne!... appela Martial.

— Oh!... fit Gédéon; — ta gouvernante s'appelle Julienne?... c'est peut-être une excellente femme que cette gouvernante!

La vieille venait d'entrer avec une brassée de bois.

— Ah çà! reprit Gédéon, — ta gouvernante s'appelle Julienne?... c'est peut-être une excellente femme que cette gouvernante!

— Ah çà! reprit Gédéon, — j'ai fait un délicieux dîner là-bas, au château de Villers... mais, quand j'ai bien dîné, je ne déteste pas à souper passablement..... je soupçonne que tu vis comme un anachorète, toi.

— Si tu veux avoir un festin, dit Martial, — il faut t'entendre avec Julienne.

— Mais ce n'est pas impossible!... s'écria l'avocat; — je suis sûr que Julienne et moi, nous nous entendrons à merveille!

Il se rapprocha de la Normande, qui soufflait le feu à grand renfort de poumons, et lui demanda des détails sur le garde-manger.

Pendant cela, le juge d'instruction avait repris son livre et lisait comme si son ancien camarade Gédéon eût été à cent lieues.

C'était un grand in-folio ouvert sur un pupitre et dont les marges étaient couvertes d'annotations.

Julienne était partie. L'avocat se chauffait les pieds en silence, contre son habitude. — Il n'osait, en vérité, interrompre la lecture de son ancien ami.

Quelque chose lui imposait ici. L'indifférence morne du jeune magistrat lui donnait froid; il perdait son audace suffisante et bavarde.

Pour tuer le temps il faisait l'inventaire de la chambre. Son regard se portait partout à la tristesse uniforme des boiseries noires.

Pour s'être donné cette enveloppe mortuaire, il fallait que le pauvre Martial eût un grain de folie!

Au bout de quelques minutes, Gédéon toussa par manière d'acquit.

— Hein?... fit le juge en tressaillant, — qui est là?...

Gédéon s'efforça de rire.

— Mon bon camarade, dit-il, — j'aime à être reçu comme cela, sans façons!... Tu m'avais oublié : à la bonne heure!... cela prouve que ta lecture est fort intéressante.

Martial fit une marque à la page interrompue et croisa ses mains sur ses genoux d'un air de résignation.

— Il faut travailler... murmura-t-il, pour parvenir!

— Ah! diable! dit l'avocat, tu es donc ambitieux?

— Jusqu'au bout des ongles, répliqua le juge, qui étouffa un bâillement.

La Normande entr'ouvrit la porte et dit :

— Le fricot est sur la table.

Martial se leva. — Gédéon regarda en dessous sa grande taille qui semblait d'une longueur étrange, sous sa robe de chambre de drap noir.

Décidément cet homme avait un arrière-goût fantastique.

— Il pose, se dit Gédéon. — En province, c'est encore un moyen...

Un ragoût de volaille fumait au centre de la table. Les deux anciens amis s'assirent à côté l'un de l'autre.

— Fais comme chez toi, dit le juge; — moi, je vais faire comme si tu n'étais pas là.

— A merveille!... répliqua Gédéon, qui se servit les deux ailes de la volaille.

Martial prit un morceau de fromage.

— Peste!... poursuivit Gédéon, — je ne m'étonne plus si tu n'engraisses pas à ce métier-là!

— J'ai remarqué, répondit Martial, — que le jeûne est favorable aux travaux de l'intelligence.

— Et mauvais pour l'estomac!... C'est bien connu... Veux-tu que je te serve à boire?

— Non... repartit le juge, ne t'occupe pas de moi.

Il emplit son verre d'eau claire, tandis que Gédéon se versait une ample rasade.

— Ah çà! reprit celui-ci, qu'as-tu besoin de tant travailler?

— Il y a près d'un an que je suis dans la magistrature, répondit

Martial; dans quelques semaines je veux être nommé procureur du roi... Dans l'année qui suivra, on me fera conseiller à la cour royale; à trente-cinq ans je serai président de chambre... alors, je me ferai nommer député pour avoir un siége à la cour de cassation... A quarante ans je puis être garde des sceaux.

Il disait cela de ce ton morne, indifférent, fatigué, qu'il gardait depuis le commencement de l'entrevue. Martial ne savait trop s'il parlait sérieusement.

A tout hasard, il prit la carcasse du poulet.

— Voilà un joli programme!... répliqua-t-il; je souhaite qu'il devienne une vérité... Mon bon, quand tu seras ministre, tu te souviendras de moi, n'est-ce pas?

— Que fais-tu? demanda Martial.

— Je suis avocat... on me trouve quelque mérite... Mais les clientèles sont si dures à établir dans ce diable de Paris!.. Franchement, je venais dans ce pays pour voir s'il y a quelque chose à faire... Vois comme je suis malheureux : le comte de Bryant est Normand, il possède des propriétés immenses, et il n'a pas l'ombre d'un procès?

Gédéon avait compté sur un sourire. La figure du jeune magistrat garda son immobilité glacée.

— As-tu de la fortune?.. murmura-t-il pourtant.

— Pas un rouge liard de revenu!... J'ai mangé mes mille écus de rentes avec toi, jadis, à Paris.

Martial but son verre d'eau à petites gorgées.

— Moi, j'ai quarante mille francs de rentes... répliqua-t-il du bout des lèvres, je n'en sais absolument que faire.

— Tu es bien heureux!,..

— Ma bourse est à toi.

Gédéon mit sa fourchette sur la nappe et lui tendit la main à travers la table. Le juge lui donna l'extrémité de ses doigts.

— Toujours généreux comme autrefois!... dit Gédéon d'un accent pénétré; grand merci, mon vieil ami!... Mais apprends-moi donc un peu ce que tu es devenu, puisque tu es magistrat depuis douze mois seulement, qu'as-tu fait pendant sept ans et demi?

Quelques plis se creusèrent au front blanc et poli du juge.

— J'ai cherché la guérison d'un mal qui est incurable, répondit-il, — j'ai entrepris des voyages que je n'ai point terminés... j'ai commencé des travaux qui m'ont laissé le dégoût de les trouver trop faciles... sept ans et demi : c'est bien long!... et pourtant notre vie de Paris est dans ma mémoire, comme si rien ne s'était passé pour moi depuis lors...

Gédéon cligna de l'œil.

— Il est des souvenirs qui restent toujours vivants... murmura-t-il.

— Le bonheur, dit Martial, comme en se parlant à lui-même, — ce serait de quitter la vie avant d'avoir des souvenirs...

— Voilà une chose étonnante!... s'écria Gédéon ; — tu as quarante mille livres de rentes, du talent, de la jeunesse... On s'occupe de toi partout, malgré toi!... les hommes te jalousent, les femmes prononcent ton nom tout bas, et au lieu d'aller chercher dans le monde un remède à je ne sais quel maladif regret...

— Je n'ai point de regrets, interrompit Gédéon ; — je n'ai jamais été heureux.

— Allons donc!...

— Si fait!.. tu as raison!.. combien de temps peut durer une valse dans un bal parisien? cinq minutes?... dix minutes?... j'ai été heureux dix minutes en ma vie.

— Voilà donc le grand mot lâché! s'écria Gédéon ; — tu souffres de ce martyre que je croyais inventé par les poëtes... tu es un héros de roman!.. mon ami, nous en savons sur toi plus long que tu ne penses... Au château de Villers on s'occupe énormément de tes affaires.

— Et que dit-on?... demanda Martial qui détourna les yeux.

— On dit que tu boudes le monde pour une vieille rancune d'amour.

Le juge haussa les épaules avec dédain.

— On dit que tu ne veux pas te marier parce que tu aimes... et que tu te renfermes dans ta maison grise, gardée par un chien et par une vieille, parce que la vue d'une jolie femme te perce le cœur.

Le juge ne répondit point, et le silence régna durant quelques instants dans la salle à manger. Ce fut Martial qui le rompit.

— Le monde n'a rien à faire, dit-il, — et il faut bien qu'il cause... Je suis allé une seule fois au château de Villers... J'aime mieux mes in-folio et ma solitude.... J'ai vu là, pourtant, une jeune fille que chacun trouve belle...

— Bien! bien! pensa Gédéon : — tu cherches à me donner le change...

Puis il ajouta tout haut :

— Jeune fille? si l'on veut!.. Elle me paraît bien approcher de la trentaine.

— Ah! fit Martial, — nous entendons-nous bien?.. Je parle de mademoiselle Pauli.

— Demoiselle... répéta encore Gédéon : — si l'on veut!.. Il y a longtemps que le comte Hector lui a donné droit au titre de dame.

— Ah!.. fit de nouveau le juge sans perdre son accent de froideur : — tu parles à un ermite... Que se passe-t-il donc au château?

— Pas grand'chose... L'institutrice est la maîtresse du comte, voilà tout.

Les plis marqués sur le front du juge s'effacèrent.

— Ce grand monde est plein d'aventures très-gaies, dit-il sans qu'on pût découvrir dans sa voix la moindre nuance d'amertume ; — je sais bien que je perds beaucoup en me tenant à l'écart de ces mœurs gracieuses et jolies... mais l'ambition!...

— Du diable si je crois à ton ambition!... s'écria l'avocat ; — tu as l'air de dormir en faisant le compte de tes dignités futures..... Et puis nous n'avons pas encore la mémoire si courte... Nous nous souvenons des voyages quotidiens que tu faisais rue de Varennes, il y a huit ans.

Martial porta son verre à ses lèvres sans voir qu'il était vide.

— Huit ans! murmura-t-il, — la rue de Varennes!..

Cette noble rue, reprit l'avocat, où madame Duplessis, ta respectable tante, tenait la plus belle pension de Paris!.. En temps normal, tu allais voir ta tante une fois tous les trois mois.,. Puis, tout d'un coup tes visites se rapprochèrent... on ne pouvait plus t'avoir!.. Tu passais tes soirées dans l'austère salon de la tante, et tes journées dans une petite chambre donnant sur le jardin de la pension...

Parmi la froideur qui restait sur le visage de Martial, on aurait pu découvrir une nuance de malaise inquiet.

— Tu l'avais louée en tapinois cette chambre!.. poursuivit Gédéon ; ma foi, il y avait de belles jeunes filles dans la pension de ta tante!... — une surtout...

Le juge baissa les yeux et ses sourcils se froncèrent ; — mais on était si dessert et Gédéon avait bu assez bien.

— Vois-tu, s'écria-t-il, — tu boudes!.. Ces grands airs que tu prends, c'est de la misanthropie pour cause d'amour trompé... La belle jeune fille te fila dans la manche.

Le juge fit un geste d'impatience.

— As-tu envie de nier? demanda gaiement Gédéon. Si tu veux, je vais te dire son nom.

Il ne voyait point les joues pâles du jeune magistrat se colorer lentement, et des gouttes de sueur venir à ses tempes.

— Tais-toi! murmura ce dernier.

— Non pas... la belle jeune fille est toujours charmante ; elle habite bien près d'ici, et tu es encore amoureux d'elle comme un fou, mon vieux camarade!

Martial passa le revers de sa main sur son front.

— Tais-toi! répéta-t-il d'une voix étouffée.

— Non pas... Ah! monsieur l'ambitieux, vous voulez être procureur du roi, puis conseiller, puis président, puis garde des sceaux!.. vous êtes le plus sévère et le plus savant magistrat du ressort. Vous vous affublez d'un air grave comme si vous aviez soixante ans. Je vous dis, moi, que, dans certain château, il y a deux beaux yeux dont le moindre sourire vous rendrait votre jeunesse et vous ferait jeter la toge aux orties!

Le malaise du juge était devenu angoisse ; son visage changé avait une expression d'amertume profonde.

Il se leva.

— Si vous êtes l'écho du monde, dit-il, le monde ment ou se trompe, monsieur Ricard.

— Tu veux donc que je la nomme? s'écria Gédéon.

Martial ferma les yeux comme on fait pour attendre un coup redouté.

— Nomme-la! balbutia-t-il.

L'avocat mit ses deux coudes sur la table.

— La belle jeune fille de la rue de Varennes, dit-il, est devenue la comtesse Clotilde de Bryant.

Le juge respira longuement ; il se rassit, et sa figure immobile eut presque un sourire.

VII.

ROMANS DE PENSIONNAIRES.

Huit ans avant cette belle soirée d'automne où les rayons du soleil couchant éclairaient si joyeusement les murailles roses du château de Villers, la meilleure pension de Paris, la pension la plus fashionable, la plus chère, la plus illustre, était située rue de Varennes, au faubourg Saint-Germain.

La maîtresse avait nom madame Duplessis : c'était la veuve d'un bon gentilhomme; elle avait une réputation fort dignement établie, et une fille noble ne pouvait être élevée comme il faut que chez elle.

On apprenait tout dans cette pension précieuse. Madame Duplessis avait les premiers maîtres de Paris. C'était une femme d'excellent ton et de manières parfaitement distinguées. — Ses élèves sortaient de chez elle instruites, entendues, accomplies et sachant même un petit bout de monde.

Car il y avait des occasions solennelles où madame Duplessis ouvrait son grand salon, tendu de velours grenat. — On en parlait bien des semaines à l'avance. — C'étaient des soirées graves où l'on dansait pourtant, et où les frères des élèves étaient parfois admis sous la garantie de leurs mères.

Là plupart des élèves de madame Duplessis appartenaient à de hautes familles; cependant bien peu de parents négligeaient son invitation périodique. Ses fêtes, qui avaient lieu deux fois l'an, réunissaient tous les beaux noms du faubourg.

La mode donne du prix aux choses les plus minces. C'était presque une gloire que d'assister aux soirées de la maîtresse de pension.

La mode excuse toutes les anomalies. On ne songeait point à trouver étranges ces réunions où des jeunes filles, presque cloîtrées pendant douze mois, prenaient un avant-goût prématuré du monde.

Chez une autre maîtresse de pension que madame Duplessis, c'eût été mauvais, choquant, monstrueux ; — mais chez madame Duplessis, que dire?

Pouvait-elle se tromper ? — Elle avait pour élèves des jeunes ladies, filles dix fois millionnaires de lords siégeant à la chambre haute; elle avait des héritières de princes russes dont les paysans esclaves eussent fait une armée; l'Allemagne, l'Italie, l'Espagne lui envoyaient leur gracieux contingent de vierges nobles, et il n'y avait pas assez de place dans son vaste hôtel pour toutes les filles de ducs, de marquis et de comtes français qui briguaient l'honneur de recevoir ses leçons !

Au temps dont nous parlons, il y avait cependant chez madame Duplessis deux jeunes personnes qui ne portaient point des noms nobles.

La première se nommait Clotilde Bertrand. Elle était héritière d'une fortune considérable. Sa mère, qui était jeune encore et fort belle, venait la voir parfois à la pension dans des toilettes écrasantes. — Il ne faut pas croire que les causeries de pensionnaires soient toujours d'une naïveté ultra-virginale : on disait là et là, parmi les élèves de madame Duplessis, que la mère de Clotilde Bertrand vivait en dehors des liens du mariage avec un grand seigneur d'Italie.

Clotilde était une des plus âgées parmi ses compagnes. Elle allait avoir dix-huit ans.

C'était une blonde aux traits délicats et fins, d'une beauté mignonne et presque enfantine. Son teint éblouissait; son sourire espiègle et joyeux égayait le cœur.

L'autre jeune fille pouvait avoir quinze ans à peine, mais c'était une de ces natures méridionales qui se forment de bonne heure. Elle semblait être du même âge que Clotilde, sinon plus âgée. Sa beauté fière et un peu hautaine avait déjà tout son développement.

Sa mère était une étrangère que l'on disait riche et qui semblait courbée sous un mystérieux malheur.

Elle portait toujours des habits de deuil. Ses traits maladifs et pâles montraient déjà des signes de vieillesse, bien qu'elle fût encore dans l'âge de la force. — La vue de sa fille qu'elle adorait ne pouvait la faire sourire, et bien souvent on voyait des larmes dans ses yeux.

La jeune fille avait nom Alizia Pauli.

Soit que la sympathie les attirât mutuellement l'une vers l'autre, soit qu'elles fussent rapprochées par ce qu'il y avait de pareil dans leur position, Alizia et Clotilde s'aimaient. On les voyait toujours ensemble ; elles se confiaient leurs secrets d'enfants : petites peines et douces joies...

Aux heures des récréations, on était bien sûr de les voir se perdre, bras dessus bras dessous, dans les longues allées du jardin. — Elles causaient : l'une rieuse et folle, l'autre pensive et souvent rêveuse.

Et certes dans toute la pension fashionable, il n'y avait pas un seul couple d'amies qui pût leur être comparé. Elles étaient toutes les deux délicieusement jolies, et leurs beautés différentes s'embellissaient par le contraste.

Clotilde était plus gentille avec sa petite taille et sa légère couronne de cheveux blonds. — La taille élancée d'Alizia Pauli avait une souplesse fière ; ses magnifiques cheveux bruns coiffaient un front de reine, il y avait un irrésistible attrait dans l'éclat humide de ses grands yeux noirs.

Quand elles s'arrêtaient, durant les soirs de printemps, sous quelque tonnelle solitaire et qu'elles s'asseyaient, l'une contre l'autre, vous eussiez dit un de ces jolis caprices de peintre où l'or et le jais tranchent et se font valoir; — la brune et la blonde, le contraste éternellement aimable et harmonieux.

La douce tête de Clotilde s'appuyait sur l'épaule d'Alizia, qui était plus forte et plus grande; leurs sourires amis se caressaient : elles causaient de l'avenir et ne voyaient point de bonheur l'une sans l'autre.

Où vont, hélas! les rêves des jeunes filles ? — Quelle femme n'a violé au moins un serment de tendresse éternelle?...

Mais à l'heure où ce doux serment est prononcé, la vierge est sincère.

Et ces unions éphémères sont belles comme si elles devaient durer toujours.

La mère d'Alizia demeurait à la campagne, à cause de sa santé chancelante. Dans les occasions rares où elle était venue visiter sa fille, elle ne s'était jamais rencontrée avec la mère de Clotilde. Mais les deux jeunes filles parlaient si souvent l'une de l'autre que madame Pauli et madame Bertrand se connaissaient de loin sans s'être vues.

Un jour que Clotilde était avec sa mère dans le jardin, le hasard amena madame Pauli à la pension.

Alizia la prit par la main et la conduisit vers le bosquet où était son amie.

Madame Bertrand, parée, comme d'habitude, avec une recherche opulente, était assise auprès de sa fille sur un banc de gazon.

— Mère, dit Alizia, — je veux que tu la connaisses... vous vous aimerez toutes deux comme nous vous aimons !

Madame Pauli la suivait en souriant.

Au détour d'une allée, elle aperçut Clotilde et sa mère qui causaient tout bas.

Sa main quitta brusquement la main d'Alizia.

La jeune fille se retourna, étonnée; elle vit sa mère toute pâle.

— Qu'avez-vous?... demanda-t-elle.

Madame Pauli, qui semblait prête à défaillir, s'appuya au tronc d'un arbre.

— C'est cette femme qui est la mère de ton amie? murmura-t-elle.

— Oui,... répondit Alizia, mais comme vous la regardez!

Madame Pauli avait les sourcils froncés. Tout son corps tremblait. Alizia voulut prendre sa main qu'elle trouva froide comme la glace.

— Aide-moi... dit madame Pauli; — je voudrais regagner ma voiture... Je me sens plus souffrante.

Alizia obéit.

Et tout en marchant elle disait :

— Connaissez-vous donc madame Bertrand, ma mère?

Madame Pauli semblait être sous le coup d'une émotion bien douloureuse.

— Mon Dieu!... mon Dieu!... balbutiait-elle, je n'ai plus que toi au monde, ma pauvre enfant... nous étions heureuses autrefois!...

Elle pressait son pas chancelant et détournait la tête de temps à autre, comme si elle eût craint d'être poursuivie.

— Il y a des cœurs méchants, reprit-elle, — tu quitteras cette maison, ma fille...

— Quitter Clotilde !... s'écria Alizia.

— Oui !... Oui !... qui sait où peut s'arrêter le malheur !...

— Vous ne voulez donc plus que je l'aime, ma mère?...

— Pauvre enfant !... dit madame Pauli, un jour il faudra bien que tu saches !...

Elles arrivaient à la porte de la pension.

Madame Pauli s'arrêta pour presser sa fille contre son cœur.

— L'aimer !... répéta-t-elle en frissonnant.

Puis elle reprit et leva les yeux au ciel en murmurant.

— C'est peut-être la main de Dieu... Aime-la, ma fille si ton cœur te dit de l'aimer...

Madame Pauli remonta dans sa voiture. Depuis lors elle ne revint plus à la pension.

Le soir, quand la mère de Clotilde fut partie, les deux jeunes filles se retrouvèrent ensemble. Alizia ne put taire ce qui s'était passé; elles s'entretinrent longtemps sur ce sujet mystérieux, et donnèrent leur esprit à toutes sortes de conjectures.

Madame Pauli avait une maladie du cerveau qui mettait parfois dans ses idées un désordre bizarre. Il fallait peut-être chercher là l'explication de ce qui s'était passé.

En somme, Alizia et Clotilde poursuivaient en vain le mot de l'énigme. Elles se lassèrent de chercher, parce qu'elles avaient un autre sujet d'entretien.

Il y avait entre elles un secret, un grand secret.

Un secret d'amour.

N'est-ce pas toujours ainsi? et la vierge est-elle moins pure pour avoir senti vaguement ces premières émotions qui étonnent son ignorance et font battre son cœur?

Madame Duplessis avait aux environs de Versailles une belle maison de campagne où elle conduisait ses élèves les jours de congé. On courait dans le parc; on s'égarait en riant comme des folles sous les grands arbres, et parfois la promenade s'allongeait jusqu'aux bois charmants qui ombragent les coteaux de Ville-d'Avray.

C'étaient de bonnes journées. Celles d'entre les élèves qui suivaient le manège montaient à cheval sous la conduite d'une sous-maîtresse et faisaient des excursions adorables.

Le professeur d'équitation suivait avec les grooms protecteurs.

Mais dans ces riantes forêts les routes se croisent à plaisir. Parfois une écuyère trop hardie se perdait, et alors c'étaient des incidents joyeux, de jolies terreurs, des aventures!

Ce fut dans une de ces campagnes équestres que Clotilde trouva son petit roman. Elle était partie, la folle jeune fille, gaie comme un oiseau, le sourire aux lèvres et l'indifférence au cœur.

Le soir, on la vit toute rêveuse.

Et, tandis que les voitures de la pension roulaient sur le chemin de Versailles à Paris, un cavalier inconnu suivait obstinément le gracieux convoi.

A qui s'adressaient les regards langoureux qu'il jetait aux portières? Clotilde seule le savait, et Alizia devint sa confidente.

Ce cavalier avait rencontré Clotilde égarée dans la partie du bois de Meudon qui descend vers la vallée de Jouy. Il s'était montré d'une courtoisie empressée, respectueuse et vraiment chevaleresque. Il était beau, jeune, et certes on ne pouvait s'y méprendre: c'était bien un gentilhomme!

Tant que dura la nuit, Clotilde rêva du galant cavalier; le lendemain elle se leva pâle et fatiguée, avec la conviction intime qu'elle aimait.

— Comme l'amour change une jeune fille!.. se disait-elle en voyant dans sa glace ses jolis yeux bleus battus légèrement.

A dater de ce jour, elle eut un petit air mélancolique et sentimental, ce qui ne l'empêchait point de rire à gorge déployée quand une bonne occasion se présentait.

Le roman d'Alizia était un peu moins frivole. — Tandis que Clotilde faisait effort pour garder l'émotion de son amour prétendu, Alizia tâchait déjà d'oublier.

Mais elle ne pouvait pas.

Sa nature ardente, et à la fois sérieuse se révélait: le trait avait pénétré jusqu'à son cœur.

Il ne s'agissait point pour elle d'une rencontre fortuite. Son amour, si ce mot peut s'appliquer aux enfants, était né à la pension même. Madame Duplessis avait un neveu qui suivait les cours de droit et qui passait, parmi les élèves de sa tante, pour un charmant mauvais sujet.

Madame Duplessis, au contraire, gardait sur lui toutes les illusions maternelles. Elle le regardait comme un garçon studieux, timide et bien éloigné des folies de son âge.

Elle lui servait en quelque sorte de tutrice, bien qu'il fût majeur depuis un an. Elle lui avait loué un joli appartement, de l'autre côté de la rue de Varennes, en face de la pension, et ne lui reprochait jamais qu'une chose: la rareté de ses visites.

Alizia avec Berthe et Marie.

Ce beau neveu avait nom Martial Aubert. Il était de famille distinguée et jouissait de vingt mille livres de rentes.

Il fallait avoir un bandeau sur les yeux comme la bonne maîtresse de pension pour croire à la sagesse de Martial, qui faisait danser assez gaillardement son revenu.

Alizia et lui n'avaient jamais échangé une parole; mais il y avait plusieurs mois que la jeune fille savait, à n'en pouvoir douter, l'amour de l'étudiant en droit.

Le jardin était entouré de hautes murailles; mais, au centre des bosquets, certain cavalier planté de lilas avait vue sur les maisons voisines.

Alizia et Clotilde y montaient souvent. Elles s'asseyaient sur le banc de verdure, et les regards de mademoiselle Pauli se tournaient timides, vers l'autre côté de la rue de Varennes.

Martial était là, toujours à sa fenêtre, attendant l'heure désirée; sa tête s'appuyait sur sa main; ses yeux, fixés sur les deux jeunes filles, parlaient plus éloquemment que n'aurait pu faire sa bouche.

La joue d'Alizia devenait rose, et sa tête se cachait dans le sein de son amie, qui souriait à la voir émue.

Il y avait entre Martial Aubert et Alizia Pauli quelques ressemblances de nature. C'étaient deux âmes passionnées. Le jeune étudiant, malgré ses folies, avait un fond sérieux et grave comme la jeune fille elle-même. — Ils s'aimaient plus qu'ils ne le croyaient peut-être, et leur amour grandissait à leur insu.

Bien qu'Alizia eût plusieurs années de moins que Clotilde, son cœur avait parlé le premier. Clotilde avait un caractère enfantin; elle se sentit tout heureuse et fière d'avoir à son tour un secret. Ce fut désormais entre les deux jeunes filles un échange de perpétuelles confidences. — Elles s'en aimèrent davantage. — Elles cherchèrent avec plus d'ardeur à se trouver ensemble et à s'isoler de leurs compagnes.

La défaveur jalouse qui pesait déjà sur elles à la pension s'en augmenta.

On les épia. — Alizia cachait son secret tout au fond de son cœur; mais Clotilde, dont l'imagination seule était prise, se battait les flancs en quelque sorte pour rester à la hauteur de ses premières impressions. Elle était imprudente et donnait beau jeu à ses rivales curieuses.

Son secret fut bientôt percé à jour.

Le bel inconnu du bois de Meudon venait trop souvent se promener dans la rue de Varennes. La fenêtre de Clotilde s'était ouverte plus d'une fois, disait-on.

On allait même jusqu'à prétendre qu'une lettre lui avait été écrite et reçue.

Et l'on médisait énormément, tout en ne se scandalisant pas trop fort.

Ceux qui passent tous les murs austères de nos pensions à la mode, rêvent d'innocence et de vertus angéliques, en regardant ces chastes croisées d'où tombent quelques accords de piano. Il y a, certes, des anges dans ces doux cloîtres, — mais beaucoup moins qu'ailleurs.

Nous n'avons rien à dire ici contre l'enseignement des pensions. Notre récit fait un autre procès; mais, parce que nous avons hésité au moment de formuler des accusations trop graves, il ne faut point crier à la calomnie.

C'est à peine si nous effleurerons en passant la matière. Loin d'aller au fond des choses, nous restons à la surface souriante, parlant de péchés mignons lorsqu'il y a des vices peut-être...

Mais il est dangereux d'allumer le flambeau qui doit éclairer ces étranges mystères, et, pour écrire certaines paroles qui sonderaient comme un scalpel brûlant une des plaies de notre civilisation, il ne faut point la plume dédaignée du romancier, mais le grave style du sage.....

Un mot doit être permis à tout le moins. Elles sont heureuses, elles sont bénies de Dieu et des hommes, les mères qui ne donnent point à autrui la tâche sainte de former le cœur de leurs filles.

Dans la pension de madame Duplessis, nous ne voulons voir qu'un petit coin de tableau, ressortant du domaine de la comédie honnête.

Si nous voulions, d'ailleurs, descendre plus bas, il nous faudrait changer de personnages, car nos deux jeunes filles étaient d'excellents cœurs que jamais n'avait ternis aucune mauvaise pensée.

Clotilde avait l'étourderie de sa nature faible et futile: c'était une enfant gâtée. Quant à mademoiselle Pauli, on ne pouvait pas même lui adresser ce reproche. C'était la vierge pure, qui n'a rien perdu de sa belle innocence en s'éveillant aux premières pensées d'amour.

Les semaines se passaient; il y avait maintenant chaque jour deux regards fixés sur le banc de gazon du cavalier où s'asseyaient nos jeunes filles.

Martial n'était plus seul en observation dans la maison voisine.

L'inconnu du bois de Meudon s'était avisé d'y louer une chambre et faisait, de là, des signes à toucher une âme de marbre.

Alizia et sa mère.

Il écrivait lettres sur lettres, qui étaient remises, moyennant salaire, par une servante de la pension.

Clotilde s'amusait comme une enfant à toute cette intrigue ; elle faisait ce qu'elle pouvait pour se croire amoureuse et suivait le fil de l'aventure comme on lit un roman curieux.

Les lettres étaient signées : VICOMTE DE SAINT-OMER.

Il faut bien le dire tout de suite, le vicomte de Saint-Omer s'appelait, de son n m, M. Guichard. C'était un simple voyageur du commerce.

Mais, en notre temps où l'égalité n'existe guère de fait, les apparences confondent tout. Rien ne ressemble à un prince comme un commis en nouveautés, et les clercs d'huissiers écrivent, ma foi, comme des fils de pairs de France ; il n'y a plus guère que les vaudevillistes pour faire beaucoup de fautes d'orthographe.

Clotilde croyait à son vicomte comme au Messie,

Et quand Alizia, le rouge au front parlait de Martial, Clotilde baissait les yeux pour prononcer le nom de M. de Saint-Omer.

Le roman d'Alizia était, du reste, bien en arrière de celui de son amie. Martial ne lui écrivait point de lettres et n'osait pas lui faire le moindre signe.

Alizia, au fond du cœur, lui rendait grâce de sa retenue et l'en aimait davantage.

Car c'était bien de l'amour, hélas ! un amour profond et grave qui envahissait fibre à fibre tous les replis de son cœur.

Martial aussi aimait sincèrement et de toute sa force.

Mais ce Martial était un garçon étrange. Il n'avait de retenue que vis-à-vis d'Alizia. Sa nature fougueuse et trop riche avait besoin de se prodiguer au dehors. Il lui fallait, aux heures où il ne pouvait rester en contemplation à sa fenêtre, devant la figure pensive de la jeune fille, il lui fallait le plaisir bruyant qui enivre et qui fatigue. Son appartement de la rue de Varennes, — et en cela du moins il ressemblait au noble vicomte de Saint-Omer, — n'était pour lui qu'un pied-à-terre. Sa vie se passait dans le quartier des écoles. Il se jetait à corps perdu et volontairement dans cette débauche fanfaronne où les étudiants usent leur corps et leur cœur.

C'est là que Martial avait connu Gédéon Ricard, le futur membre du barreau de Paris.

Martial Aubert, au moral sinon au physique, était plus robuste que ses compagnons de plaisirs. Toutes ces orgies folies où les autres s'épuisaient, abrutis, ne lui prenaient, à lui, que son superflu de sève et son trop plein de jeunesse. — Après la débauche, il se retrouvait fort et calme, et capable de savourer les belles joies de son amour pur.

. . . .

Un jour Alizia fut bien heureuse.

C'était fête chez la maîtresse de pension. Le grand salon de velours grenat resplendissait de lumières.

Autour des lambris s'asseyaient les mères des élèves, presques toutes titrées, et qui venaient là dans des toilettes écrasantes, faire honneur à mesdemoiselles leurs filles.

Ces bals, en principe, pouvaient être d'une utilité contestable, mais la mode et l'usage s'étaient réunis pour les consacrer.

Il fallait bien voir les progrès au piano et les progrès de la danse.

— C'était une sorte de distribution de prix.

C'était en outre une bourse aimable, où les actions de l'hymen montaient et baissaient, suivant un cours authentique. Plus d'un opulent mariage s'était fait à ces bals enfantins.

Les grands frères de ces demoiselles entraient là d'un air ennuyé, un peu dédaigneux même, et entraînés presque de force par leurs mères. Ils en ressortaient avec des idées de ménage dans la tête. — Car cette jolie blonde possédait deux châteaux en Bourgogne, et cette brune, elle en ressortait plus de père, jouissait de cent mille livres de rentes.

C'était la première fois que mademoiselle Pauli assistait à un bal. Quand elle entra, au bras de Clotilde, souriante et gaie, elle se sentit trembler ; une sorte de vertige s'empara d'elle. Cette atmosphère tiède où glissaient des parfums, ces lumières, ces diamants qui étincelaient ces fleurs qui mariaient doucement leurs mille nuances, toutes ces choses nouvelles et inconnues lui serrèrent le cœur.

C'était du plaisir, mais un plaisir mêlé d'émotions trop violentes.

L'amour du monde et de ses joies se révélait en elle avec une fougue inouïe.

Elle était heureuse jusqu'à souffrir de son bonheur, et, à la voir chanceler toute pâle, vous eussiez cru qu'elle allait s'évanouir.

C'était une ivresse véritable.

Ses yeux étaient troubles. Parmi les images confuses qui tournoyaient autour d'elle, une vision lui apparut tout à coup : son cœur cessa de battre. — Martial Aubert était debout, derrière le fauteuil de madame Duplessis, sa tante.

Clotilde mit sa bouche tout contre l'oreille d'Alizia.

— Tu vas lui parler... murmura-t-elle ; — moi, je n'ai pas tantde bonheur !

M. le vicomte de Saint-Omer manquait, en effet, à l'illustre assemblée. Mais, après un gros soupir donné à son absence, Clotilde n'en garda point un très-noir chagrin. Son sourire, revenu, brilla sur sa jolie figure ; ses yeux bleus pétillèrent : elle était d'une gaieté folle.

En traversant les groupes de leurs compagnes, les deux jeunes filles pouvaient entendre les mères qui se disaient :

— Ce sont les plus jolies... Que la blonde est mignonne !... et que la brune est belle !...

Maiselles n'entendaient point ce qu'on ajoutait en parlant de Clotilde :

— Quel dommage !... si jeune et déjà perdue de réputation !...

Car les médisances avaient franchi les murailles du pensionnat, et les mères savaient l'histoire de la correspondance secrète

— Que voulez-vous ?... se disait-on ; — la pauvre enfant chasse de race !... madame Duplessis aurait dû y regarder à deux fois avant d'admettre dans son établissement la fille d'une femme pareille !

— C'est une inconséquence !

— Pour ne rien dire de plus !...

— Car enfin on n'est pas bien aise de voir ses enfants en contact...

— Bah ! interrompit une mère charitable, il est vrai que sa mère n'est pas mariée... mais son père a six ou sept millions sur la rente.

Alizia et son amie allèrent s'asseoir à deux places restées vides.

La danse commença, Clotilde s'appuya, légère et gracieuse, au bras du premier cavalier venu ; mais Alizia fut obligée de rester sur sa chaise. — Elle se sentait près de défaillir.

Les sons de l'orchestre augmentèrent son malaise ; elle respirait avec effort cet air enivrant qui mettait du feu dans sa poitrine.

Il lui semblait que des regards aigus et curieux étaient fixés sur elle pour donner une cause à son trouble.

Elle n'osait plus tourner les yeux vers l'endroit où elle avait vu Martial Aubert.

Après la contredanse, Clotilde la retrouva à la même place, immobile, l'œil égaré, le sein palpitant.

Elle voulut lui parler ; Alizia ne répondit point.

La pauvre enfant semblait être sous le coup d'un charme...

— Danse donc !.. dit Clotilde, si tu savais comme on s'amuse !...

Alizia la regarda comme si elle n'eût point compris.

Au second quadrille, Alizia resta encore assise. — Une nuance rosée colorait maintenant sa joue ; elle entendait un souffle derrière elle.

— Elle n'osait point se retourner, mais elle savait que Martial était là.

Allait-il lui parler ? Jamais elle ne l'avait entendu, et pourtant elle pensait reconnaître sa voix.

— Elles dansent comme des anges !... se disaient les mères en suivant des yeux le quadrille ; — cette bonne madame Duplessis leur fait tout faire à la perfection !

La polka n'était pas inventée.

— Savent-elles valser ?.. demanda l'une de ces dames.

La maîtresse de pension, femme prudente et sachant son monde, hésita un instant. Son regard fit le tour de la galerie, afin de compter les suffrages pour et contre la valse.

Elle ne vit que des yeux bienveillants et des sourires de mères heureuses. Ces dames étaient d'humeur charmante.

Elle fit un signe à l'orchestre. Les premières notes d'une valse allemande jaillirent, prélude harmonieux, tandis qu'un murmure de plaisir courait dans le cercle des jeunes filles.

Alizia baissa ses beaux yeux noirs ; quelque chose lui disait — il va venir.

Tout à coup, elle sentit un frémissement léger. Martial Aubert était devant elle et lui offrait sa main avec un sourire ému.

Alizia ne releva point les yeux. Sa joue était pourpre. Elle donna sa main tremblante à Martial qui l'entraîna dans le gracieux tourbillon.

Elle était faible. Martial était obligé de la soutenir et leurs cœurs battaient l'un contre l'autre.

Une langueur inconnue inondait l'âme de la jeune fille. Son beau corps ondulait aux moelleux balancements de la valse, et son esprit était bercé comme son corps. — C'était un rêve enchanté...

Elle ne voyait rien de ce qui se passait autour d'elle. — Il y avait au-devant de ses yeux comme une brume lumineuse.

Tout était beau, resplendissant ; tout souriait...

Le chant de la valse glissait parmi l'harmonie magistrale ; — il y avait des plaintes d'amour, des larmes douces comme la première angoisse du bonheur. — Il y avait des soupirs tendres et retenus, de caresses et des prières.

Alizia croyait aux joies du ciel...

Elle allait, entraînée et soutenue par une force qui n'était point en elle. — C'était Martial qui la portait comme un enfant aimé; — c'était Martial qui vivait pour elle.

Cela dura bien peu de temps. L'orchestre se tut. Alizia se laissa tomber, demi-pâmée, sur son siège.

Martial n'était plus là.

— Que t'a-t-il dit?.. demanda Clotilde curieuse.

Alizia ne put pas répondre, mais elle leva les yeux sur son amie et ses yeux étaient pleins de larmes...

Pauvre Alizia! — Après huit années lentes, écoulées dans la tristesse, la valse de Weber chantait encore au fond de son cœur.

Elle n'avait que ce souvenir heureux où reposer sa rêverie...

VIII.

DÉVOUEMENT DE JEUNE FILLE.

Tout le monde fut extrêmement satisfait du bal de madame Duplessis. Les choses s'y étaient passées en parfaite convenance, et vraiment la chère dame était bien le modèle des maîtresses de pension!

Chacune de ses élèves avait en elle une mère tendre et indulgente. Impossible de trouver un meilleur cœur et un esprit plus intelligent.

Voilà ce qu'on disait, en sortant du salon de velours grenat, après la dernière contredanse.

Cette excellente madame Duplessis était de plus en plus à la mode.

A ce bal, du reste, on avait mêlé à l'agréable une bonne petite dose d'utile. Quelques affaires de mariage s'étaient traitées au comptant et à terme. — Le cours avait été assez ferme, et les transactions matrimoniales avaient continué jusque dans la coulisse.

Entre tous ces hymens ébauchés discrètement dans le salon grenat, nous citerons seulement celui de mademoiselle Clotilde Bertrand avec M. le comte de Villers-Bryant.

Ce fut une madame de Mareuil qui mit l'affaire sur le tapis. Le comte Hector avait, à cette époque, vingt-six ou vingt-sept ans. Il était fort agréable cavalier, beau garçon, portant comme il faut un nom très-noble, et désigné pour succéder à la pairie de son oncle, M. de Villers-d'Aubanton.

Il avait de l'esprit, chacun s'accordait à le dire; tout le monde affirmait en outre qu'il irait très-loin, grâce aux précieux enseignements de son oncle le diplomate.

Son seul défaut était le manque de fortune; — mais Clotilde en avait pour deux.

Madame Bertrand avait beaucoup de vanité comme toutes les femmes tombées. L'idée de marier sa fille à un comte de noblesse historique, pair de France en expectative, lui fit tourner la tête.

Quant à Clotilde, elle s'aperçut bien, en voyant Hector pour la première fois, que son cœur s'était trompé. Hector lui sembla mille fois plus beau, plus distingué, plus aimable que le pauvre vicomte de Saint-Omer.

Aussitôt qu'on lui eut présenté M. de Bryant, elle s'étonna d'avoir pu donner un regard à l'inconnu du bois de Meudon.

Malheureux commis-voyageur! ce n'était là que le commencement de ses peines.

Grâce à l'entremise active de madame Duplessis et de madame de Mareuil, l'affaire marcha sur des roulettes. Les préliminaires du contrat furent réglés sans difficulté de part ni d'autre.

Mais tout à coup, au moment où le mariage semblait certain, un obstacle s'éleva.

Les demoiselles de la pension étaient naturellement indignées de voir Clotilde, une bourgeoise, — moins qu'une bourgeoise, — épouser un homme titré.

C'était inconvenant, car enfin personne n'ignorait la conduite de sa mère. — Puis, pour passer de la mère à la fille, ces demoiselles n'avaient garde de taire maintenant les bruits charitables qu'elles avaient fait courir elles-mêmes.

Elles parlèrent tant, si bien et si haut, que ces rumeurs se répandirent dans les divers cercles dont leurs familles faisaient partie.

Le comte, disait-on, accomplissait un fait reconnu, accomplissait un acte peu honorable. Il dérogeait positivement; il descendait même plus bas qu'une mésalliance ordinaire, puisque l'argent lui faisait fermer les yeux sur un passé notoirement compromis.

Il y a des gens qui ressortent si étroitement de la juridiction mondaine, qu'il leur faut courber la tête devant toute sentence de l'aveugle tribunal.

Le comte Hector, malgré sa bonne envie de passer outre, fut obligé de s'arrêter. Il eut peur de ce cri de haro qui s'élevait sourdement autour de lui.

Les pourparlers furent rompus.

Le soir, Clotilde entra tout en larmes dans la chambre de son amie. Elle se laissa tomber sur un fauteuil et cacha son joli visage entre ses mains.

— Qu'as-tu donc?... demanda Alizia effrayée.

Clotilde ne pouvait point répondre; les sanglots étouffaient sa voix. Quand ses pleurs firent trêve enfin, elle s'écria d'un accent désespéré :

— Je suis perdue!... Il ne me reste plus qu'à mourir!

Alizia lui avait pris la main et cherchait à la calmer.

— Je suis perdue!... répéta Clotilde; — moi qui étais si heureuse hier encore, il ne me reste plus d'espoir!

Et comme Alizia l'interrogeait, elle répondit d'une voix coupée de nouveau par les sanglots :

— Qui a pu divulguer mon secret?... On a dit au comte que j'étais une fille légère... que j'avais reçu des lettres... Bien plus, on m'a calomniée..... On a dit que je donnais des rendez-vous... Et le comte a écrit pour retirer sa parole.

Alizia ne répondit point tout de suite; elle regardait Clotilde d'un air triste et tenait toujours sa main entre les siennes.

— L'aimes-tu?... murmura-t-elle après un silence.

— Si je l'aime!... s'écria Clotilde. Je te dis qu'il ne me reste plus qu'à mourir!

Alizia eut un sourire mélancolique.

— Il te reste à être heureuse... dit-elle, — puisque tu l'aimes et que tu seras à lui.

— Mais tu ne m'as donc pas comprise!... voulut dire Clotilde.

— Viens! dit-elle, tandis qu'un éclair d'enthousiasme s'allumait dans ses grands yeux noirs.

Elle prit son amie par la main et la conduisit jusqu'à la chambre de madame Duplessis.

Clotilde ne savait que penser.

Madame Duplessis était en grande conférence avec la douairière de Mareuil. Il s'agissait entre elles du mariage rompu, et madame Duplessis ne se dissimulait point que c'était un coup terrible porté à son établissement.

Il y avait eu jusqu'alors, autour du pensionnat fashionable, une bonne odeur d'hyménée, et madame Duplessis était trop philosophe pour ne pas s'avouer que les trois quarts de sa vogue venaient de cet utile parfum.

Un mariage rompu, rompu pour cause de bruits fâcheux qui couraient sur une de ses élèves, c'était un échec grave.

En définitive, la bonne dame se rendait justice; elle n'avait jamais bien compris pourquoi la mode avait adopté si chèrement son pensionnat, qui ressemblait à tous les autres.

A cette faveur il n'y avait qu'un motif plausible : c'était le prix exagéré de la pension.

Mais il faut si peu de chose pour chasser la vogue inconstante et aveugle! — madame Duplessis n'avait pas encore fait sa fortune.

Elle était d'humeur détestable lorsque mademoiselle Pauli s'introduisit chez elle avec son amie.

— Que voulez-vous?... demanda-t-elle brusquement.

— Je désirerais parler à vous seule, madame, répondit Alizia.

La douairière de Mareuil passa dans la pièce voisine. — Mais elle avait de ces oreilles qui entendent à travers les portes.

— Je viens réparer un malheur arrivé par ma faute, dit mademoiselle Pauli d'un ton ferme; — toutes ces accusations qui pèsent sur Clotilde, c'est moi qui les ai encourues.

Clotilde écoutait, les yeux baissés; elle n'osait ni interrompre, ni manifester sa surprise.

Madame Duplessis avait pris un air sévère.

— Ces lettres qui venaient du dehors... commença-t-elle.

— Ces lettres étaient pour moi, madame... interrompit Alizia.

La maîtresse de pension se leva et baisa le front rougissant de Clotilde qui avait des larmes dans les yeux.

— Pauvre ange!... murmura-t-elle; — vous vous laissiez accuser sans rien dire!... — Ce sera un beau trait dans votre vie, ma chère enfant!

Clotilde se tourna vers mademoiselle Pauli qui restait immobile et froide. Sa conscience se révoltait; — peut-être allait-elle repousser le dévouement de son amie; mais madame Duplessis l'interrompit encore :

— Quant à vous, mademoiselle, dit-elle à Alizia d'un ton sec ; — vous avez bien tardé à faire votre devoir !... Cela suffit... retournez à votre chambre où je vous ferai savoir mes ordres.

Clotilde s'élança en pleurant vers Alizia et la serra dans ses bras.

— Tu m'as dit que tu l'aimais! murmura la jeune fille qui se dégagea et s'enfuit.

— Ma chère dame, s'écria la maîtresse de pension en ouvrant la porte à la douairière de Mareuil, nous n'avons plus qu'à commander la corbeille... Je savais bien, moi, que notre chère Clotilde était innocente !...

— Quant à moi, dit madame de Mareuil, j'en aurais mis la main au feu !... Allez, mon enfant, poursuivit-elle, — nous allons causer ici de graves affaires... Et, dans deux semaines, je vous promets que vous serez comtesse.

Clotilde s'échappa, profitant de la permission donnée ; elle ne fit qu'un bond jusqu'à la chambre de son amie.

— Je ne peux accepter ton sacrifice !... dit-elle en tombant dans les bras d'Alizia ; — si quelqu'un est coupable, c'est moi...

— Tu m'as dit que tu l'aimais, répondit Alizia en lui rendant ses caresses ; — tu seras heureuse.

Clotilde joignit les mains.

— Écoute, dit-elle, je te dois plus qu'à ma mère. Que Dieu me donne l'occasion de m'acquitter, et tu verras si je suis reconnaissante !

Dans la chambre de madame Duplessis, on achevait de poser les conditions du contrat, l'affaire était renouée.

Peut-être trouvera-t-on que la bonne maîtresse de pension avait jugé bien lestement ce procès délicat.

Mais l'excellente dame n'en eût pas même demandé si long. Du moment qu'on lui rendait son mariage, le reste lui importait peu.

Et puis, il faut tout dire, le hasard dans cette circonstance avait bien mal servi la pauvre Alizia.

Trois ou quatre jours auparavant, on en eût peut-être usé différemment avec elle.

Mais, la veille même, Martial Aubert, le neveu de madame Duplessis, ne s'était-il pas avisé d'avouer à sa tante qu'il aimait mademoiselle Pauli et qu'il prétendait demander sa main ?

L'idée aurait pu n'être pas absolument mauvaise, puisque la mère d'Alizia devait être très-riche, à en juger par la pension qu'elle payait pour sa fille ; mais la maîtresse avait reçu, l'avant-veille, une lettre de madame Pauli, qui parlait de procès perdu et de malheurs menaçants.

D'un jour à l'autre, madame Pauli allait se trouver sans ressource.

Et Martial avait vingt bonnes mille livres de rente, outre qu'il était dans l'avenir l'héritier unique de la maîtresse de pension.

Cette petite Alizia devenait un inconvénient.

En acceptant pour vrai son aveu, madame Duplessis faisait d'une pierre deux coups : d'abord, elle rétablissait un mariage compromis, lequel mariage devait lui rapporter profit et honneur ; ensuite, elle se débarrassait de mademoiselle Pauli, qu'elle aimait beaucoup, mais qui avait le tort de ne plus être un bon parti pour son neveu.

Le mariage se fit et donna un lustre nouveau à la pension fashionable.

La pauvre Alizia ne fut point invitée aux fêtes ; elle ne quittait plus sa chambre, et Dieu sait ce qu'on disait d'elle, aux heures de récréation et aux heures d'étude, dans la pension de madame Duplessis.

Le lendemain du mariage ; elle partit pour aller rejoindre sa mère, et cela se fit tout naturellement, parce que madame Pauli avait déclaré, dans sa dernière lettre, qu'elle ne pouvait point s'engager pour un semestre nouveau.

Il y avait huit jours, au moins, que Martial Aubert n'avait aperçu Alizia sur le cavalier. Quand il lui demandait de ses nouvelles, madame Duplessis lui répondait : Elle est malade.

Si bien que les rumeurs envenimées qui couraient dans la pension eurent le temps d'arriver jusqu'aux oreilles de Martial.

Il se précipita chez sa tante, incrédule encore, mais déjà furieux.

A ses questions, madame Duplessis répondit par des réticences fort adroitement nuancées, on eût dit vraiment qu'elle voulait ménager la réputation de la pauvre Alizia.

Martial, bouillant d'impatience, interrogeait, interrogeait !

Et, comme les réponses de sa tante ne devenaient jamais plus précises, Martial finit par dire :

— Où est-elle ?... Je veux la voir.

Madame Duplessis secoua sa tête prudente, coiffée du respectable béguin.

— Tu ne peux plus la voir, répliqua-t-elle ; la pauvre fille s'est jugée elle-même... Elle est partie !

— Partie !... s'écria Martial atterré ; mais c'était donc bien grave ?

La bonne dame leva les yeux au ciel.

— Je l'aimais tendrement, murmura-t-elle : mais j'ai une responsabilité devant Dieu... Et j'aurais eu peur de voir le péché s'introduire parmi mon petit troupeau...

— Mais ma tante, s'écria Martial, vous saviez bien qu'elle était pure comme un ange !

— Je le croyais, et les bras me sont tombés quand j'ai appris qu'elle donnait des rendez-vous, qu'elle recevait des lettres...

— Des rendez-vous ! répéta encore Martial dont la voix s'étouffait ; des lettres ! mais c'est impossible ! Qui donc lui donnait des rendez-vous ?... Qui donc lui écrivait ces lettres ?...

La chambre de madame Duplessis s'ouvrait sur la rue de Varennes. Au lieu de répondre, son regard se porta, volontairement ou non, vers la maison qui faisait face.

A une fenêtre de cette maison, le malheureux vicomte de Saint-Omer, qui ne savait point le mariage de Clotilde et qui attendait son retour, lançait vers le jardin de la pension des œillades langoureuses.

Martial fut frappé comme d'un trait de lumière.

Nous l'avons vu calme jusqu'à la froideur dans son cabinet de magistrat, au faubourg d'Avranches, mais huit ans s'étaient écoulés depuis lors. A l'époque dont nous parlons, Martial Aubert était un tout jeune homme, chaud, emporté, fougueux.

Il s'élança hors de la chambre de sa tante et traversa la rue d'un bond.

Il entra chez M. le vicomte de Saint-Omer, au moment où son courroux arrivait à son comble.

Il n'y eut point d'explications échangées ; Martial ne voulait qu'une chose : tuer cet homme qui lui avait pris tout son bonheur.

Le vicomte répondit, ma foi, gaillardement à la provocation. Rendez-vous fut pris le lendemain et l'on devait se battre à mort.

Le lendemain Martial se trouva seul au rendez-vous. Le vicomte commis-voyageur avait réfléchi durant cette nuit, et, pour ne point priver la maison qui l'employait de ses soins habiles, il s'était mis en diligence le matin même.

Impossible désormais de s'expliquer et de savoir.

Le caractère de Martial changea. Il devint sombre, froid, inquiet ; mais loin de fuir la société de ses anciens camarades, il se jeta dans l'orgie à corps perdu.

Madame Duplessis fut contente, parce que, à dater de ce jour, elle ne l'entendit plus prononcer le nom d'Alizia Pauli.

Dans sa solitude nouvelle, la pensée d'Alizia se partageait entre Clotilde et Martial. Elle ne les avait revus ni l'un ni l'autre à l'heure du départ, et l'adieu était tombé des bouches moqueuses de ses compagnes.

Alizia ne comprenait peut-être point alors toute l'étendue de son sacrifice. Quand elle songeait à Martial, elle se disait : — Il m'aime... il saura bien où me trouver !

Quand elle songeait à Clotilde, un beau sourire venait parmi sa tristesse.

— Elle est heureuse... se disait-elle.

Madame Pauli habitait une charmante maison de campagne sur la route d'Orléans. — Quelques jours après l'arrivée d'Alizia, madame Pauli lui dit :

— Quand tu es venue au monde, ma fille, tu étais la plus riche héritière de Florence... ton père avait de beaux palais et de beaux châteaux... ta mère était plus riche encore que ton père... maintenant tu n'as plus rien, ma fille.

Alizia serra doucement la main de sa mère contre son cœur.

— Qu'avons-nous besoin de fortune ?... dit-elle, — vous m'aimez et je vous aime... je travaillerai pour nous deux.

Madame Pauli essaya de sourire ; mais son visage, pâli par la maladie, était bien triste.

— Qui sait si nous serons ensemble longtemps ?... murmura-t-elle ; — je deviens faible... mes souvenirs me tuent. Oh ! ma fille... ma fille, ajouta-t-elle avec des larmes dans les yeux ; — que de bonheur il y avait autour de ton berceau !... ta sœur aînée, mon pauvre ange, était morte déjà... ta naissance aux années de froideur comme un doux gage de réconciliation et d'amour... ton père était revenu vers moi... il te regardait sourire, et il m'aimait... te souviens-tu de ton père, Alizia ?

— Oh ! oui... répondit la jeune fille ; une tête noble et douce...

— Et un noble cœur !... ajouta madame Pauli, — cette femme lu avait jeté un sort... il avait une fille d'elle, une fille qu'il adorait... Un jour il quitta l'Italie pour ne plus me voir, pour fuir nos larmes... il emportait avec lui le prix de ses palais et de ses châteaux...

Nous restions seules, ma fille, tu avais dix ans, — j'appris qu'il était en France, je vins à Paris, un secret espoir me restait.

Hélas ! je le revis !...

La tête de madame Pauli s'appuya sur sa main.

— Ma fille, reprit-elle, depuis trois jours j'ai mis une robe noire à la place de tes habits de pension... tu n'as point remarqué cela. — C'est le deuil de ton père que tu portes...

Des larmes vinrent aux yeux d'Alizia.

— Il est mort, poursuivit madame Pauli... il est mort en donnant toute sa fortune à cette femme qui était l'institutrice de ma fille aînée... et tu n'as plus rien en ce monde, ma pauvre enfant, car ma fortune à moi était engagée tout entière dans un procès, et les juges de Florence m'ont condamnée.

IX.

SOUS-MAITRESSE.

Quelques semaines après, Alizia entrait, en qualité de sous-maîtresse, dans une petite pension de la rue de Babylone, au faubourg Saint-Germain.

Elle n'avait pas même la consolation de rester auprès de sa mère, dont les derniers jours se consumaient dans la solitude et dans la tristesse.

Madame Pauli habitait une pauvre chambre, au coin de la rue du Bac : c'était bien près de la pension; mais, pour les faibles appointements qu'on lui donnait, Alizia vivait en esclave. C'était à peine si elle pouvait s'échapper quelquefois, à de longs intervalles, pour passer une heure avec sa mère.

La pension était tenue par deux vieilles demoiselles sans fortune, qui avaient grand'peine à vivre. Les élèves étaient rares et les parents pauvres. On payait peu, on payait mal. Les demoiselles Leblond avaient peut-être été de bonnes filles au temps de leur jeunesse; maintenant le malheur et l'âge les avaient aigries. Chez elles, la vie d'Alizia était un martyre.

Les demoiselles Leblond faisaient sonner bien haut auprès de leur clientèle l'honneur et l'avantage de posséder une sous-maîtresse sortant de la pension Duplessis.

Les demoiselles Leblond disaient :

— On a chez nous la même éducation que dans la maison là-bas, rue de Varennes. Seulement, chez cette madame Duplessis on paie mille écus ce que nous donnons pour cinq cents francs.

Dès que les parents avaient le dos tourné, les vieilles filles tenaient un tout autre langage.

— Ma chère enfant, disaient-elles à mademoiselle Pauli, vous jouez très-bien du piano, vous dansez à merveille, vous savez peindre les fleurs... Je crois même que vous pourriez faire des vers au besoin... Mais ce n'est pas cela qu'il nous faut... Nous aimerions mieux avoir une sous-maîtresse bonne lingère, ayant une belle écriture de commerce... Au lieu des quatre ou cinq langues que vous parlez, si vous saviez seulement tenir un peu les livres en partie double! Tous vos talents de princesse sont assez inutiles pour apprendre à lire à des petites filles de marchands.

Et les demoiselles Leblond partaient de là pour marchander les pauvres appointements d'Alizia, pour opérer des retenues. La jeune fille travaillait du matin au soir et pouvait à peine soutenir sa mère.

La pension Leblond occupait une sorte de grande masure à la physionomie triste et claustrale. Tout y avait un aspect de gêne et de pénurie. Chaque année, la maison se ruinait davantage, tandis que le nombre des élèves diminuait.

Et plus les froides salles d'étude se faisaient désertes, plus le caractère des vieilles filles devenait acariâtre et méchant.

Alizia pleurait bien souvent; mais, quand sa mère l'interrogeait, elle disait : Je suis heureuse.

Ses seules distractions consistaient en quelques promenades dans le petit jardin ravagé, sans fleurs, sans arbres, sans gazon, où les élèves de la pension Leblond venaient grelotter en hiver et rôtir en été. Parfois encore on la laissait s'asseoir durant un quart d'heure devant l'antique piano qui décorait le parloir.

Mais il fallait pour cela que les demoiselles Leblond fussent de très-bonne humeur.

Le reste du temps mademoiselle Pauli montrait l'alphabet à des petites filles.

Elle apportait dans ses fonctions une douceur angélique ; les enfants l'aimaient pour sa résignation et sa patience.

Mais les vieilles demoiselles Leblond disaient qu'elle faisait du tort à leur établissement en restant toujours triste comme un bonnet de nuit.

Quand mademoiselle Pauli avait le droit d'être seule et de songer, sa pensée revenait toujours vers les années heureuses de son enfance. Elle se voyait dans ce blanc palais florentin où elle était née; elle se voyait entre son père et sa mère qui s'aimaient.

Elle était bien enfant lorsqu'elle avait vu son père pour la dernière fois; mais elle se souvenait de sa haute taille et de son mâle visage...

Puis sa mère avait commencé de souffrir; l'exil était venu.

Mais que de bonheur encore dans l'exil! — L'amitié de Clotilde, — et ce beau rêve, l'amour de Martial!...

Des semaines avaient passé, puis des mois, puis de longues années, et ni Martial ni Clotilde ne lui avaient donné signe de vie.

Peut-être ne savaient-ils pas où elle était. Mon Dieu! s'ils l'avaient oubliée!...

Alizia ne savait rien de ce qui s'était passé entre Martial et madame Duplessis, à l'époque du mariage de Clotilde...

Elle restait sous l'impression des derniers jours passés au pensionnat de la rue de Varennes. La dernière fois qu'elle avait vu Martial Aubert à sa fenêtre, ses regards étaient doux, suppliants et pleins de tendresse passionnée.

Elle ne devinait point les conséquences malheureuses de son sacrifice. A cet égard, Dieu laissait un voile sur sa vue pour la sauver du désespoir.

Il y avait de l'autre côté de la rue de Babylone, vis-à-vis de la pension Leblond, un grand et bel hôtel qui s'élevait avec ses hautes fenêtres et son perron de granit, au fond d'une cour fermée.

Le jour, le grand hôtel était triste; ses murailles grises arrêtaient la vue de la pauvre Alizia. Mais bien souvent, le soir, toutes les fenêtres s'illuminaient à la fois. La rue de Babylone, si déserte et si tranquille, s'éveillait tout à coup au fracas des nombreux équipages.

Ces soirs-là, mademoiselle Pauli éteignait sa lumière plus tôt que de coutume, mais elle se couchait plus tard.

Vous l'eussiez vue debout auprès de sa croisée, l'œil collé aux vitres que troublait son haleine. Sa pauvre robe d'indienne la défendait mal contre le froid ; mais elle ne s'en apercevait point.

Elle restait là, regardant de tous ses yeux et perdue dans un rêve.

Le marchepied des brillants équipages tombait; la porte de la cour ouverte à deux battants lui laissait voir le perron illuminé et les blanches femmes qui montaient, au bras de leurs cavaliers.

Comme elles étaient belles! et qu'elles devaient être heureuses! — que de diamants, que de perles, que de fleurs!...

Les aimait-on? aimaient-elles?...

Oh! ce devait être sans doute comme au bal de la rue de Varennes!

— Il y avait là de jeunes filles frémissant au premier trouble d'amour...

Alizia était faite pour le monde. Du fond de son malheur triste et glacé, son âme allait vers toutes ces joies. Son cœur battait, la pauvre fille; son sein ému se soulevait et ses paupières avaient des larmes.

Mon Dieu! qu'elles étaient amères et lentes les heures de la solitude, si près du plaisir envié!

Le poids lourd du malheur n'avait pu courber cette fière jeunesse. Alizia pouvait bien se résigner sous la main de Dieu et suivre le sillon de son travail solitaire; mais en ces moments où le temps était si lent, à ces heures du sommeil qu'elle n'avait point vendues, sa nature se redressait dans son ardente vigueur. — La nuit l'entourait; elle ne pouvait voir la misérable livrée qui voilait sa beauté.

Son esprit s'élançait loin de la réalité navrante.

N'y avait-il point de robe blanche pour sa fine taille si riche et si souple? — Ses pieds mignons ne pouvaient-ils chausser le satin? — Pourquoi ne pas mettre des perles parmi les belles ondes de ses cheveux noirs?...

Mon Dieu ! le plaisir, la beauté qui triomphe, l'amour partagé, la vie des jeunes et des heureux!...

Son front brûlant touchait la vitre froide. — Son rêve s'envolait.

Mais il revenait, il revenait bien vite, car c'était volontairement qu'elle eût bu à cette ivresse.

A travers la rue et les fenêtres fermées, des accords vagues venaient jusqu'à son oreille : c'était la musique du bal, la musique enchantée qui met des parfums dans les veines et qui n'empêche pas d'entendre ces paroles murmurées qui descendent jusqu'au cœur.

Pauvre doux souvenir! — La valse de Weber ne viendrait-elle pas avec ses balancements moelleux et sa tendre mélancolie! Hélas! hélas! à d'autres toutes ces joies! à d'autres la fatigue enivrée et ce bonheur silencieux que l'on cache au milieu de la fête comme l'avare jaloux cache son trésor!...... Hélas! il n'y avait là que des ténèbres froides, une chambre nue et la triste couchette témoin de tant d'insomnies!..

Alizia frissonnait, parce qu'une pensée traversait son cœur comme une flèche aiguë.

Parmi ces ombres que l'éclat des lustres projetait sur les rideaux diaphanes, n'avait-elle pas cru reconnaître l'ombre de Martial ? — La fièvre venait avec ses illusions et ses terreurs. — Oh ! si Martial était là !

Si la main de Martial entourait, comme autrefois sa taille à elle, la taille d'une autre jeune fille ! Si la voix de Martial murmurait à l'oreille d'une autre femme ces paroles qui restaient gravées tout au fond de son cœur !

Son âme défaillait à cette pensée ; ses deux mains couvraient son visage baigné de larmes.

Elle ne voulait plus voir ; elle gagnait son lit d'un pas chancelant et faible.

Et la musique du bal la poursuivait jusque sur sa couche. — Le sommeil appelé ne venait point. — Elle pleurait son avenir brisé, son amour perdu !...

Elle pleurait jusqu'à l'heure où la fatigue et l'engourdissement jetaient un voile épais sur son esprit.

Alors Dieu laissait tomber parfois un songe souriant à son chevet. Que Martial était beau ! que sa voix était douce ! — son regard suppliait ; comment le refuser ? — La valse de Weber tombait d'en-haut comme un écho céleste...

La taille d'Alizia s'abandonnait à une main aimée ; elle sentait une poitrine battre contre son sein. — Que de parfums dans l'air où vibrait la suave musique ! — Alizia valsait ; son corps avait des ailes ; son âme goûtait avec recueillement une félicité divine...

Puis elle se dressait en sursaut ; tout à coup, la cloche rauque de la pension tintait le réveil. — Elle ouvrait les yeux ; le jour, passant par la fenêtre étroite, éclairait la petite chambre.

Elle ne pleurait plus, la pauvre fille ; le découragement morne et muet descendait sur son front...

Il y avait deux ans qu'Alizia était sous-maîtresse à la pension des demoiselles Leblond, lorsque sa mère mourut.

Avant d'aller vers Dieu, madame Pauli eut un long entretien avec sa fille.

Alizia n'avait quitté l'Italie qu'à l'âge de dix ans. Elle ne pouvait conséquemment ignorer que ce nom de Pauli, pris par sa mère lors de l'arrivée en France, n'était point le nom de sa famille.

Elle connaissait tous les titres de son père, qui était un grand seigneur, — un prince. — Elle savait même en partie l'histoire des malheurs de sa famille.

C'était une institutrice française, comblée de bienfaits par sa mère, qui avait apporté le trouble dans la maison.

Jusqu'à la venue de cette femme on était heureux dans le riche palais du prince de Santa-Croce.

Elle était belle ; le père d'Alizia se prit pour elle d'un amour insensé. Pour elle, il abandonna une première fois sa femme et son enfant.

Quelque temps avant la naissance d'Alizia, le repentir le prit cependant, et il revint auprès de sa femme.

Leur fille aînée était morte.

Alizia vint au monde à la suite de cette réconciliation.

Mais le temps du repos fut court. — La Française, elle aussi, avait une fille. Elle écrivait lettre sur lettre. Le prince quitta une seconde fois Florence, et ce fut pour ne plus revenir.

Ce qu'Alizia ne savait point, c'était le nom de la Française. — Madame Pauli le lui apprit avant de mourir.

— La fille de cette femme est ta sœur... ajouta-t-elle ; — Dieu te bénira si tu l'aimes, ma pauvre enfant... mais, crois-moi, si le hasard vous rapproche jamais, ne lui donne point trop de place dans ta vie... ces gens nous ont toujours porté malheur !

Alizia tâchait de réchauffer ses mains qui étaient déjà froides.

— Écoute... reprit madame Pauli, — je sens que mes paroles sont comptées... Tu es trop pauvre, ma fille, pour porter le nom de ton père... cette femme, qui nous a tout pris, doit te haïr... qui sait ce qu'elle pourrait faire contre toi, si elle te reconnaissait pour la rivale de sa fille ?

— Je garderai le nom que vous m'avez donné, ma mère, dit Alizia.

— Quand même ces gens te témoigneraient de la tendresse, reprit madame Pauli, tu garderas notre secret, n'est-ce pas ?

— Je le garderai, ma mère.

— Tu me le promets ?...

— Je vous le jure !

La pâle figure de madame Pauli prit à ces derniers mots une expression de sérénité. Sa tête se reposa sur son oreiller ; elle parut s'endormir d'un sommeil doux et tranquille. Elle était morte.

Le lendemain, Alizia suivit presque seule un pauvre cercueil qu'on menait au cimetière du Mont-Parnasse.

Quand elle revint à la pension Leblond, les vieilles filles lui dirent qu'elle ne regrettait point sa mère ! parce qu'elle avait les yeux secs et que sa joue ne pouvait plus guère pâlir.

Alizia était seule au monde. Depuis bien longtemps elle n'avait eu pour consolation que les bonnes paroles qui tombaient de la bouche de sa mère.

Cette bouche amie était muette maintenant ; Alizia, qui vivait par le dévouement, n'avait plus personne à qui se dévouer.

Sa vie était une souffrance lente, monotone, découragée.

Parfois, pourtant, un espoir luisait au fond de sa détresse, comme une étoile dans les sombres nuits. Son cœur se reprenait à battre.

Elle avait une sœur, une sœur dont la naissance avait causé sa misère présente et les peines mortelles de sa mère. Mais cette sœur qu'elle voulait aimer, n'était-elle pas innocente de tous ces malheurs et de ce grand crime de famille ?

Sa sœur !... ce nom sonnait à son âme comme une délicieuse caresse.

Quatre années de deuil se passèrent. Les demoiselles Leblond vieillissaient. Comme elles étaient trop pauvres pour lutter de progrès et de charlatanisme avec les établissements voisins, leur pension tombait petit à petit.

Chaque élève qu'elles perdaient, c'étaient une menace de dénûment pour leurs vieux jours.

Une sorte de malédiction pesait sur cette maison froide et triste. Parfois, quelques parents venaient, alléchés par le bas prix de la pension ; mais, à la vue des pauvres petits êtres qui grelottaient dans les salles humides ou dans le jardin désolé, chacun s'en retournait bien vite.

Voyant cela, les vieilles filles faisaient des économies de rage, concentrée, qu'elles déchargeaient, aux bonnes occasions, sur la pauvre Alizia.

N'était-ce pas elle qui était cause de tout cela ? Depuis son entrée dans la maison n'avait-on pas perdu la moitié des élèves ?

Elle n'était bonne à rien qu'à montrer aux gens sa figure de fantôme et à jouer toujours la même valse sur le piano du parloir.

Et pourtant, on la payait. — Et pourtant, elle mangeait du pain comme ceux qui travaillent.

Alizia demandait à Dieu bien souvent de la réunir à sa mère.

Il y avait six ans qu'elle n'avait vu Clotilde et Martial, ces deux riants souvenirs de sa jeunesse heureuse.

Clotilde l'avait oubliée sans doute ; — quant à Martial, il devait être marié depuis longtemps...

Dans la tendresse fidèle que leur gardait Alizia, il n'y avait plus d'espoir.

Un jour qu'elle était à sa croisée, songeant à eux, peut-être, et regardant sur la chaussée déserte de la rue de Babylone, une voiture élégante tourna l'angle de la rue du Bac.

C'était une calèche découverte, où s'asseyait une jeune femme avec deux petits filles, jolies comme des anges.

Le regard distrait d'Alizia s'était porté sur l'équipage, elle contemplait le doux sourire des deux enfants.

— Il y a six ans !..... pensait-elle ; — ceux de Clotilde doivent avoir cet âge.....

Comme la voiture passait sous les fenêtres de la pension, la jeune femme leva la tête par hasard ; son regard rencontra celui d'Alizia, et toutes deux poussèrent à la fois un grand cri.

L'équipage s'arrêta.

L'instant d'après, la jeune femme s'élançait dans la pauvre chambre d'Alizia qui lui ouvrait ses bras en pleurant et en balbutiant :

— Clotilde !... ma chère Clotilde !...

X.

UN PEU DE JOIE.

Un remue-ménage extraordinaire se faisait dans la pension Leblond. Il fallait remonter à des temps immémoriaux pour se souvenir d'un équipage semblable, arrêté à la porte de l'établissement.

Il y avait sur le siège du cocher poudré, un laquais de toute beauté ; — il y avait, sur le siège de derrière, un chasseur vert qui ressemblait à un prince.

Et des chevaux superbes ! — et l'écusson de Bryant d'azur semé d'étoiles d'argent, au soleil rayonnant d'or, brochant sur le tout, avec ce calembourg héraldique pour devise : — *Qui plus est brillant ?*

Et les chers petits anges qui jouaient sur les coussins de soie ! C'était là surtout ce qui intéressait les demoiselles Leblond. — Avec deux élèves comme cela, seulement, on pourrait nouer les deux bouts, faire des réparations notables et mettre l'établissement sur un très-bon pied.

Ah! certes, si mademoiselle Pauli procurait cette aubaine à la maison, il était juste de lui faire un joli cadeau et de renouveler, par exemple, sa robe d'indienne noire qui s'en allait à force d'usage.

Il faudrait, en outre, changer un peu de manières à son égard. Par le fait, c'était une bonne jeune fille, et on avait été parfois bien sévère pour elle.

Les demoiselles Leblond se promettaient, dans ce premier moment de joie, de lui faire oublier toutes ses peines.

Alizia ne se doutait point du bonheur que lui préparaient les vieilles filles.

Elle regardait Clotilde; — elle l'admirait. Elle avait peur de rêver encore et de voir fuir toute cette allégresse au réveil.

Clotilde lui disait:

— Ma pauvre Alizia, comme te voilà changée!......

— Et toi... répondait mademoiselle Pauli, — comme tu es toujours belle et jeune!... Le bonheur est une parure... Tu es bien heureuse, n'est-ce pas?

Elle souriait à travers ses larmes, et sa beauté voilée semblait renaître.

— Et toi?... reprenait Clotilde. — J'ai peur de t'interroger!... Toi, si résignée et si forte!... Pour fatiguer ainsi tes yeux et pour donner cette pâleur à tes joues, il a fallu bien des larmes!

Les paupières d'Alizia se baissèrent.

— Oh! s'écria Clotilde en la serrant contre son cœur, je ne veux pas savoir ce que tu as souffert!... moi qui t'aime tant, cela me ferait trop de mal!... Tu ne souffriras plus... Tu viendras avec moi... Nous serons ensemble comme autrefois, toujours ensemble!

— Mais... dit Alizia, ton mari?...

— Il m'aime!... s'écria la jeune femme; — il t'aimera!...

Elles étaient assises l'une contre l'autre sur la pauvre couchette. Leurs fronts se touchaient; leurs mains étaient enlacées. Et c'était un contraste bizarre entre la riche élégance de la jeune femme et les habits indigents de la sous-maîtresse.

Mais Alizia se parait de sa joie; elle renaissait à la jeunesse, à l'espoir, à la beauté.

— C'est Dieu qui m'a conduite ici!... dit Clotilde; si tu savais comme je t'ai cherchée longtemps!... Oh! ne va pas croire que je t'aie jamais oubliée!... Oh! non, ma sœur, ma sœur!...

— Ta sœur!... répéta mademoiselle Pauli en baissant les yeux et d'une voix changée.

— Oh! oui, sœur Clotilde; ma sœur!... je n'ai jamais aimé personne comme je t'aime... N'est-ce pas grâce à toi que je suis heureuse?...

Sa main lustrait en se jouant les beaux cheveux noirs d'Alizia.

— Nous parlions bien souvent de toi, reprit-elle; et je disais à mon mari : Si je pouvais retrouver ma chère Alizia, mes filles auraient deux mères.

Elle se leva et courut vers la croisée tout en poursuivant:

— Berthe et Marie te connaissent déjà!... elles t'aiment... Viens voir comme elles sont jolies!

Elles se penchèrent toutes deux à la fenêtre, et les petites filles leur envoyèrent de gracieux baisers.

— Tu veux bien venir avec nous, n'est-ce pas? reprit Clotilde, je ne sais pas élever les enfants, moi... Tu te rappelles comme j'étais à la pension... Eh bien! je suis restée folle en vieillissant.

La coquette secouait les blonds anneaux de ses cheveux et souriait orgueilleusement en parlant de vieillesse.

— Toi, tu étais sage, continuait-elle, tu les feras sages comme toi, douces comme toi... Dieu veuille qu'elles te ressemblent!

Les yeux d'Alizia étaient baissés, elle ne répondait point.

— Mon Dieu! dit Clotilde qui semblait en effet aussi légère qu'autrefois et dont la pensée tournait au premier vent du caprice, je pensais à toi ce matin; ne vient-on pas de nommer M. Martial Aubert juge au tribunal d'Avranches?... à deux pas de notre château de Villers!...

— Martial!... balbutia la sous-maîtresse en pâlissant.

— L'amour ne résiste guère à sept années d'absence, dit Clotilde gaiement; — mais, peut-être, l'as-tu revu?...

— Jamais!

— Eh bien! je puis t'apprendre qu'il est toujours garçon.

Alizia étouffa un soupir.

— Ma pauvre enfant, reprit Clotilde qui la regardait en dessous, — tu n'es pas faite comme les autres; je crois que tu n'aimeras qu'une fois en ta vie!

Sa voix avait pris une nuance de mélancolie qu'elle perdit aussitôt.

— Qui sait s'il ne t'a pas cherchée comme moi!... s'écria-t-elle; — car j'ai fait tout Paris pour te trouver. Je ne plaisante pas, au moins! Je suis retournée plus de vingt fois chez madame Duplessis... pas de nouvelles. J'ai envoyé mon mari à la maison de campagne de ta mère... On ne savait pas ce qu'elle était devenue.

— Ma mère est morte, dit Alizia.

Clotilde devint triste.

— La mienne aussi, murmura-t-elle; — aimons-nous, aimons-nous, ma pauvre Alizia!

Son regard fit, pour la première fois, le tour de la chambre. Elle eut un frisson à voir la nudité froide des murailles.

— Mon Dieu! s'écria-t-elle, c'est ici que tu vivais. Tu étais donc bien pauvre?

— Nous étions riches, répondit Alizia dont le regard se détourna involontairement de son amie; — mais mon père m'a déshéritée, et ma mère avait perdu toute sa fortune avant de mourir.

Clotilde avait retrouvé son sourire.

— Que je suis heureuse d'être riche! dit-elle; Alizia, ma petite sœur, il ne faut pas rester un instant de plus ici. Viens.

Elle voulut entraîner mademoiselle Pauli, qui résista doucement.

— Viens donc, reprit Clotilde; écoute, j'ai depuis bien longtemps mon projet... c'est sérieusement que je te proposais tout à l'heure d'être la mère de mes filles... Leur mère, entends-tu bien, et non pas leur institutrice. — Fi donc! tu seras maîtresse comme moi dans notre maison. Nous dirons au monde que nous sommes sœurs, et le monde nous croira. Toi, si belle et si noble! tu es faite pour briller, pour être admirée, pour être aimée.

Alizia hésitait encore; l'image de sa mère mourante venait de passer devant ses yeux.

X.

(SUITE.)

Y avait-il un mystérieux rapport entre les dernières paroles de sa mère et ce que disait madame la comtesse Clotilde de Bryant.

Celle-ci redoublait de caressantes tendresses.

— Viens donc, poursuivait-elle; aimes-tu mieux souffrir ici que d'être heureuse auprès de moi?

Et comme Alizia résistait toujours, elle se pencha vers elle et prononça dans un baiser le nom de Martial.

Alizia rougit, mais elle eut un sourire.

Quand le magnifique équipage repartit, au grand trot de ses chevaux, il emmena quatre personnes au lieu de trois.

Les deux blondes enfants, Berthe et Marie, donnaient déjà sans crainte leurs jolis fronts aux baisers d'Alizia Pauli.

Hélas! la pauvre maison des vieilles filles n'eut point de réparations. Ce somptueux équipage qui leur avait donné tant d'espoir leur enlevait, le traître, la perle des sous-maîtresses.

Une sous-maîtresse qui ne sortait point, qui ne se plaignait jamais, qui mangeait extrêmement peu, — et qui n'avait d'autre tort que de jouer trop souvent certaine valse de Weber, sur le piano enrhumé du parloir.

Il n'y avait pas tout à fait un an que cette scène avait eu lieu, quand nous avons retrouvé mademoiselle Alizia Pauli au château de Villers-Bryant.

Les choses, paraîtrait-il, avaient eu néanmoins le temps de changer.

Dans ce château où elle devait être si heureuse, Alizia semblait souffrir presque autant qu'à la pauvre pension de la rue de Babylone............

Le château était silencieux, bien qu'il ne fût guère que neuf heures du soir.

On avait veillé les nuits précédentes; maîtres et serviteurs prenaient leur revanche.

Tout dormait.

Alizia resta longtemps à genoux sur le tapis de sa chambre. L'espère de transport fiévreux qui l'avait saisie dans sa solitude la laissait faible et prostrée.

Ses yeux restaient fixes; il y avait encore de la sueur froide à son front.

Au bout d'un quart d'heure elle se souleva sur le coude et secoua ses longs cheveux dénoués.

— Je suis folle! murmura-t-elle; — je sens bien que ma tête se perdra... souffrir!... toujours souffrir!...

Son front s'inclina découragé.

— Pas une âme à qui me confier, reprit-elle; — pas un être au monde à qui demander un secours... j'ai beau me cacher et me tenir à l'écart de tous ces gens heureux, ils me détestent, ils me raillent, et quelque chose me dit qu'ils me calomnient... Qu'ai-je donc fait?

Ses yeux humides étaient au ciel et ses mains se joignaient.

— Qu'ai-je donc fait, mon Dieu? répéta-t-elle; — les autres sont aimées... moi, je ne sais inspirer que la haine!... Il me faut baisser les yeux devant tous les regards... les valets font comme les maîtres; on dirait que j'ai commis un crime! Ce pauvre enfant lui-même, que je me sens aimer parce qu'il souffre, — ce malheureux, qui sert de hochet à leurs moqueries impitoyables, je n'ai pu l'avoir pour ami... il me hait; son regard me suit partout avec colère... je ne lui ai fait que du bien, pourtant!

Sa taille s'affaissa de nouveau, comme si un fardeau trop lourd l'eût accablée.

— Oh! murmura-t-elle, je n'ai pas peur de la misère!.. Je m'en irais, loin, bien loin, sans mes deux petits anges, Berthe et Marie, dont le doux amour me console!... Elles m'aiment : Dieu ne m'a point maudite! Quand je vois leur sourire, mon cœur se repose... Hélas! ajouta-t-elle avec amertume, — Clotilde voudrait m'ôter jusqu'à cette joie... Elle est jalouse... et je n'ose pas baiser Berthe et Marie devant elle!

Un éclair de fierté brilla dans ses yeux.

— Madame, dit-elle d'une voix tout à coup changée : c'est moi qui aurais le droit de vous haïr!

— Il y eut un silence. — Au bout de quelques minutes, Alizia croisa ses bras sur sa poitrine; son visage reprenait peu à peu son caractère de résignation froide.

Elle se leva et gagna son secrétaire à pas lents.

C'était un petit meuble en bois de rose incrusté dont les panneaux s'ornaient de délicates miniatures sous émail.

Un vrai bijou que Clotilde avait mis là au temps où elle aimait Alizia comme une sœur.

Alizia l'ouvrit. Au fond du principal tiroir, qui occupait toute la largeur du meuble, elle prit un petit registre relié en maroquin, qui était caché sous un monceau de lettres et de papiers.

C'était encore un cadeau de Clotilde. Alizia le regarda un instant avant de l'ouvrir, puis elle se prit à le feuilleter avec lenteur.

— Mon pauvre confident!... murmura-t-elle, tandis qu'un sourire triste errait autour de sa lèvre, — je n'ai que toi pour épancher mon cœur!... Et les secrets que je te dis, tu ne les trahis pas!

La moitié des pages du petit registre, à peu près, était couverte d'une écriture fine et mignonne.

Martial Aubert contemplant Alizia dans le pensionnat.

Les prisonniers, les naufragés perdus dans une île déserte, les femmes abandonnées, tous ceux enfin dont l'isolement est la principale souffrance, ont la passion d'écrire.

Il faut bien dire sa peine, ne fût-ce qu'à un papier inerte; et puis, on peut croire qu'il y a là le vague espoir d'être lu...

Certes, la douleur qui s'épanche écrit d'abord pour elle-même; c'est un cri arraché, une plainte involontaire. Mais, si l'espoir dont nous parlons n'existait pas, ce long monologue aurait une fin.

Si entièrement délaissé que l'on soit sur la terre, on a été aimé, fût-ce qu'un jour, on a des souvenirs et de ces vagues aspirations qui percent au sein même du désespoir. Il est un être au monde, — au moins un, à qui l'on voudrait montrer le fond de son âme.

On se dit : Jamais il ne lira ces lignes; — mais on écrit pour lui toujours.

Depuis son arrivée au château de Villers-Bryant, Alizia tenait un journal de ses actions et de ses pensées. — Que de joie aux premières pages! que de larmes aux dernières!

Il n'y avait pas encore un an qu'Alizia était institutrice, et déjà elle avait souffert plus cruellement qu'en ces jours de deuil morne où la tyrannie des demoiselles Leblond pesait sur elle.

Et la torture était d'autant plus rude qu'un instant de bonheur sans mélange l'avait précédée.

Alizia était arrivée au château comme en triomphe. Tout souriait autour d'elle; les deux enfants l'aimaient presque autant que leur mère; le comte Hector lui faisait mille caresses pour l'amour de sa femme.

— Et Clotilde, oh! Clotilde, c'était de l'entrainement, de la fièvre, de la folie!

Clotilde ne pouvait vivre un instant sans Alizia. Clotilde avait pour elle les douces tendresses d'une mère et les prévenances délicates d'un amant.

Elle la faisait valoir; elle s'effaçait pour elle.

Quand Clotilde faisait venir de Paris une parure à la mode, il en fallait une semblable pour Alizia. Clotilde aimait à la voir belle; devant tous les hôtes de Villers, elle aimait à l'appeler sa sœur.

Alizia se laissait aller sans défiance à cette félicité nouvelle. Ses triomphes ne l'effrayaient point parce qu'elle jugeait le cœur de la comtesse d'après son propre cœur. Elle brillait tout naturellement et comme on respire. — Ce masque d'immobilité glacée que la misère avait mis sur ses traits s'était fondu aux premiers rayons du bonheur. — Elle était la plus belle.

Quand ses doigts blancs couraient sur les touches du piano, chacun faisait silence; quand sa voix grave et douce chantait, chacun retenait son souffle.

Quelques jaloux s'étonnaient bien de toute cette attention prêtée à une simple institutrice, mais c'était le petit nombre. Presque tous admiraient franchement, et, pour la plupart, le nom de mademoiselle

Pauli sonnait d'une façon tout aristocratique. Tant il est vrai que le monde accepte toutes choses pour le prix qu'on leur donne!

En ce temps, Alizia disait : Pourquoi Martial ne vient-il pas au château ? S'il me voyait, il m'aimerait peut-être.

Car son amour, à elle, était resté vivant et fort.

Martial vint ; il ne vint qu'une fois, et, de ce jour, on aurait pu dater le commencement des souffrances d'Alizia.

C'était un grand bal.

Le jeune magistrat se rendit à l'invitation pressante de la comtesse, et fit exception à ses habitudes solitaires.

Ce fut une victoire, car il n'avait jamais paru à aucune des fêtes du pays et sa vie austère lui avait fait une renommée.

Ces messieurs essayèrent bien de railler un peu son air grave et ce qu'ils appelaient sa tournure pédante; mais la partie féminine de l'assemblée prit énergiquement sa défense.

Cette pâleur uniforme qui couvrait le noble dessin de ses traits lui allait bien. Ces dames voulaient voir une grande douleur d'amour derrière l'austérité froide de son visage.

Peut-être ne se trompaient-elles point.

Martial ne causa qu'avec la comtesse. Ceux qui l'observaient remarquèrent un fait assez étrange. Après une demi-heure d'entretien, Clotilde baissa la voix, mais son regard sembla désigner mademoiselle Pauli, qui venait de s'asseoir au piano.

La toilette d'Alizia était charmante. Jamais on ne l'avait vue si belle. Pourtant il y avait sur ses traits un voile inaccoutumé de pâleur.

Depuis l'entrée de Martial, les yeux timides de la jeune fille cherchaient son regard et ne le rencontraient point.

Les dernières notes d'un prélude brillant vibraient encore. La voix d'Alizia s'élevait sonore et pure.

Martial tourna la tête pour suivre le regard de la comtesse.

Ses yeux trouvèrent ceux d'Alizia fixés sur lui.

Au lieu de répondre, il salua Clotilde avec une courtoisie froide, et se retira dans un coin du salon.

La voix d'Alizia se prit à trembler, et c'est à peine si elle put achever la romance commencée.

C'était le comte Hector qui l'avait conduite au piano ; c'était le comte Hector qui tournait les pages de sa musique ; ce fut le comte Hector qui lui offrit la main pour la ramener à sa place.

Tout le monde avait remarqué l'émotion de la jeune fille ; personne n'en avait deviné la véritable cause.

Une sourde rumeur courut dans le bal ; on chuchota ; les hommes dirent des choses fort spirituelles ; les femmes eurent de méchants sourires derrière leurs éventails.

Rien n'est joyeux, en vérité, rien n'est divertissant comme de voir tomber la première tache sur la robe blanche d'une jeune fille.

C'est une réputation perdue, c'est une vie brisée : le monde s'amuse à cela.

Martial Aubert ne remit jamais les pieds au château de Villers-Bryant.

A dater de cette soirée, il se fit un changement dans les manières de la comtesse à l'égard d'Alizia : l'amitié disparut peu à peu. Clotilde se tint à distance.

Le monde exprima cela en disant : — La comtesse a bien raison de remettre l'institutrice à sa place.

Le monde disait encore autre chose. Les assiduités du comte Hector faisaient l'objet de mille conversations. Transportez un salon parisien en province et vous aurez des cancans aussi honteux que dans la plus bavarde des petites villes.

Clotilde et Alizia à la pension.

On s'acharnait contre Alizia ; personne ne la plaignait, parce que, entre toutes les positions fausses et détestées, la condition de l'institutrice est la plus détestée et la plus fausse.

On dirait que le monde prend à tâche de venger sur ces malheureuses créatures quelque lamentable catastrophe.

N'y a-t-il point de milieu pour elles dans la famille, entre le rôle de fléau vivant et celui de victime ?

Alizia savait souffrir ; elle se résigna d'abord ; puis, quand le calice devint trop amer, elle se cacha pour pleurer.

On n'avait jamais entendu une plainte sortir de sa bouche.

L'histoire de son court bonheur et de sa souffrance était tout entière dans le petit manuscrit caché au fond du secrétaire.

Elle était bien sûre que personne n'y avait jeté les yeux. C'était un confident discret ; elle ne lui cachait rien. Plus d'une page avait été mouillée par ses larmes. La douleur y parlait à chaque ligne, la douleur fière et dignement supportée.

Et parmi les angoisses, en quelque sorte, extérieures, que le monde lui faisait, une douleur plus intime perçait.

Elle aimait sans espoir ; elle aimait avec un cœur chaste, mais jeune, ardent, fougueux.

Et son amour, qui parlait malgré elle, avec pudeur, avec mystère, laissait comme un vague parfum à ces pages plaintives.

Elle tourna deux ou trois feuillets, en donnant un regard distrait aux pages bien souvent relues.

Puis elle trempa sa plume dans l'encre pour accomplir sa tâche de chaque soir.

Elle écrivit :

« 23 octobre 1847.

« Ils ont tous quitté le château, cette après-midi. Leur départ, que je désirais tant, ne m'a point donné de joie. Rien ne peut désormais changer le misérable état où je suis.

« Hier encore, je me disais : Quand nous serons seules, Clotilde sera bien forcée de me parler, je saurai la cause de sa froideur ? n'est-ce que de la froideur ? Il me semble parfois qu'elle me déteste ! — Je me disais : Elle m'ouvrira son cœur, peut-être...

« Maintenant, cette explication, souhaitée, je la redoute. Clotilde est malheureuse aussi ; j'ai vu des larmes dans ses yeux, quand elle s'efforçait de sourire... mon Dieu, je ne sais plus ce qu'il faut désirer ou craindre !...

« .... Je veux penser à lui et parler de lui ; je veux me reposer un instant de mes larmes, — je l'ai vu aujourd'hui comme je le vois tous les jours, et il m'a semblé encore que son regard se tournait vers moi, tandis qu'il rêvait avec tristesse.

« Ce sont des illusions folles, sans doute, mais elles me font vivre. Sans elles, j'aurais succombé depuis longtemps.

« Je l'ai trouvé plus pâle aujourd'hui que de coutume. Souffre-t-il ? suis-je pour quelque chose dans sa souffrance ?...

« Oh ! moi, je pense à lui sans cesse ! je ne pense qu'à lui ! je veux bien mourir malheureuse, s'il vit heureux !

« Il est seul, il rêve ; sa tête alourdie pèse sur sa main. — Que je voudrais savoir où va son rêve, quand un fugitif rayon éclaire son front soucieux ?

« Voit-il du bonheur dans l'avenir ? — Est-ce l'image d'une autre femme qui passe devant ses yeux ?

« Hélas ! un obstacle infranchissable nous sépare !... Oh ! Clotilde, Clotilde !... »

Sa plume resta un instant suspendue au-dessus du papier ; — puis elle la jeta d'un mouvement plein de brusquerie.

Elle repoussa son siége et se leva.

— Le remède est pire que le mal, murmura-t-elle, — c'est mourir que de songer ainsi au bonheur impossible...

Elle gagna l'une des fenêtres et sortit sur la terrasse régnante.

Son premier regard interrogea la façade du château où nulle lumière ne brillait. — Seul, l'appartement du comte Hector, situé dans l'autre pavillon, tout au bout du château, restait éclairé faiblement.

Les yeux d'Alizia se fixèrent un instant sur cette lueur.

Puis elle tourna l'angle de la terrasse pour donner à son front en feu l'air froid de la nuit.

La lune se couchait derrière elle, de l'autre côté du château.

La saillie du pavillon lui cachait maintenant la fenêtre du comte Hector. Devant elle, la campagne normande s'étendait à perte de vue, éclairée vaguement par les derniers rayons de la lune.

Alizia s'appuya contre le support du grand télescope qui était là, monté à demeure, sous sa toiture de tôle vernie.

Elle croisa ses bras sur sa poitrine, et demeura immobile, perdant ses regards dans la nuit.

Il y avait deux ou trois minutes qu'elle avait quitté sa chambre où sa lampe restait allumée, lorsque la porte, donnant sur le corridor, s'ouvrit lentement et sans bruit.

La figure qui se montra, inquiète et curieuse, derrière les battants entrebâillés était celle de M. le comte Hector de Bryant...

XI.

LA DIPLOMATIE INTIME.

Entre la comtesse Clotilde et son mari, la soirée avait passé silencieuse et ennuyée.

Le comte avait bien essayé d'enfiler l'un à l'autre cinq ou six lieux communs, touchant les bonheurs de la campagne, les délices de la solitude et le charme qu'on avait à se retrouver en tête-à-tête, au sortir des bruyantes joies du monde.

Mais il avait beau se battre les flancs, son enthousiasme froid ne trouvait point d'écho chez la comtesse.

Et cependant Clotilde éprouvait, dans la sincérité de son cœur, tous les sentiments que son mari feignait d'avoir'peine.

Elle adorait le monde, mais depuis quelques jours le monde la fatiguait. Pour la première fois, depuis son mariage, son désir avait devancé le départ de ses hôtes.

Elle voulait être seule avec Hector.

Et maintenant que son souhait était rempli, Clotilde hésitait, tout émue. — Hier, elle était brave ; elle se promettait d'exiger une explication précise. — Ce soir, elle n'osait plus.

Et le comte Hector n'avait garde de la mettre sur la voie.

Nous l'avons dit une fois déjà : le comte Hector détestait les explications par-dessus toutes choses.

Quand il n'y a pas moyen de faire autrement, la diplomatie intime doit se résigner à l'explication et prendre son avantage, mais le grand art est de l'éviter le plus longtemps possible : l'art suprême serait de l'éviter toujours.

Fi des natures nerveuses et impatientes qui ne peuvent voir une femme froncer le sourcil ou pâlir sans lâcher la dangereuse question : qu'avez-vous ?

Cette puérile interrogation trouble, à elle seule, plus de ménages que le lansquenet réuni au corps respectable des femmes libres exploitant l'amour.

Il faut savoir se taire ou parler à côté. Tant qu'on ne s'est pas expliqué, tout reste en état. — Or, au coin du feu comme en politique, la règle fondamentale des habiles est : gardez le *statu quo*.

N'interrogez jamais. Si l'on souffre, bouchez-vous les oreilles ; si les larmes viennent, fermez les yeux. Que diable ! toute femme a des vapeurs ; pourquoi fourrer votre curiosité là dedans ?

Si vous vous tenez fermé, si vous ne voyez rien de toutes ces petites douleurs, la fin du monde pourra venir avant qu'on ouvre la bouche.

Si, au contraire, votre faiblesse mal avisée lâche, un beau jour, la funeste demande, voici les digues rompues ! La douce martyre de la veille s'étonne d'avoir souffert en silence. La guerre est déclarée, et vous avez pris soin vous-même de charger l'arme de votre adversaire.

Le comte Hector savait tout cela sur le bout du doigt. Pendant cette longue soirée, passée en tête-à-tête, il manœuvra d'une façon éminemment remarquable.

Il mit toutes ses petites habiletés à nourrir l'hésitation de sa femme, il ne prêta pas le flanc une seule fois ; de la tristesse qu'on lui montrait il ne voulait rien voir. Il s'étalait douillettement dans les prétendues félicités de son ménage ; il se faisait bourgeoisement heureux, et Clotilde, confondue, chercha en vain, durant tout le soir, le défaut de cette cuirasse si bien agrafée.

Elle soupira, le comte n'entendit point ; une larme mouilla ses jolis yeux, le comte ne vit point.

Si bien que, de guerre lasse, elle fut obligée enfin de se lever et de gagner son appartement.

Le comte lui mit sur la main un bon gros baiser et se prit à chanter comme un bienheureux.

Clotilde avait un cœur tendre et bon, une intelligence peu élevée et un caractère très-faible.

Clotilde avait à se demander si sa jalousie n'était point un crime.

Elle avait cet esprit du monde, frivole, délicat, fin, qui n'exclut ni la courte vue ni l'absence de jugement.

Elle aimait son mari de tout son cœur. Elle l'avait pris au sérieux, incapable qu'elle était d'estimer à sa juste valeur la nature pauvre du comte. Elle ressemblait en cela, du reste, à ceux qui l'entouraient, car le cercle où elle vivait prenait chaque jour une idée plus haute des capacités de M. de Bryant.

Clotilde l'admirait naïvement et sincèrement. Elle avait des vertiges lorsqu'elle voulait mesurer la profondeur de son esprit. — A voir parfois son front se plisser dans ces méditations que certains hommes feignent, lorsqu'ils ne pensent à rien, elle devinait avec effroi tout un ordre d'idées sublimes, fort au-dessus de sa portée.

Comme cette tête travaillait ! que de choses il y avait dans cette cervelle !

Clotilde s'épouvantait en songeant à sa propre petitesse. Qu'était-elle auprès de ce géant ! — Certes, elle remerciait Dieu de l'avoir unie, elle, pauvre femme, à cet homme aux proportions héroïques ; mais ce bonheur dépassait tellement ses mérites qu'elle avait grand'peur.

Tout en restant heureuse pour le monde, elle tremblait sans cesse.

Nous en avons dit assez sur le comte Hector de Bryant, pour qu'on soit bien persuadé qu'il ne cherchait en aucune sorte à diminuer cette admiration et ce religieux respect.

Cela le flattait de poser en idole ; et, d'ailleurs, il n'était pas très-éloigné de croire que ce culte lui était légitimement dû.

La comtesse était jalouse. Elle souffrait parce que sa tendresse était sérieuse et profonde, malgré la frivolité de son caractère. Le comte voyait tout cela et n'en prenait point trop de souci.

Il fallait bien qu'il trompât quelqu'un. Un escamoteur ne garde pas l'agilité de ses doigts en laissant ses mains dans ses poches. Tout artiste a besoin de s'exercer.

Le comte Hector avait la conscience de son adresse. L'idée de mener une bonne petite intrigue, sous les yeux même de sa femme, prenait pour lui un charme inexprimable.

Il n'avait pas proprement la volonté de blesser ce cœur qui l'aimait, mais il n'en avait pas non plus la crainte. Pourvu que les convenances fussent gardées au dehors, assez peu lui importait le reste.

En outre, de bonne foi, comment se fût-il effrayé? N'était-il pas homme à jouer ce jeu par-dessous la jambe?

Et puis encore, indépendamment de cela, il n'était pas tout à fait maître de s'arrêter désormais. Son caprice avait pris, en vérité, la taille d'une passion; il lui fallait Alizia. Nous voudrions trouver un autre mot, mais, comme la langue ne s'est point préoccupée des romans diplomatiques, il faut bien le dire : il aimait Alizia.

Sous ce rapport, le départ de ses hôtes lui causait un sensible contentement.

Dès que sa femme eut quitté le salon, il fit comme elle et gagna sa chambre à coucher. Mais ce n'était point pour se mettre au lit encore. Son valet de chambre lui alluma un bon feu, et il s'assit au coin du foyer.

Il prit un livre et le feuilleta d'un bout à l'autre sans lire plus d'une douzaine de phrases. Quand il eut tourné la dernière page, il déposa le volume sur la tablette de la cheminée et croisa ses mains sur ses genoux.

Il avait l'air perdu dans une méditation profonde; son front se plissait; ses yeux nageaient au milieu de la nuit.

Assurément, le sujet de ses réflexions devait être bien grave!

Voici à peu près ce qu'il se disait :

— Ma fortune personnelle est assez peu de chose... une séparation de biens me mettrait fort bas... Est-il sage d'entamer une partie si chanceuse?

Il secoua la tête à la façon de ces philosophes qui balancent, dans la solitude de leurs veilles, les intérêts du monde.

Il hésitait.

— Bah! reprit-il avec un sourire content, — je vous demande un peu à quoi je vais songer. La comtesse! Une séparation !... Il faudrait admettre d'abord que je suis un maladroit. Il faudrait supposer que Clotilde verra clair dans mes histoires. Pauvre chère! s'il me plaisait de lui persuader qu'il fait jour à minuit, cela me serait bien facile.

Il se frotta les mains en renversant sa tête sur le dossier de son fauteuil.

— Allons donc! poursuivit-il, je divague, cela ne vaut même pas la peine qu'on y pense. Je suis entouré de gens qui voient par mes yeux, et je n'ai rien à désirer, sinon quelque petit obstacle pour donner du piquant à l'aventure.

Il regarda sa pendule qui marquait neuf heures et demie.

— Tout le monde est couché, pensa-t-il; nous avons bien encore une douzaine de jours à passer ainsi... des nuits de quatorze heures, après des journées où l'on dort debout! Les charmes de la vie de château!... En conscience, si l'on ne trouvait pas un hochet, il y aurait de quoi mourir!

Il se leva pour gagner sa fenêtre, dont il écarta doucement les rideaux.

— Sa lampe reste allumée, murmura-t-il en fixant son regard sur la croisée d'Alizia qui lui faisait face; elle ne repose pas encore; c'est elle qui doit trouver les nuits longues! car elle a une nature de feu, cette enfant-là! et, amoureuse comme elle l'est, je suis sûr qu'elle passe les nuits sans fermer l'œil!

Il pensait cela tout haut, et ces paroles qu'il prononçait à son insu avaient un accent de fatuité naïve.

— Je parie qu'elle est assise à son secrétaire, reprit-il, et qu'elle écrit toutes sortes de jolies choses sur son petit registre. Ma parole, elle a un style charmant! il n'y a pas à dire, c'est un bijou de femme!

Une sorte de murmure harmonieux et lointain se fit entendre dans la nuit.

— Oh! oh! dit le comte, nous sommes encore à notre piano; nous jouons notre valse... Elle joue toujours son siège, ajouta-t-il avec un sourire satisfait, depuis certain soir où j'ai dit que j'adorais la musique de Weber... Pauvre fille!

Il revint au foyer, mais, au lieu de reprendre son siège, il se tint debout devant la glace et jeta sur son visage un regard d'intime contentement.

— Pas une ride !... murmura-t-il; — pas un cheveu gris !... Je pourrais me donner vingt-cinq ans... mes amis vieillissent; moi, je reste le même... Il y a vraiment des êtres bien partagés par le hasard!

Il arrangea sur son front les boucles de sa chevelure et regarda ses dents blanches. — Puis sa bouche resta entr'ouverte en un bâillement léger.

— Tout cela ne m'empêche pas de m'ennuyer considérablement !... reprit-il; — le roi tarde trop à me donner une ambassade... Si on voulait, je me contenterais presque de la pairie, en attendant... Ce sont les belles années, les années du génie, que je perds ici dans l'inaction !..... Les aveugles! ils ne veulent pas voir que je suis l'homme de la situation et que les affaires m'attendent!

Il bâilla tout à fait et poursuivit en changeant de ton :

— Mais, en définitive, est-ce bien moi qu'elle aime, cette petite?... Je sais bien qu'un pareil excès de modestie frise la sottise; mais je conserve un doute malgré moi... Je n'ai lu que deux pages de ce diable de manuscrit... Il y avait dans ces deux pages des choses claires comme le jour... Cependant, je donnerais tout de suite cent louis pour lire le reste!

Il ne parla plus et commença dans sa chambre une promenade de long en large.

Cela dura un gros quart d'heure, pendant lequel son front, comme d'habitude, semblait chargé de réflexions profondes.

Au bout de ce temps, il s'arrêta devant sa porte et mit la main sur le bouton.

Il hésita durant une seconde, puis le bouton tourna; la porte s'ouvrit. Il était dans les ténèbres du corridor.

Peut-être ne savait-il pas bien lui-même ce qu'il allait faire ou tenter. Seulement il avait confiance dans son adresse supérieure.

Tout se taisait dans le château. Le comte avait beau prendre ses précautions, le bruit de ses pas résonnait sourdement au milieu du silence des galeries.

Il allait toujours, néanmoins, bien persuadé qu'aucune oreille n'était ouverte pour l'entendre.

Comme il arrivait à l'escalier menant à l'étage supérieur, il crut ouïr dans l'ombre un bruissement léger. Il s'arrêta, le bruit cessa.

Le comte reprit sa marche, croyant s'être trompé; mais, au premier pas qu'il fit, le bruit recommença.

Il y avait quelqu'un dans la galerie.

Le comte n'osait plus faire un mouvement.

Mais, tout à coup, une idée traversa son esprit. Sans l'obscurité profonde qui régnait dans le corridor, dont les hautes fenêtres avaient leurs contrevents fermés, on aurait pu voir ses sourcils se froncer et sa joue devenir pourpre.

— C'est ce misérable espion de Bosco!... pensa-t-il, tandis que sa main tremblante de colère cherchait une arme au hasard.

Il avait chassé Bosco dans la matinée de la veille. En fouillant ses poches, sa main rencontra un sac à chevrotines qu'il y avait oublié.

Il tourna la vis doucement et prit une pleine poignée de petites balles. Le bruit avait cessé de nouveau.

La nuit était si noire qu'aucun indice quelconque ne pouvait guider la puérile vengeance de M. de Bryant.

Mais il savait où était sa victime.

Il s'orienta durant une seconde, puis la poignée de chevrotines partit, lancée avec violence.

Deux ou trois seulement rebondirent contre la muraille du corridor, les autres s'amortirent contre un objet tout voisin en rendant un son sourd.

En même temps le silence fut rompu par un faible gémissement, et des pas furtifs montèrent l'escalier.

Le comte riait.

— Je n'aime pas les rôdeurs de nuit, maître Bosco! dit-il tout haut en reprenant ostensiblement le chemin de sa chambre à coucher.

Le nain n'eut garde de répondre, il était déjà dans sa mansarde, tenant à deux mains sa tête ensanglantée.

Les chevrotines, lancées avec violence, l'avaient frappé en plein visage.

Il poussait des plaintes douloureuses, et des larmes coulaient entre ses doigts avec son sang.

— C'est pour elle! murmura-t-il. — Il allait encore la voir... C'est elle qui est cause de cela!

Il y avait une chandelle allumée au chevet de sa petite couchette. Il la prit et se regarda dans son miroir cassé.

Chaque balle avait laissé sur son visage une meurtrissure sanglante.

— Oh! fit-il avec désespoir, ma pauvre belle figure... je n'avais que cela...

Le comte attendit quelques instants pour se bien assurer que Bosco n'était plus dans le corridor, puis il se reprit à marcher dans une direction opposée à celle de sa chambre.

Il arriva bientôt devant la porte d'Alizia.

Il écouta; aucun bruit ne se faisait dans la chambre de la jeune fille. Alizia venait de passer sur la terrasse.

Le comte avait l'œil au trou de la serrure; il ne vit rien, sinon le siège vide où Alizia s'asseyait naguère, au-devant du petit bureau en bois de rose.

— Elle est couchée... pensa-t-il; mais je ne suis pas obligé de le savoir... Si j'entrais !...

Sa main toucha la clé, restée dans la serrure.

— C'est que, reprit-il en hésitant, il est bien tard pour venir comme cela causer de fleurs peintes et de surprises !

La clé tourna cependant, le pène céda. Le comte retenait son souffle, craignant cette plainte perfide des portes qu'on ouvre avec lenteur ; mais la porte ne fit aucun bruit.

La tête du comte passa, puis ses épaules, puis son corps.

Son regard fit rapidement le tour de la chambre vide.

Si Alizia n'eût point quitté la place où nous l'avons laissée, elle aurait vu sans doute le mouvement qui se faisait dans sa chambre, car le télescope était monté précisément devant une de ses fenêtres, mais l'air frais du dehors soulageait sa tête en feu ; elle se plaisait à cette promenade nocturne. Le calme de la belle soirée pénétrait dans ses veines comme un baume bienfaisant.

Elle se sentait revivre.

Involontairement et sans y songer, elle avait cherché un air plus libre encore, un horizon plus vaste.

La terrasse, qui était large devant le pavillon, s'aplatissait en passant contre le pignon du corps de logis, pour s'élargir de nouveau et régner au-dessus du perron.

Alizia suivit la balustrade de marbre et fit le tour de l'aile gauche où était située sa chambre.

Le paysage que nous avons décrit au commencement de cette histoire était devant elle, mais vous ne l'eussiez point reconnu.

La baie de Cancale étendait toujours sous la falaise ses grèves plates et sa nappe d'eau immense. L'avenue descendait, droite et majestueuse, jusqu'à la mer. Mais tous les objets, colorés si chaudement quelques heures auparavant par les lueurs ardentes du soleil à son coucher, avaient maintenant des teintes calmes et pâles.

La mer avait perdu ses flamboyants reflets ; le ciel tranquille ne gardait rien de ce lumineux chaos qui semblait précipiter les nuages vers un énorme incendie.

La lune descendait à son tour la pente bleue de l'horizon, et traçait sur le miroir de la baie, un long sillon de lumières diamantées.

On voyait au loin la sombre ceinture formée par les côtes de Bretagne.

C'était un aspect imposant et tranquille. La pensée planait, sereine, sur ces calmes merveilles. Tout était repos, recueillement, silence.

On n'entendait rien, sinon ce bruit lointain qui berce l'âme mollement engourdie, — le murmure du flot brisant contre les grèves.

Le Mont Saint-Michel lui-même, dont la masse noire faisait naguère contraste avec l'éblouissant tableau et tranchait comme une menace au milieu de la scène souriante, le Mont Saint-Michel se cachait maintenant à demi dans les ténèbres ; il ne montrait plus que le sommet de son cône gigantesque, dont les mille dentelures ressemblaient, de loin, aux festons d'un clocher gothique.

Alizia respirait avec délices ; elle s'appuyait au marbre de la balustrade et laissait errer ses regards sur la mer.

La fièvre était passée. Du fond de cette belle nuit mélancolique et tout imprégnée de poésie heureuse, une voix secrète s'élevait, qui parlait tout bas à son cœur.

Et son cœur s'ouvrait. Le nom de Dieu était sur ses lèvres. Sa prière montait vers ce beau ciel si pur, d'où l'espérance tombait comme une rosée.

Elle était jeune. Qu'importe au bonheur qui vient de la souffrance passée ? Si Dieu voulait clore ces jours d'épreuves, elle sentait bien que, pour fleurir sa pauvre âme, il ne faudrait qu'un rayon de joie.

Un de ses regards à lui, un espoir d'être aimée.

Là-bas, sur la grande mer, derrière cet horizon tranquille, que de malheureux en péril de mort avaient imploré l'aide de Dieu !

Beaucoup étaient revenus, sauvés de la tempête, s'agenouiller dans l'église de leur village.

Alizia ne pensait point, en ce moment, à ceux qui étaient couchés sur le sable et que le flot recouvrait comme un lourd linceul.

Pendant qu'elle songeait ainsi, le comte Hector de Bryant était entré dans sa chambre, après s'être bien assuré de son absence.

La fenêtre ouverte disait à M. le comte ce que la jeune fille était devenue.

Il s'approcha du secrétaire à pas de loup. En apercevant le petit registre, où l'encre n'avait pas encore eu le temps de sécher, il fit un mouvement de joie.

Le hasard le servait au delà de toute espérance.

Sans hésiter, cette fois, il saisit le journal, le cacha sous ses vêtements et disparut comme un voleur qui enlève un trésor longtemps convoité.

Quelques minutes après, mademoiselle Pauli rentra. Sa charmante figure, voilée naguère par le découragement, exprimait à présent une mélancolie douce. C'était presque un sourire qui errait autour de ses lèvres entr'ouvertes.

A peine eut-elle refermé sa fenêtre, qu'elle alla droit au petit bureau en bois de rose, pour serrer le manuscrit oublié. A la vue de la tablette vide, aucune surprise ne parut sur ses traits.

— Je l'avais remis dans le tiroir... murmura-t-elle.

Elle ferma le tiroir à clé et releva la tablette du secrétaire.

Puis elle éteignit sa lampe et se jeta sur son lit pour s'endormir en un rêve d'espérance.

XII.

ÊTRE AIMÉ....

Le comte Hector de Bryant était de retour dans sa chambre à coucher. Malgré l'assurance qu'il avait de n'être point dérangé à cette heure, il ferma sa porte au verrou.

Il vint s'asseoir au coin de sa cheminée, et ranima son feu avec une lenteur sensuelle.

Il avait une bonne soirée en perspective.

Quand le bois pétilla dans le foyer, quand la flamme s'éleva vive et joyeuse, il se renversa douillettement dans son fauteuil, et ouvrit le manuscrit d'Alizia.

Comme nous l'avons dit, ce n'était pas la première fois que son œil indiscret parcourait ces pages. Il avait lu déjà un petit fragment du journal. — Mais il en avait lu trop peu à son gré, parce que mademoiselle Pauli était rentrée dans sa chambre et qu'il avait été forcé de prendre bien vite une contenance, le plus loin possible du secrétaire.

Ce soir, il allait s'en donner à son aise !

Il avait du loisir ; rien ne le pressait ; il pouvait commencer par le commencement et ne se mettre au lit qu'après avoir lu la dernière ligne.

— Voyons !.. murmura-t-il en tournant à rebours les feuillets du manuscrit, pour arriver à la première page ; — ceci est une pièce curieuse et je n'en veux pas perdre une ligne.

— Tudieu ! quel hosannah ! se reprit-il tandis que son œil parcourait les premières phrases, — quel chant de triomphe !... Il paraît qu'elle n'était pas heureuse dans sa condition de sous-maîtresse.!....

Le ciel est ouvert ; la misère est finie ; nous voilà libre, riche, heureuse dans le château de notre sœur !... car elle appelle la comtesse sa sœur !... et, par le fait, Clotilde l'aimait d'une manière compromettante... La petite a dû croire qu'il n'y aurait désormais aucun nuage sur son soleil.... Mais j'étais là... Il fallait bien donner un terme à toutes ces ridicules tendresses... Pauvre petite !... Pardicu ! je la rendrai heureuse, moi ! — mais autrement.

Il avait lu toute cette première page, qui semblait écrite en effet dans le délire de la joie.

Alizia naissait au bonheur ; elle jetait un voile sur son existence passée, elle voyait tout ce qui l'entourait avec des yeux ravis. — Cette campagne admirable, ces riches paysages, ces jardins magnifiques, tout cela était à elle !

Elle remerciait Dieu : elle était en extase.

Et le manuscrit continuait sur ce ton pendant bien des jours. Chaque soir, en se retrouvant seule, après la journée joyeuse, Alizia prenait la plume et chantait son bonheur.

Le comte bâilla légèrement, et sauta une demi-douzaine de pages.

— C'est beaucoup moins amusant que je ne croyais, se dit-il ; si on l'avait laissée, la petite aurait chanté sur ce ton jusqu'à la consommation des siècles... oh ! oh !... voici que nous changeons un peu... notre jeune cœur parle... je crois que nous commençons à remarquer que le comte Hector est un cavalier assez aimable..... La mélancolie va percer... il était temps !... cela devenait parfaitement monotone.

Il lisait :

« 25 juin.

« Ai-je donc déjà désappris à souffrir pour que ma première peine me trouve si faible !... Il me semble que, depuis deux ou trois jours, Clotilde est plus froide avec moi... et il me semble encore que cette froideur n'a point échappé aux yeux du monde.

« Tous ces gens me détestent, je ne sais pas pourquoi... le jour où Clotilde m'abandonnerait, j'aurais bien des mépris à subir ! — mais pourquoi m'abandonner... elle est si bonne et je l'aime tant ! »

— Bonne, je ne dis pas non, s'interrompit le comte, — mais vous comptiez sans moi, ma pauvre enfant... que diable, vous me paraissez fort exigeante! refuser à Clotilde le droit d'être jalouse... c'est de la tyrannie!

Mais qu'est-ce que cela?

« 3 juillet.

« Il était là... il ne m'a pas parlé... je suis bien malheureuse!...

— 3 juillet!... répéta le comte, — c'est la date de notre premier grand bal... Voyez comme sont les femmes!... ne dirait-on pas qu'elle ne m'avait jamais vu jusqu'alors!... Il était là... Pardieu! j'y étais la veille, et l'avant-veille, et tous les jours; mais, ajouta-t-il d'un ton sentencieux : il est positivement une heure où les yeux de la femme s'ouvrent tout à coup et se dessillent... l'homme aimé leur apparaît sous un nouveau jour; c'est comme si elles le voyaient pour la première fois.

Il se sourit à lui-même, tout content de sa perspicacité.

— Je fais là une étude bien curieuse, pensa-t-il; c'est un cœur que j'examine sans voile, à la loupe pour ainsi dire, un cœur où je mets tranquillement le scalpel... Disséquons!

« Clotilde lui a parlé... Je suis bien sûre qu'elle m'a caché quelque chose... Elle n'a pas voulu me briser le cœur d'un seul coup... Je ne sais, mais il me semble qu'il y a en tout ceci un mystère. »

— C'est ce qu'il me paraît aussi, murmura le comte dont les sourcils étaient froncés; — je ne vois pas trop comment cela pourrait se rapporter à moi; car la chère belle n'est pas encore assez naïve pour aller causer de moi avec ma femme.

Il avait le rouge au front.

— Ah çà, poursuivit-il, est-ce que je me serais trompé!... L'histoire serait par trop piquante!... Une mystification du plus grand modèle! un quiproquo de longue haleine! un rôle complet pour Arnal!...

Il déposa le manuscrit sur la tablette de la cheminée; ses deux mains se croisèrent entre ses genoux.

— J'ai beau railler, reprit-il après un silence, — cette amourette est devenue un sentiment sérieux... Je suis comme ces gens qui ne sentent leur estomac qu'à la millième orgie. Hier, je ne connaissais pas encore la souffrance du cœur.

Il haussa les épaules et son sourire revint.

— A trente-six ans, pensa-t-il, — faire son apprentissage d'amour! Je suis fou! Me voilà parti pour un mot, comme s'il ne serait pas plus sage de continuer ma lecture et de savoir.

Il reprit le journal d'Alizia et lut de nouveau :

« 7 juillet.

« Je ne suis plus seule; je sais comme le voir tous les jours... Tous les jours! — Mon Dieu! pardonnez-moi, si mon amour est coupable; vous savez bien que je l'ai combattu de toute ma force!... Je n'ai pas su le vaincre, mon Dieu! Toutes mes pensées sont à lui... Je l'aime, je l'aime jusqu'à lui donner ma vie et mon repos! »

« Je le verrai maintenant, — je le verrai tous les jours. Je ne pourrai pas lui parler; mais qu'importe? On n'a pas à la fois tous les bonheurs.

« Le voir, n'est-ce pas assez?... »

— Ma foi, s'écria le comte Hector, — si cela ne se rapporte pas à moi, je n'y suis plus!... Amour coupable qu'elle a combattu de toute sa force... C'est assez clair!... et, quant au bonheur de me voir comme cela, tous les jours, j'avais déjà lu l'autre fois quelque chose de pareil... Évidemment, il faudrait avoir une mauvaise volonté pour se méprendre... Ma fenêtre est juste en face de la sienne. Elle se cache derrière ses rideaux pour me contempler, la pauvre innocente... Les femmes! comme c'est bien ça. S'entourer d'un mystère profond et inscrire tout au long son secret sur un registre.

Il se frotta les mains en riant.

— Un instant j'ai eu la chair de poule!... reprit-il; — grand niais que je suis! La chambre du rez-de-chaussée est vide, et Alizia ne peut voir que de profil les fenêtres de la façade... Quant aux voisins, il n'y en a pas, c'est moi, moi seul, l'évidence est ici palpable! Elle ne voit que moi; elle ne peut voir que moi!... Hector, vous êtes un heureux garçon! vous aurez, cet hiver, la plus belle femme de Paris pour maîtresse...

« 45 juillet.

« J'ai besoin de le voir souvent, de le voir toujours, car me voilà qui recommence à souffrir.

« On dit que les jours heureux passent vite; moi, j'ai eu deux mois de bonheur, et ils me semblent plus longs que tout le reste de ma vie.

« Comme je vous remercie, mon Dieu! — mes actions de grâce s'allaient-elles point vers vous? N'entendiez-vous pas ma prière?

« Oh! Clotilde! Clotilde!... si elle savait!... »

— Je la trouve charmante! s'écria le comte en poussant un franc éclat de rire; — si elle savait!... Pardieu! vous auriez la clé des champs depuis quatre grands mois, ma mignonne!

Le manuscrit poursuivait :

« Je ne suis plus sa sœur... je suis l'institutrice des deux enfants de M. le comte... Hier, elle a regardé ma toilette d'un œil de surprise. C'est elle qui me l'avait donnée.

« Aujourd'hui, j'ai repris ma robe noire; je ne la quitterai plus... »

Le comte tourna plusieurs pages.

— Après la joie, les jérémiades... grommela-t-il, autre genre de monotonie. Tâchons d'arriver tout de suite à l'amour.

« 1er septembre.

« Je souffre... je souffre!

« Ma mère me disait : Tu es pauvre et tu n'auras du pain, qu'à la condition de travailler. Travaille, ma pauvre enfant; toute tâche est honorable.

« Mais quand une jeune fille a reçu une éducation brillante, et qu'elle tombe ensuite dans la détresse, parfois le travail est bien dur.

— Les occasions se présentent. — Dans les familles riches, il est une place marquée entre les serviteurs et les maîtres, — une place qui tente parfois l'inexpérience et la misère.

« Alizia, ma fille chérie, travaille; garde le triste sort que Dieu t'a fait. Si les demoiselles Leblond meurent ou si l'on te chasse, prends une aiguille pour broder ou pour coudre... Sois ouvrière comme les pauvres filles du peuple.

« Dieu bénira ta peine, ma fille.

« Mais ne deviens jamais institutrice!

« Il y a là trop de malheurs menaçants.

« Tu souffrirais trop, mon enfant, ou tu ferais trop souffrir... car tu es bien belle!...

« Je ne comprenais point, mais je promis.

« Mon Dieu! quand Clotilde vint, il me sembla qu'en acceptant je ne mentais pas à ma promesse... Elle m'appela sa sœur. Oh! ma mère! ma mère! je suis bien punie!

« Oh! oui, j'en souffre!... »

— Sa mère n'était pas sans connaître un peu le monde, à ce qu'il paraît, pensa M. de Bryant; — mais du diable si c'est gai tout cela! Passons.

Il feuilleta encore.

« Qu'y a-t-il donc entre elle et moi! disait Alizia vers le milieu du mois d'octobre; — parfois il me semble, elle m'aime comme jadis et je la vois toute prête à se jeter dans mes bras..... mais quelque chose l'arrête.

« Et je suis seule, maintenant, au milieu de ce monde orgueilleux.

— Sais-je pourquoi tous leurs regards me raillent!

« On dirait que j'ai commis un crime...

« Pauvres petits anges, Berthe et Marie! on leur sait mauvais gré des caresses qu'elles me donnent! Sans elles, je m'en irais; mais je les aime comme si elles étaient mes filles!

« Sans elles... et sans lui! »

— Allons donc! allons donc! interrompit le comte, nous y voilà enfin! C'est cette page-là que j'avais lue!

« Si je quittais le château, poursuivait Alizia, je ne le verrais plus, et sa vue est ma seule consolation en ce monde.... Quand je m'oublie à le contempler, la barrière infranchissable qui nous sépare disparaît pour moi.

« Pauvre fille que je suis, je me prends à croire au bonheur! »

— Est-ce clair? dit le comte qui posa la main sur le manuscrit. Puis il ajouta en souriant avec fatuité :

— Nous ferons une brèche à cette barrière infranchissable, ma belle enfant! A Paris tout devient possible... Et nous arrangerons cela pour le mieux.

« Ne plus le voir!... continuait le manuscrit d'Alizia; — ce serait perdre tout mon courage!

« Ils ont beau me faire souffrir; ils ont beau m'accabler de leurs dédains et de leurs calomnies, je suis heureuse en un coin de mon cœur.

« Je suis heureuse! je me sens là tout près de lui! Mon âme traverse l'espace qui nous sépare; je lui parle, et il me répond... Ne suis-je pas bien sûre que son cœur est libre? »

— Peste! fit le comte Hector, comme le regard de ces ingénues vous perce un homme à jour!

« Il est seul... toujours seul!... Sa belle tête s'incline sur son livre... il croit travailler, et il rêve...

— C'est que c'est vrai, pourtant!... s'interrompit le comte; — les livres sont assommants!.. Et, dès que j'ouvre un volume, c'est pour penser à toutes sortes de choses!

« Le jour, disait encore Alizia, je n'ose pas rester bien longtemps avec lui... J'ai peur qu'on ne m'épie... Mais le soir, quand je suis bien sûre d'être seule sur ma terrasse, j'attends l'heure où sa lampe s'allume. »

— Expression poétique! grommela le comte Hector; — je ne me

sers jamais que de bougie... Mais les femmes ont le tort de faire toujours du style...

« Quand sa chambre s'éclaire, sa belle figure m'apparaît mélancolique et pâle... »

Le comte se leva pour se regarder dans la glace.

— Je suis positivement moins coloré qu'autrefois, pensa-t-il.

Par la même occasion, il constata que ses rideaux étaient bien fermés. — Ce soir, les regards d'Alizia eussent été de trop.

« Il s'assied devant sa fenêtre... reprenait le manuscrit... Son regard se perd dans la nuit... A quoi rêve-t-il ? »

— Curieuse !... fit le comte. — Il y a beaucoup de fatuité dans cette question, et vous croyez bien qu'on pense à vous !... mais on dirait que vous n'avez pas confiance quelquefois, s'il m'aimait d'une amitié de frère, je deviendrais forte contre leur haine à tous.

Il réfléchit un instant, puis son sourire satisfait revint errer autour de sa lèvre.

— Contradiction de femme !... murmura-t-il — du mystère dans l'indiscrétion !... de la prudence au milieu de l'étourderie !... Passons encore.

« Non, non, je ne m'en irai pas... il faudra que l'on me chasse ! pourrais-je vivre et ne plus le voir !...

« Je sais bien que je ne peux pas être heureuse ; — mais, s'il pensait à moi seulement quelquefois, s'il m'aimait d'une amitié de frère, je deviendrais forte contre leur haine à tous.

« Car ils me haïssent chaque jour davantage... Il semble que maître et valets veuillent se venger de moi, pour m'avoir vue sourire un instant auprès de la comtesse Clotilde.

« Jusqu'à ce pauvre enfant qu'ils appellent Bosco !... Celui-là, je ne lui ai fait que du bien, — et il me déteste !... j'ai vu, il m'a semblé que son regard se tournait vers moi avec colère... son regard ennemi me suit partout ; il m'épie, et, tout faible qu'il est, j'ai peur...

« Mon Dieu, moi, je ne hais personne. Mon seul crime est d'aimer... Ayez pitié du pauvre enfant !... »

Le comte cligna de l'œil, tandis que sa main, passée sous les revers de son habit, caressait le sac à chevrotines, qui était vide.

— Si vous lui prodiguiez comme cela une bonne caresse chaque fois qu'il vous épie, ma fille, murmura-t-il en ricanant, le jeu finirait par fatiguer maître Bosco !... Ah ! ah ! voici la dernière page !... l'encre est encore toute fraîche !...

Il lut avec distraction les premières lignes qui ne le concernaient point.

« Je veux penser à lui et parler de lui, disait ensuite Alizia, — je veux me reposer un instant de mes larmes... Je l'ai vu, il m'a semblé que son regard se tournait vers moi tandis qu'il rêvait avec tristesse.

« ... Souffre-t-il ? suis-je pour quelque chose dans sa souffrance ?...

« Oh ! Clotilde ! Clotilde !... »

Le comte ferma le manuscrit.

— Voilà le grand mot lâché ! s'écria-t-il ; c'est me nommer que de prononcer le nom de ma femme... Au fait, mes doutes étaient positivement très-naïfs... elle m'adore ; la question est jugée, et tout dépend désormais de moi.

Il se leva et mit son dos au feu en bâillant.

— J'aurais cru cela plus divertissant ! murmura-t-il ; — il manque à cet amour un petit peu d'obstacles... C'est facile, à force d'être facile !

Ses yeux se ranimèrent, tandis qu'il poursuivait :

— En attendant, elle est belle comme un ange ! Et je ne peux pas faire bien longtemps le cruel... Elle souffre trop, la pauvre fille !... Demain nous verrons à récompenser tant d'amour.

XIII.

L'EXPLICATION.

Le lendemain matin, tout ce qui restait d'hôtes au château de Villers était réuni pour le déjeuner de famille.

Le comte Hector avait un costume de chasse. — Les deux petites filles souriaient entre Alizia et leur mère.

A voir ce tableau d'intérieur calme et tout ordinaire, personne n'eût songé assurément aux sourdes passions qui s'agitaient sous cette surface tranquille.

Le comte était aux petits soins pour sa femme, qui semblait d'humeur fort sereine. Alizia s'occupait des enfants ; sa figure était froide, mais n'exprimait point trop de tristesse.

Elle avait repris cette robe noire dont la coupe disgracieuse paraissait vraiment calculée pour cacher les perfections de sa taille. — Ses cheveux ramenés en arrière perdaient leur riche abondance sous un bonnet de simple mousseline sans broderie.

Mais tous ses efforts pour s'enlaidir restaient vains : elle était toujours belle.

Le comte mangeait d'excellent appétit, et l'observateur le plus attentif n'eût pas surpris une seule fois ses regards dirigés sur Alizia.

Les événements de la soirée précédente avaient changé sa tactique. Désormais, il menait cette intrigue sérieusement. Ce n'était plus une comédie ; et, comme il se croyait parfaitement certain de réussir, il avait tout le temps de songer à la prudence.

La comtesse Clotilde avait fait sans doute ses réflexions durant cette nuit, car cette mélancolie qui voilait son joli front, la veille au soir, avait complètement disparu. Elle avait la parole libre, et son regard prenait un petit air résolu.

Pendant le repas, elle n'adressa point la parole à mademoiselle Pauli. — C'était la coutume.

En revanche, elle redoublait de caressante tendresse pour Berthe et Marie, dont le gracieux babil ne tarissait point.

Quand le comte se leva de table, Clotilde lui demanda presque gaiement :

— Que faites-vous aujourd'hui, Hector ?

— Je vous laisse votre matinée, répondit M. de Bryant qui lui baisa le bout des doigts avec tout plein de galanterie ; mais je compte me dédommager cette après-midi. Il y a bien un an que je n'ai fait un tour de chasse dans mes chaumes, tout seul comme un bon propriétaire.

Ceci était une excuse. — D'ordinaire, quand le comte cherchait ainsi des prétextes pour s'éloigner, Clotilde devenait triste ; mais cette fois, ce fut tout le contraire.

La figure de la jeune femme exprima du contentement.

En gagnant la porte, à laquelle sa femme tournait le dos, M. de Bryant dirigea vers Alizia un regard qui devait la payer amplement de la froideur gardée pendant tout le déjeuner.

Mademoiselle Pauli avait les yeux baissés. Le comte pensa qu'elle perdait une bonne occasion d'être heureuse.

Aussitôt après son départ, Clotilde baisa ses deux petites filles au front, et leur dit :

— Allez jouer au jardin, enfants, avec votre bonne... j'irai près de vous tout à l'heure.

Berthe et Marie s'éloignèrent en courant et en secouant leurs blondes chevelures de soie.

Alizia se leva pour les suivre.

— Je vous prie de rester... dit la comtesse.

Alizia se rassit en silence. — Son front ne pouvait guère pâlir, mais on devinait de l'inquiétude sous ses paupières baissées.

Clotilde roula son fauteuil jusqu'au près du foyer. — Pendant un instant elle demeura muette et pensive.

— Alizia... murmura-t-elle enfin d'un accent timide et qui semblait hésiter.

Il y avait quatre mois au moins que madame la comtesse de Bryant n'avait prononcé ce nom. Quand elle parlait à l'institutrice de ses filles elle disait : mademoiselle Pauli.

Alizia leva vers elle un regard soumis et respectueux.

— Approchez, reprit madame de Bryant, — je voudrais causer avec vous.

Alizia n'était point prise au dépourvu ; elle s'attendait dès longtemps à cette scène, et pourtant un étonnement inquiet se répandit sur son visage.

Elle obéit néanmoins, et vint se mettre debout au-devant de la cheminée.

La comtesse lui avança elle-même un siège, en lui faisant signe de s'asseoir.

Alizia obéit encore.

Entre elles, il y avait évidemment de la contrainte, et Clotilde n'était pas dans les moins embarrassée des deux.

Mais elle avait pris son parti ; ce fut elle qui rompit le silence.

— Vous m'avez rendu un grand service autrefois, ma chère Alizia, dit-elle ; — je n'ai point cessé d'en être reconnaissante.

— Vous ne me devez rien, madame, répondit mademoiselle Pauli, — car vous m'avez payé le service rendu bien au delà de sa valeur.

Ceci fut dit d'une voix basse et froide.

Pendant le silence qui suivit, les yeux d'Alizia et ceux de la comtesse restèrent également baissés ; elles semblaient craindre de se regarder.

— Vous avez tort de me parler ainsi, Alizia... reprit la comtesse ; ce que j'ai pu faire n'était point pour vous payer... car il y a des

choses sans prix... Je vous aimais, je croyais que vous m'aimiez, et toute la joie était pour moi, quand je vous ai conduite dans ce château.
— Plût à Dieu que je n'y fusse jamais entrée! murmura mademoiselle Pauli; plût à Dieu que je ne vous eusse jamais revue, madame!... car la souffrance qui revient après les jours heureux est bien lourde à supporter!

Clotilde eut un sourire triste et teint d'amertume...
— Est-ce donc vous qui souffrez, Alizia?... murmura-t-elle.
La paupière de mademoiselle Pauli se releva; ses yeux étaient pleins de larmes.
— Savez-vous comme je vous aimais, madame!... dit-elle; — j'étais seule au monde, abandonnée, mourante... Vous êtes venue comme un ange sauveur... Vous m'avez appelée votre amie; vous m'avez appelée votre sœur... Mon Dieu que vous dire? Je n'ai point de famille... Il m'a fallu tâcher d'oublier l'homme que j'aimais... c'était sur vous, madame, sur vous seule qu'il m'était permis de reposer ma pensée... La première fois que j'ai cru découvrir en vous des signes de froideur, j'ai bien pleuré... Je me disais : Puisqu'elle me punit, je dois être coupable... Et je cherchais en moi.
— Et vous ne trouviez rien, Alizia?... demanda la comtesse dont les sourcils étaient froncés légèrement.
— Je ne trouvais rien, madame, répliqua la jeune fille qui parlait d'une voix lente et découragée, — sinon mon dévouement de sœur... Depuis ce premier jour, les choses ont bien changé!... Je crois que la froideur est devenue de l'aversion... Hélas! Dieu m'a fait cette douloureuse destinée de ne pouvoir garder un ami... Je ne me plains pas, madame, et j'aime encore ceux qui me repoussent.

La comtesse était émue, parce qu'il y avait, dans les paroles d'Alizia, un accent de résignation tendre qui descendait jusqu'au fond de son cœur. Mais la comtesse cachait son émotion; elle avait l'âme blessée et ses soupçons n'étaient point détruits.
Seulement, en face de cette douleur digne et douce, elle n'osait plus interroger directement.
Alizia, de son côté, n'avait pas le courage de sonder cette plaie qu'elle voyait saignante. Sa conscience lui disait de fuir; elle n'avait pas non plus le courage d'obéir à sa conscience.
Ne plus le voir, hélas! ne plus le voir!
Perdre sa seule consolation et sa dernière espérance!...
Il n'eût fallu qu'un mot peut-être pour rapprocher et confondre ces deux cœurs amis. Mais ce mot pouvait-il être prononcé?
L'explication s'égarait. Clotilde avait entamé l'entretien, vaillante et résolue à tout; maintenant, sa faiblesse native reprenait déjà le dessus.
Elle ne savait plus que dire.
Pour se donner une contenance, elle avait tiré de son sein un médaillon, retenu par une chaîne d'or.
Ce médaillon était magnifique et devait avoir un prix considérable.
C'était le portrait d'un homme de cinquante ans environ. Son habit brodé d'or portait plusieurs crachats, et il avait au cou le cordon de l'Annonciade. Autour du portrait, s'enroulait un double rang de gros diamants et de perles fines.
Sans savoir, Clotilde le tournait entre ses doigts.
Et il y avait une chose étrange. — Alizia, naguère si froide, donnait maintenant toute son attention au médaillon.
Elle le regardait d'un œil fixe et avide.
A mesure que le silence se prolongeait, un changement remarquable s'opérait sur la physionomie d'Alizia. — Le rouge lui montait au front; — ses yeux brillaient et devenaient humides.
On voyait son sein battre et soulever la pèlerine de sa robe noire.
Clotilde ne prenait point garde. — Elle tournait toujours le médaillon entre ses doigts.
Mademoiselle Pauli semblait en proie à un trouble extraordinaire; le médaillon opérait sur elle une véritable fascination.
Elle se penchait en avant, l'œil grand ouvert, la poitrine palpitante.
— Et, comme si ce n'eût point été assez, son fauteuil glissait sur le tapis pour s'approcher peu à peu de Clotilde.
Si bien qu'au bout de quelque temps la pauvre robe d'Alizia toucha la brillante toilette de la comtesse.
En ce moment, Alizia était redevenue toute pâle; son œil, fixé sur le médaillon, brûlait.
Tout à coup un soupir étouffé s'échappa de sa poitrine. — Elle tomba sur ses deux genoux, et s'empara du médaillon pour le porter à ses lèvres.
Ce geste avait été rapide comme l'éclair.
Clotilde se recula, effrayée.
— Que faites-vous?... dit-elle.
Alizia restait à genoux, interdite et ne sachant que répondre.
— Pourquoi!... voulut dire encore la comtesse.

— C'est votre père... balbutia mademoiselle Pauli, rouge de honte, car cette explication était un mensonge, — et je vous aime...
Clotilde se rapprocha; son regard était attendri, un instant, les boucles de ses cheveux blonds vinrent toucher, comme autrefois, la brune chevelure d'Alizia.
— Pauvre sœur! murmura-t-elle; — Je suis malheureuse et je suis folle!... mais je t'aime, moi aussi. Oh! crois-le bien!... après mon mari et mes enfants, tu es ce que j'aime le mieux au monde.
Mademoiselle Pauli ne savourait point ces douces paroles comme on aurait pu s'y attendre, elle était distraite, ses yeux ne se détachaient point du médaillon.
Clotilde, au contraire, semblait revenir vers le passé, et retrouver dans ses souvenirs un élan de vive et sincère tendresse. — En ce moment, elle s'étonnait peut-être d'avoir pu soupçonner.
Elle attira contre son sein la tête d'Alizia, toujours agenouillée.
— Il était bien beau, n'est-ce pas! dit-elle en lui montrant de près le portrait du médaillon, — et comme il lui ressemble!
— Oh! oui, dit Alizia comme malgré elle; — il lui ressemble!
Clotilde la baisa sur le front.
— Pauvre Alizia! murmura-t-elle, — à quoi penses-tu donc? Tu ne le connaissais pas.
— C'est vrai, dit mademoiselle Pauli rapidement, — je ne le connaissais pas.
— Il était bon, reprit Clotilde d'un accent rêveur; — ma mère l'adorait... Le portrait n'avait autrefois qu'un simple cercle d'or... Quand mourut ma mère vendit un de nos palais de Florence pour en consacrer le prix tout entier à l'ornement de cette image chérie... Il y a un demi-million de diamants autour du portrait de mon père.
Alizia tressaillit.
— Un demi-million! murmura-t-elle avec tristesse.
Elle ajoutait peut-être au fond de son âme :
— Avec cela je serais plus riche que lui... et je pourrais lui dire que je l'aime!
— Ce n'est pas trop, dit la comtesse, — pour orner le portrait d'un prince! Je ne t'ai jamais dit l'histoire de ma famille, Alizia... Mon père était bien puissant... et le nom de Sainte-Croix est écrit plus d'une fois dans l'histoire d'Italie...
— Santa-Croce! prononça mademoiselle Pauli avec le pur accent florentin.
— Santa-Croce! répéta Clotilde, qui essaya d'imiter les inflexions de la jeune fille; — c'est comme cela que prononçait mon père lui-même...
Elle remit le médaillon dans son sein; les yeux d'Alizia se baissèrent. — Elle était toujours à genoux.
Clotilde lui prit les deux mains pour les caresser doucement, puis elle la releva et la fit asseoir tout près d'elle.
— Pauvre Alizia!... dit-elle tout bas, — jamais une plainte!... Et pourtant, avec ton cœur dévoué, tu as dû bien souffrir!
— J'ai souffert, madame.
— Madame... répéta la comtesse; — Je ne veux plus que tu m'appelles ainsi... Tu vois bien que je fais pénitence... Au lieu de te demander des explications, c'est moi qui m'accuse... C'est moi qui implore mon pardon.
Alizia secoua la tête lentement et ne répondit point.
— Tu as raison de me garder rancune, reprit la comtesse; c'est un crime de soupçonner ceux qu'on aime... Mais, si tu savais comme le monde est perfide et méchant!...
— Je le sais, dit Alizia.
— Écoute!... on m'avait trompée et je suis jalouse... tu es si belle, ma sœur... mais il m'a suffi de te voir, là, tout près de moi, pour perdre mes soupçons et mes terreurs... Je ne me demande plus qu'une chose : c'est comment j'ai pu croire à la calomnie! Ma sœur, nous avons été malheureuses toutes deux pendant quatre mois... malheureuses par ma faute!... car, si j'avais parlé plus tôt, j'aurais été plus tôt rassurée... me pardonnes-tu?
Alizia lui baisa les mains.
— Clotilde... murmura-t-elle, — merci... oh! merci!... moi, je n'ai pas de mari et je n'ai pas d'enfants... vous et lui, c'est tout ce que j'aime au monde!... Et je vous ai fait deux places toutes pareilles au fond de mon cœur...
Comme la comtesse ouvrait la bouche pour répondre, Berthe et Marie se précipitèrent brusquement dans la chambre. Elles se tenaient par la main; leurs jolis visages étaient tout tristes.
— Oh! mère!... s'écria Berthe, l'aînée. — Le pauvre Bosco!...
— Le pauvre Bosco!... interrompit la petite Marie dont les beaux yeux bleus étaient pleins de larmes; — si tu savais, mère!...

Berthe vint se jeter dans les bras de la comtesse, et Marie sauta sur les genoux de mademoiselle Pauli.

— Qu'y a-t-il?... demanda Clotilde.

— Le pauvre Bosco!... répliquèrent à la fois les deux enfants; — il a de grandes marques noires sur la figure...

— Et son œil saigne!... ajouta Berthe.

— Et il pleure!... dit Marie; — sa joue est tout enflée!

— Que lui est-il donc arrivé?... demanda l'institutrice.

— Petite maman, répliqua la blonde Marie en la baisant — le pauvre Bosco pleure et ne veut pas le dire.

La comtesse écoutait tout cela sans y prêter beaucoup d'attention.

— Il sera tombé... murmura-t-elle; — retournez jouer, mes enfants.

Berthe quitta les bras de sa mère, mais, au lieu de regagner le jardin, elle vint s'asseoir, comme sa sœur, sur les genoux de mademoiselle Pauli.

Les deux enfant faisaient assaut de caresses; elles se disputaient les joues d'Alizia et semblaient vouloir punir la comtesse de son indifférence.

Clotilde les regardait. — L'attendrissement qui était naguère sur ses traits faisait place à une préoccupation triste.

Elle sentait vaguement que, dans ce château, il n'y avait place que pour son propre bonheur...

La jalousie revenait. Elles étaient à elle, ces deux enfants qui donnaient leurs caresses à une étrangère!

Clotilde se disait:

— Je ne veux pas plus partager l'affection de mes filles que l'amour de mon mari...

Mais l'émotion récente était encore trop proche; et, d'ailleurs, l'amitié de Clotilde pour Alizia était profonde et sincère.

Elle eût voulu être joyeuse et garder la chaleur de ce doux élan qui l'entraînait naguère vers son amie; — mais elle avait beau faire, son cœur était froid maintenant.

— Enfants, dit-elle, cédant à un de ces caprices soudains qui étaient dans sa nature faible et frivole, aimez-vous mieux mademoiselle Pauli que moi?

Alizia eut peur de cette question.

— Oh! non!... voulut-elle dire.

Mais Clotilde l'interrompit sèchement.

— Je ne vous parle pas, ma chère demoiselle... répliqua-t-elle; — Berthe et vous, Marie, venez ici!

Les deux enfants sautèrent sur le parquet et vinrent mettre leurs belles petites mains dans les mains de leur mère.

— Voyons, reprit Clotilde d'un ton qu'elle voulait faire badin, mais où perçait son inquiétude jalouse, laquelle aimez-vous le mieux d'elle ou de moi?

Les paupières d'Alizia étaient baissées.

Les deux enfants secouèrent en riant leurs blondes têtes.

— Elles hésitaient.

Clotilde avait un poids sur le cœur.

— Je ne sais pas, murmura enfin Berthe, qui avait six ans, et qui devinait déjà peut-être le caractère de cette scène; — mère, tu nous as déjà dit d'aimer petite maman comme toi-même.

C'était vrai, — et c'était encore Clotilde qui avait enjoint à ses filles de donner à l'institutrice ce nom de petite maman.

— Moi, je vous aime toutes deux, dit Marie, moins prudente que sa sœur; — mais, si tu fais du chagrin à Pauli, mère, je ne t'aimerai plus!

Une larme jaillit de la paupière de Clotilde, tandis que son regard lançait vers Alizia un reproche douloureux et muet.

— Allez, mes enfants, dit-elle; — vous faites bien de l'aimer!

Les deux petites filles s'approchèrent en passant de mademoiselle Pauli, qui les serra passionnément contre son cœur.

Clotilde frappa du pied.

— Allez, vous dis-je! s'écria-t-elle.

Berthe et Marie s'éloignèrent tout interdites; mais, avant de franchir le seuil, elles s'arrêtèrent. — Puis elles revinrent, timides, les yeux baissés, en se tenant toutes deux par la main.

— Et le pauvre Bosco? dirent-elles, — ne te fâche pas, mère, il souffre bien! Et nous ne savons que faire pour le guérir.

— Ah! s'écria Berthe en fouillant dans la poche de son petit tablier; — j'oubliais... il m'a donné quelque chose pour toi.

Elle déposa un papier, plié grossièrement en forme de lettre, sur les genoux de la comtesse.

— Veuillez les suivre, mademoiselle, dit cette dernière à l'institu-

Réception de Gédéon chez Martial Aubert.

trice, — vous ferez soigner cet enfant s'il y a lieu ; ensuite vous aurez la bonté de revenir.

Alizia obéit en silence ; la comtesse resta seule.

Elle ne songeait déjà plus au papier que Berthe avait déposé sur ses genoux.

Sa tête pensive s'appuyait contre sa main.

— Elles n'ont pas osé le dire... songeait-elle ; mais elles l'aiment mieux que moi...... mes filles! mes propres filles!...

Sa main tourmentait son front.

— Mon Dieu, reprit-elle, moi qui l'aime, puis-je donc la chasser pour cela!...... Faut-il lui faire un crime d'être bonne et de se faire chérir de tout ce qui l'approche!... Pauvre Alizia, elle si douce, si dévouée!... Et ce bonheur, dont je suis jalouse, n'est-ce pas à elle que je le dois!

Comme elle songeait ainsi, ses yeux rencontrèrent le papier, oublié sur ses genoux.

Elle l'ouvrit avec distraction et lenteur.

Mais, dès qu'elle eut parcouru la première ligne, ses bras tombèrent ; elle devint pâle comme une morte.

Le papier était un pauvre chiffon, sur lequel une main mal exercée avait tracé trois ou quatre lignes de caractères informes.

Mais Clotilde savait lire cette écriture.

Le billet était ainsi conçu :

« Monsieur est allé chez elle cette nuit, je l'ai vu ; quand vous me verrez, regardez ma figure, elle vous dira si je mens!... »

Clotilde se leva. Ses yeux étaient secs ; sa gorge oppressée refusait passage à sa respiration. En ce moment, Alizia rentrait.

— On a frappé ce pauvre enfant... dit-elle sans remarquer le trouble de la comtesse ; — il a le visage tout couvert de contusions.

La comtesse s'avança d'un pas roide jusqu'à mademoiselle Pauli et lui prit la main qu'elle serra fortement.

— Il faut être prête à quitter le château ce soir, dit-elle en faisant effort pour parler ; — si Dieu vous pardonne comme moi, Alizia, vous ne serez pas malheureuse...

Alizia en contemplation devant la mer.

XIV.

SCRUPULES DE FEMME.

Il régnait une sourde émotion au château de Villers-Bryant. Les événements du salon avaient transpiré jusqu'à l'office. — Les gens du château se disaient qu'il y avait eu grande dispute entre mademoiselle Pauli et madame la comtesse.

Les mieux instruits ajoutaient que mademoiselle Pauli se croyait sûre sans doute d'être soutenue par *quelqu'un*, car elle avait riposté bravement à madame, et gardé presque le dernier mot.

Si bien que madame avait été obligée de la mettre à la porte.

Et tout le monde s'accordait à convenir que l'institutrice ne l'avait pas volé.

Seulement, on ne savait pas comment le comte allait prendre la chose à son retour, car il était encore à la chasse.

M. de Bryant avait, à l'office comme ailleurs, une réputation diplomatique parfaitement établie.

— Monsieur sait ce qu'il fait, disaient les prudents ; on peut être bien sûr que tout s'arrangera comme il voudra.

— Monsieur est un fin matois, ajoutait quelque valet campagnard, plus téméraire dans ses expressions ; ça ne le gêne guère de jouer son monde ; et quand il veut cacher quelque chose, on n'y voit jamais que du feu!

— Tout de même, reprenait une servante, — madame est bien malade! Depuis qu'elle est au lit, on n'a pas pu lui tirer une parole.

— Si j'étais son médecin, dit le gros cocher, homme de réflexion et de philosophie, — je mettrais sur mon ordonnance qu'il faut envoyer l'institutrice en Amérique ou bien en Alger.

— Bah! fit le valet de chambre du comte, — après celle-là une autre...

Il était deux heures après midi environ. — La comtesse, trop faible contre son émotion, s'était, en effet, retirée dans sa chambre. — Elle ne pleurait point, mais ses yeux étaient rouges et fixes. Depuis le matin, elle n'avait pas prononcé une parole.

LIGNY. — Imprimerie de VIALAT et Cie.

3

Alizia s'était aussi retirée dans son appartement. — Elle faisait ses malles.

Berthe et Marie étaient assises l'une auprès de l'autre dans la salle à manger; leurs jolis yeux étaient tout gros de larmes.

— Elles ne voulaient point jouer.

Quand le comte rentra, son fusil sur l'épaule, elles se jetèrent toutes deux dans ses bras.

— Bon petit père, s'écria Marie, — maman et petite maman ne sont fâchées.

— Et petite maman va s'en aller, ajouta Berthe en pleurant.

Le comte Hector déposa son arme dans un coin et prit ses deux petites filles sur ses genoux, l'excellent père.

— Et pourquoi petite maman va-t-elle s'en aller? demanda-t-il.

— Parce que maman l'a renvoyée, répondit Berthe.

— Ah! fit le comte qui ne put retenir un sourire.

Évidemment, ceci n'était point pour lui une mauvaise nouvelle.

— Et pourquoi maman l'a-t-elle chassée? demanda-t-il encore.

— Je ne sais pas, répondirent à la fois les deux enfants.

Le comte les mit à terre avec une caresse.

— Votre maman a bien fait, dit-il. Mademoiselle Pauli aura été méchante, et votre maman est la maîtresse ici.

— Oh! bon petit père, s'écrièrent ensemble Berthe et Marie dont les yeux se mouillèrent de nouveau; — tu ne vas donc pas demander sa grâce?

— Je ferai de mon mieux... répliqua le comte en se dirigeant vers la porte; mais votre maman est la maîtresse.

Il sortit.

Une fois dehors, il se frotta les mains tout doucement.

— Ma foi! murmura-t-il, voilà une excellente histoire! Au lieu de tuer des perdrix, je me suis creusé la tête toute la matinée pour savoir comment l'éloigner d'ici, et Clotilde se charge elle-même de me tirer d'embarras!.. Mon rôle va être charmant. Je feins de regarder cela comme un caprice inexcusable, et néanmoins, j'y cède, tant il m'est impossible de rien refuser à ma femme... Cette pauvre demoiselle Pauli est sacrifiée à la paix du ménage, et moi, je suis le modèle des époux.

Il montait l'escalier du premier étage.

Parvenu au corridor principal qui régnait tout le long du château, il s'arrêta un instant devant une fenêtre pour tenir conseil avec lui-même.

Car il voulait bien prêter les mains au départ de mademoiselle Pauli; mais, auparavant, il avait quelques petites mesures à prendre.

Il s'accouda sur l'appui de la fenêtre et son regard parcourut avec distraction les allées du jardin.

Il se disait :

— Mais que s'est-il donc passé?... Pourquoi diable l'explosion a-t-elle eu lieu aujourd'hui plutôt qu'hier?... Je comptais mettre moi-même le feu aux poudres... Qui donc m'a épargné ce soin?

Son œil rencontra en ce moment la taille courte et contrefaite du pauvre Bosco, qui se cachait à demi derrière un tronc d'arbre.

Le nain errait tout seul dans le jardin. Depuis la matinée, il avait appris de la bouche des enfants l'effet produit par sa dénonciation, et il démenait comme étourdi devant ce résultat.

La comtesse avait pleuré; la comtesse était malade.

Le pauvre Bosco avait la mort dans le cœur.

Son intelligence était bien faible. Il n'avait point mesuré le coup porté. — Il avait brisé l'âme de la comtesse en voulant la servir!

Il ne voyait point le comte, parce que ses regards désolés étaient fixés sur les fenêtres de madame.

En l'apercevant, M. de Bryant eut un sourire : la vue du pauvre nain était comme une réponse à la question qu'il venait de se faire.

— Oh! oh!... murmura-t-il en examinant à l'aide de son binocle la figure meurtrie de Bosco, les marques y sont... Et le drôle aura parlé!

Il frappa ses deux mains l'une contre l'autre. — Le nain entendit et tourna la tête.

— Eh bien, cria le comte Hector en riant avec moquerie, — sommes-nous content de notre promenade d'hier soir, maître Bosco?

Les yeux du nain eurent un éclair sombre; — il s'enfuit sans répondre et disparut derrière les arbres.

Le comte se dirigea vers l'appartement d'Alizia. Sa figure avait pris une expression résolue.

Il entra sans frapper et ferma la porte derrière lui.

La chambre était vide, mais Alizia, qui se trouvait sur la terrasse, fut avertie sans doute par le bruit de la porte, car elle rentra précipitamment.

À la vue du comte, elle parut surprise et un peu interdite.

— Elle me cherchait sans doute de loin à ma félicité... pensa M. de Bryant; — et la voilà bien déconcertée à l'idée que j'ai surpris son secret.....

Le comte n'était pas lui-même absolument à son aise. C'était un de ces hommes qui, en toutes circonstances, se donnent la peine d'étudier laborieusement leurs rôles. — Cette fois, il lui fallait improviser son entrée.

L'amour d'Alizia si heureusement deviné lui facilitait bien les voies; mais aussi cet amour lui-même, ou plutôt la connaissance qu'il en avait, donnait à sa position quelque chose de faux et d'embarrassant.

Comment dire : je sais que vous m'aimez?...

Le comte creusait de son mieux cette cervelle si féconde en expédients, suivant l'opinion du monde, et ne trouvait absolument rien.

Il avait son thème fait, cependant, pour le corps de l'entrevue. C'était l'exorde qui lui manquait.

Il salua galamment Alizia, qui était debout devant lui, les yeux baissés et les paupières humides encore des larmes qu'elle avait versées.

On n'apercevait pas un grand changement sur le visage de mademoiselle Pauli. Depuis longtemps, ses traits exprimaient la tristesse. Sauf quelques traces de pleurs récents qu'elle cherchait à dissimuler en vain, rien en elle n'eût fait deviner le coup qui l'avait frappée si cruellement naguère.

Le comte, du reste, ne s'était pas trompé tout à fait.

À la vue d'un étranger, mademoiselle Pauli avait craint, en effet, pour son secret : seulement ce secret n'était point tel que M. de Bryant croyait l'avoir deviné.

Et tout de suite après ce premier mouvement de frayeur, une pensée d'espoir bien vague et aussitôt repoussée, était venue à la jeune fille.

Elle s'était dit :

— Peut-être vient-il à moi de la part de Clotilde. Si Clotilde se repentait!...

Le comte offrit un siége à mademoiselle Pauli. Quand elle se fut assise, il prit place à son tour et fit effort pour voiler son embarras sous un air de parfaite aisance.

— Mademoiselle, dit-il, je sais tout ce qui s'est passé... Je viens vous féliciter d'abord et vous remercier ensuite.

Alizia crut avoir mal compris.

— Me féliciter?... répéta-t-elle; me remercier?...

— Vous remercier surtout! Vous aviez un moyen facile de prolonger la situation... Vous pouviez, sans sortir de la vérité, donner le change à madame la comtesse et vous retrancher, par exemple, derrière le petit mystère tout innocent de notre fameuse surprise; les fleurs peintes... Clotilde vous aime, au fond; elle vous aurait crue, j'en suis sûr... Mais vous avez senti que vous n'étiez pas ici à votre place... Vous avez accepté purement et simplement l'arrêt qui vous éloigne de ce château... Je trouve cela parfait, mademoiselle, et, encore une fois, je viens vous en remercier.

M. de Bryant comptait sans doute ici sur une interruption qui pût relancer l'entretien. Il fut trompé dans son attente.

Alizia l'écoutait; — mais la comprenait-elle?

Il la voyait droite et immobile sur son fauteuil, la froideur au front, les paupières toujours baissées.

Le comte Hector toussa, fit rouler son fauteuil sur le tapis, et prit une tasse qu'on n'essaya point de lui retirer.

— Ma chère demoiselle, poursuivit-il avec un peu d'émotion dans la voix, — tôt ou tard il fallait bien que les choses en vinssent à cette extrémité. Je ne sais vraiment quels mots employer pour exprimer mon sentiment à cet égard... faut-il dire que nous devions espérer..., ou bien que nous devions craindre?...

Il se tut pour attendre une réponse quelconque, — un mot ou un signe...

Mais Alizia ne fit pas un signe et ne prononça pas une parole.

Elle était immobile comme une statue.

Le comte, qui la considérait attentivement, éprouvait à la fois du dépit et de l'admiration. — Il ne l'avait jamais vue si belle!

— Après tout, reprit-il encore, — votre position ici était fausse et pénible... Si la comtesse ne m'avait pas rendu le service de vous éloigner, j'aurais pris moi-même les mesures pour que vous eussiez, dès notre arrivée à Paris, une habitation autre que l'hôtel de Bryant.

La ligne délicate et pure que les sourcils d'Alizia traçaient au-dessus de ses yeux eut un mouvement faible. — Le comte crut voir son front pâlir davantage.

Il se disait : — Le plus fort est fait... La voilà qui comprend... Et je ne vois pas qu'elle ait l'intention de faire trop de grimaces...

Néanmoins, il hésitait à entrer plus avant dans la question. Non-seulement il n'avait pas encore parlé d'amour, mais son accent restait froid et tel qu'il le fallait pour discuter une affaire.

— On se fait des fantômes... reprit-il en avançant un peu son fauteuil ; — il y a comme cela beaucoup de grands mots qui effrayent et qui sont vides de sens... Je vous promets, Alizia, que vous serez heureuse.

Mademoiselle Pauli gardait toujours le silence. M. de Bryant continuait son plaidoyer en s'échauffant de son mieux, mais sans savoir, en définitive, s'il suivait la bonne route.

— Vous serez heureuse, répéta-t-il, je vous ferai un entourage... un entourage dont vous serez la reine par votre esprit, par vos grâces, par votre beauté..... À part ce monde dont vous subissez depuis six mois les stupides caprices, ce monde étroit, méchant, collet monté, qui s'habille avec l'hypocrisie des femmes et le faux respect des hommes, il y a un autre monde élégant, joyeux, généreux, tolérant, — le monde des belles intelligences, — le monde aimé des artistes et des poètes...

Alizia poussa un soupir.

— Quel que soit mon crime, dit-elle à voix basse, je suis punie, monsieur... On me chasse... n'est-ce pas assez ?... pourquoi envenimer ma peine ?...

— Mademoiselle !... s'écria le comte Hector qui trouva quelques accents chaleureux ; — Alizia, que dites-vous ?... Moi, ajouter à votre peine !... mais je me fais donc bien mal comprendre... Je suis venu vers vous pour vous consoler... pour vous rendre la joie... pour vous dire que vous n'avez rien à craindre... Ici commence pour vous une existence nouvelle... Vous allez être heureuse, Alizia... heureuse et libre !... pour ceux qui seront autour de vous, vos moindres volontés seront des ordres désormais... vous avez obéi trop longtemps ; à vous de commander désormais !

En ce moment, Alizia releva sur lui ses grands yeux tristes et fiers.
— Le comte eût la parole coupée.

— Monsieur, dit-elle sans avoir encore de colère, — vous êtes impitoyable dans votre moquerie... Suis-je savoir, vous aurais-je fait du mal ?

Le comte saisit l'occasion aux cheveux.

— Du mal !... répéta-t-il en joignant les mains et sur le ton le plus tendre qu'il put trouver, — oh ! non, mademoiselle, vous ne m'avez jamais fait de mal !... J'ignore pourquoi vous me forcez à vous dire ce que vous savez aussi bien que moi... J'ignore pourquoi vous me recevez avec une froideur si dure... Mais si vous avez oublié, moi, je me souviens... Non, non, encore une fois vous ne m'avez jamais fait de mal !... Loin de me plaindre, je vous remercie à deux genoux, car je vous dois la plus belle joie que j'aie éprouvée en ce monde !...

Le regard de mademoiselle Pauli perdait un peu de sa fierté blessée pour exprimer l'hésitation et le doute. — Elle ne comprenait plus.

Le comte se disait :

— Quelle diable de manie ont les femmes de vouloir se défendre jusqu'au bout !... Impossible d'en trouver une qui ne joue pas à la citadelle imprenable !... Heureusement pour moi, je suis sûr de mon fait !...

— Écoutez, reprit-il, — ma chère demoiselle... les convenances nous défendent de prolonger beaucoup cette entrevue... Un homme marié, ajouta-t-il en souriant, a presque autant de mesures à garder qu'une jeune fille... Et pourtant, il faut que nous nous entendions aujourd'hui même. Voulez-vous reposer sur moi du soin de votre avenir et de votre bonheur ?

Ceci fut dit d'un ton véritablement affectueux.

— J'accepterais avec reconnaissance, monsieur, répondit Alizia, — si je savais à quel titre...

— Qu'importe cela ? interrompit vivement le comte ; les femmes ont de charmants scrupules qui s'attachent surtout aux mots... Donnez aux choses le nom que vous voudrez, Alizia, pourvu que vous me permettiez de vous aimer et de vous rendre heureuse.

Mademoiselle Pauli tressaillit et se leva brusquement, comme si son esprit eût été frappé tout à coup d'un trait de lumière ; il y avait un reproche si douloureux et à la fois si hautain dans le regard qu'elle jeta sur M. de Bryant, que celui-ci ne put s'empêcher de baisser les yeux à son tour.

— Monsieur, dit-elle, je vous prie de me laisser... j'ai été l'amie de votre femme à l'époque où j'étais heureuse comme elle... Ce matin, quand votre femme m'a chassée, je l'ai trouvée bien cruelle ; — peut-être bien ingrate, — mais maintenant je la comprends et je l'excuse. Elle craignait sans doute ce que moi je n'aurais jamais deviné... et au milieu de mon chagrin je me sens consolée, en songeant que la pauvre Clotilde a souffert longtemps ; peut-être, avant de dire à sa plus vieille amie : — Il faut nous séparer !

Elle traversa la chambre d'un pas tranquille et ouvrit la porte.

Le comte s'était levé ; lui aussi.

Il avait à la lèvre un sourire doucereux et légèrement ironique.

— Dieu me préserve d'excuser madame la comtesse !... murmurait-il ; — elle a eu grand tort de se défier de vous..... Mais fermez la porte, je vous prie, chère demoiselle ; il est absolument impossible que nous nous séparions ainsi.

Et comme Alizia n'obéissait point, il traversa délibérément la chambre, poussa le battant et mit le verrou.

Puis il prit Alizia par la main et la ramena jusqu'à sa place.

La pauvre fille ne faisait point de résistance. Elle ne valait rien dans cette lutte de présence d'esprit et de sang-froid.

Son cœur était brisé.

— Il faut pourtant que cet enfantillage ait un terme, dit le comte Hector d'un ton bref et sérieux, — j'ai la réputation d'être un homme prudent, mademoiselle... En outre, on ne peut me refuser une certaine connaissance du monde et de la vie. Je vous prie en grâce de vouloir bien réfléchir... certains hommes ne s'avancent qu'à bon escient. Je suis positivement de ce nombre ; et, en conscience, vous n'avez pas pu croire que je venais ici jouer le rôle d'un collégien fat ou d'un barbon imbécile...

Jusqu'alors Alizia n'avait été qu'indignée ; en ce moment un effroi vague la saisit.

— Je vais vous parler franc... poursuivit le comte, — quitte à obtenir mon pardon plus tard... Je vous aime uniquement, éperdument... Et, comme je vous le disais tout à l'heure, vous m'avez fait le plus heureux des hommes en me donnant votre amour.

Alizia se recula, ébahie.

— Ne niez pas, reprit le comte, — ce serait parfaitement inutile... J'ai les preuves de ce que j'avance... et ce ne sont pas, chère demoiselle, de jolies petites preuves, admises seulement par les romanciers et par les dames... Un peu de rouge au front, un soupir étouffé, un regard, un sourire... non pas ! — Ce sont de belles et bonnes grosses preuves... de ces braves témoignages qui tombent sur la tête des gens comme des coups de massue et que rien au monde ne peut combattre ou effacer !

Alizia ouvrait de grands yeux. — En ce moment une idée traversa son cerveau. — Cet homme était-il pris de folie ?...

Depuis dix minutes environ que durait la scène, bien des émotions diverses avaient agité mademoiselle Pauli ; mais toutes ces émotions restaient, si l'on peut s'exprimer ainsi, au-dessous de la situation.

— Peine, surprise, colère, tout était voilé chez Alizia par une sorte de froideur engourdie. Le coup qui l'avait frappée ce matin la laissait à demi insensible. L'énergie jeune et forte, qui était le fond de sa nature, sommeillait. — La veille, elle se fût révoltée violemment contre cette attaque imprévue. Aujourd'hui, elle se reculait devant l'insulte et ne songeait qu'à fuir.

La douleur était plus forte que le courroux. Au fond de son cœur, depuis le commencement de l'entrevue, une voix murmurait sans cesse :

— Clotilde avait raison de me chasser, puisque je lui ai pris son bonheur !... mais cet état de prostration ne pouvait durer. La fierté native d'Alizia devait nécessairement réagir.

Tandis qu'elle regardait le comte, celui-ci put voir sa prunelle s'allumer par degrés et la courbe de ses sourcils noirs se briser peu à peu.

Le comte se demandait avec dépit quel pouvait être son motif de feindre. — Et l'entrevue menaçait de prendre un caractère autrement hostile, car si Alizia retrouvait l'énergie au fond de sa fierté blessée, le comte, lui, perdait patience.

— Vous ne me répondez pas, mademoiselle ?... dit-il ; — cela m'inquiète... L'inconstance est le vice des dames... Aurais-je déjà perdu votre amour ?

Alizia détourna la tête et ne put contenir un geste de mépris.

— Pardieu ! s'écria le comte Hector, — ceci devient piquant, et mon rôle me déplaît !... Qu'espérez-vous en prolongeant si tard cette pauvre plaisanterie ? Je parle sérieusement, mademoiselle... il me faut une réponse à l'instant même... ou bien !...

Le comte s'interrompit.

— Ou bien ?... répéta froidement Alizia.

— Pardon... mille pardons, reprit M. de Bryant qui changea de ton encore une fois et laissa errer autour de sa lèvre un sourire protecteur ; — vous devez me trouver bien exigeant et bien grossier... Que voulez-vous, cher ange, c'est la passion qui parle... mais je me repens et j'implore mon pardon... Sans doute, sans doute ! c'est moi qui ai tort... C'est dans le silence et la solitude que vous avez aimé... vous ne pouvez pas me dire comme cela votre charmant secret tout d'un coup... mon excuse, ma belle enfant, est le temps qui nous presse... Écoutez ! vous voyez bien que je fais la part du sentiment qui arrête sur vos lèvres l'aveu prêt à tomber... Je ne me fâche pas, quoique vous n'en ayez donné sujet, bien certainement !... je vous aime de tout mon cœur... Dites-moi seulement que vous accepterez le bonheur venant de ma main, et je me retire content.

Depuis quelques minutes, l'indignation s'amassait au fond du cœur d'Alizia.

— Monsieur le comte, répondit-elle enfin, la tête haute et les yeux baissés, je ne suis qu'une pauvre fille... en quittant votre château, je ne sais pas où ma tête se reposera... mais je sais que je ne voudrais pas changer mon sort contre celui de madame la comtesse de Bryant, qui est la femme d'un lâche ou d'un fou !

— Oh! oh!... fit le comte, qui sauta sur son fauteuil à ces derniers mots.

— Et maintenant, monsieur, dit Alizia en se levant, — je suis ici pour servir d'institutrice à vos enfants... cette chambre m'appartient jusqu'à l'heure où je quitterai le château... vous êtes chez moi : je vous ordonne de sortir.

Au lieu de s'irriter, le comte regardait avec admiration la noble beauté de la jeune fille, qui se tenait devant lui pâle, mais fière comme une reine.

— On a beau dire que le cœur des femmes est un abîme, murmura-t-il, — ceci passe toutes bornes !... Alors, mademoiselle, reprit-il en saluant pour sortir, — vous vous donnez un démenti à vous-même, et vous prétendez que vous ne m'aimez pas ?

— Un démenti!... répéta mademoiselle Pauli dont la belle bouche exprimait un dédain amer, — vous ai-je donc dit que je vous aimais !

Et comme le sourire d'Alizia devenait plus provoquant et plus orgueilleux, M. de Bryant porta la main à son sein et en retira le petit manuscrit qu'il avait soustrait la veille dans cette chambre même.

Alizia poussa un grand cri. Elle s'élança vers le secrétaire en bois de rose, et ouvrit précipitamment le tiroir, comme si elle eût espéré y trouver de quoi démentir le témoignage de ses yeux.

Quand elle eut constaté l'absence de son petit registre, elle se laissa choir sur un siège en murmurant :

— Oh! monsieur!... monsieur!... Cela est infâme!

Le comte salua bien respectueusement. Il avait grand'peine à cacher son triomphe.

— Pardonnez-moi, mademoiselle... murmura-t-il ; vous me saurez gré, quelque jour, de vous avoir forcée à entrer dans le chemin du bonheur... Désormais, que vous ne pouvez plus nier, nous nous entendrons à merveille, j'espère.

Alizia pleurait, la tête entre ses mains. Elle indiqua du doigt la porte, car elle ne pouvait pas parler. Cette fois, le comte Hector, rendu clément par sa victoire, voulut bien obéir.

Il salua gracieusement et sortit, en promettant tout bas de revenir.

Alizia restait seule, immobile et comme anéantie.

XV.

LE TÉLESCOPE.

Le comte Hector de Bryant descendit le grand escalier du château. En traversant le vestibule, il donna une caresse aux deux petites filles qui ne jouaient plus et qui se tenaient tristes l'une contre l'autre, regardant au dehors, à travers la porte vitrée.

Le comte Hector était tout pensif, mais sa méditation n'avait rien de fâcheux. Il se rendait pleine justice à lui-même, et s'avouait bien franchement qu'il était un homme habile au suprême degré.

La lutte avait été bien plus rude qu'on aurait pu le penser. Mademoiselle Pauli avait fait une de ces défenses inutiles et désespérées que les femmes essaient par pur esprit de contradiction.

Elle avait fait taire la voix de son cœur ; elle s'était cuirassée de dédains et d'orgueilleux mensonges. — Elle avait nié l'évidence !

Et cela, ma foi, très-bravement ; il fallait le reconnaître.

Pauvre fille! que d'efforts perdus ! — Cette manœuvre aurait pû dérouter quelque soupirant vulgaire, mais vouloir tromper un adepte comme M. de Bryant, quel enfantillage !

Un diplomate! une de ces hommes à qui rien n'échappe, et dont l'œil est un véritable microscope !

Le comte était l'élève d'un disciple de Talleyrand. Personnellement, il n'avait encore joué ni l'empereur de Russie, ni M. de Metternich, ni même lord Palmerston ; mais il avait trompé déjà bien des fois sa femme qui l'adorait ; mais il avait dissimulé profondément avec des filles d'Opéra ; mais, ce qui était encore plus merveilleux, il avait volé quelques pages d'écriture dans le secrétaire d'une pauvre enfant sans défiance.

Et, après tout, si le gouvernement négligeait d'employer des talents si notables, tant pis pour le gouvernement !

Parmi le contentement sincère qu'il avait de lui-même, M. le comte de Bryant gardait bien quelque petite rancune à mademoiselle Pauli. Deux ou trois fois, durant la récente bataille, Alizia l'avait piqué au vif, et le comte s'en souvenait. Aussi, quelques idées de vindicative rancune venaient à la traverse de son amour.

Il se disait : — Je veux une maîtresse brillante, je la ferai heureuse et riche, pour augmenter mon propre bonheur... mais un homme comme moi ne peut pas être amoureux à la façon des bourgeois fidèles... Le caprice passe ; la fantaisie s'en va... Eh bien! quand je ne l'aimerai plus, ce sera le moment de lui faire payer son insolence!

Ceci était fort adroit : le comte Hector s'épargnait, par avance, les remords de la rupture et de l'abandon.

En attendant, il était pris bien plus sérieusement qu'il ne croyait lui-même. La pensée d'Alizia le dominait et le poursuivait. Il ne pouvait songer qu'à elle. Tout en se promenant avec lenteur dans les belles allées du jardin de Villers, il choisissait les diamants d'Alizia, il ornait son appartement comme un temple, il supputait ses revenus pour savoir quelle opulence il pourrait lui faire, sans encourir le blâme du monde.

Toute sa vie s'arrangeait désormais avec Alizia. Rien ne le gênait ; — comme il n'avait pas l'ombre du sens moral, et que nulle voix ne plaidait, au fond de son cœur, la cause de sa femme délaissée, il bâtissait le rêve de son avenir tout simplement, sans scrupule ni remords.

Après tout, suivant le code d'honneur de nos parfaits gentilshommes, le comte avait-il quelque chose à se reprocher? Il trouvait sur son chemin une jeune fille admirablement belle, qui se jetait dans ses bras, pour ainsi dire, qui l'adorait, qui se mourait d'amour pour lui.

Cette jeune fille, il en faisait sa maîtresse.

Quoi de plus simple?

Depuis trente siècles, on se moque de Joseph, qui laissa son manteau entre les mains de madame Putiphar.

Et encore Joseph était un jeune premier, un ingénu, — un ténor !

A l'âge qu'avait le comte, Joseph ne fût jamais possible.

Mon Dieu ! cette pauvre chère Pauli avait souffert durant des années ; elle n'avait jamais connu les joies de la jeunesse brillante, — ces plaisirs qui semblaient être sa vocation et son rêve. — Sa beauté fière appelait le luxe et la parure.

Il y a des tableaux sans prix qui gisent, oubliés, dans la poudre.

La foule passera devant eux, sans même leur accorder un regard.

Mais donnez-leur, à ces tableaux, un cadre d'or et ce qu'il leur faut de lumière, la foule émerveillée fléchira les genoux.

En définitive, doit-on lapider l'homme qui répare l'injure du sort et rend au chef-d'œuvre de Dieu son cadre d'or et son rayon de soleil?...

Si c'est ainsi qu'il faille parler sérieusement, le comte Hector, cet homme sans cœur ni âme, était un misérable de l'espèce la plus vulgaire.

Mais qui d'entre vous, mesdames et messieurs, actrices, lorettes déguisées en comtesses, femmes de plaisir avoué, ou de plaisir hypocrite, — grandes dames portant écussons historiques ou raisons sociales millionnaires, fats jeunes et vieux, centaures éreintés, fils des preux dont les noms sont sur les registres de Clichy, plus lisibles qu'aux panneaux de la salle des croisades, — petits seigneurs de la loi, de la banque et de la politique, échantillons douteux de notre jeunesse dorée ou chrysocale, — qui d'entre vous, messieurs et mesdames, jettera la première pierre au comte Hector de Bryant?

Personne, n'est-ce pas? — C'est vous qui avez inventé le fameux adage : Il faut murer la vie privée.

Murez-la bien votre vie honteuse! Épaississez le voile au-devant de vos vices, qui n'ont plus même ce poétique vernis des péchés d'un autre âge. Cachez-vous bien : c'est l'hypocrisie est votre dernière vertu.

Cachez-vous bien, ne fût-ce que pour ne pas laisser aux vices du peuple l'excuse de votre infamie.

Le temps passe et l'on oubliera peut-être, si vous n'entr'ouvrez pas de longtemps quelqu'un de vos boudoirs splendides, où le tapis se mouille de sang, sous le cadavre d'une duchesse assassinée... (1)

C'était un beau jour d'automne. La brise fraîche balançait les grands arbres du jardin, d'où tombaient une à une quelques feuilles dorées.

Les fleurs d'octobre, si éclatantes et si riches, emplissaient les corbeilles des parterres. — Le soleil souriait parmi toutes ces couleurs doucement unies.

Le beau château de Villers levait, au-dessus des terrasses de marbre,

(1) Ce livre tout entier a été écrit avant la révolution de Février.

sa gracieuse architecture. Tout avait, dans ce tableau, un aspect de noblesse opulente et de tranquille magnificence.

Le pauvre compagnon qui passe, déjà las de la route parcourue, et appuyé sur son bâton poudreux, s'arrête parfois devant ces fières demeures. Un soupir d'envie s'échappe de sa poitrine. — Que de bonheur il rêve derrière ces murailles !

Tandis qu'il continue paisiblement son tour de France, si quelqu'un lui disait, au pauvre compagnon, ce qu'il y a là-bas souvent de tristesse et de larmes, il ne voudrait point croire.....

Nous ne parlons pas ici pour M. le comte de Bryant, dont la rêverie n'était rien moins que sombre. Il se promenait avec lenteur dans les bosquets, et donnait son esprit tout entier à des pensées couleur de rose.

Quand l'image de la comtesse Clotilde, pâle et souffrante, se présentait à lui, il haussait les épaules et se disait :
— Enfantillage !... c'est un moment à passer... Demain, elle n'y songera plus.

Et par occasion, il s'arrangeait un petit thème fort adroit pour la visite prochaine qu'il allait être forcé de faire à la comtesse.

Car il était incapable de se donner les torts d'un abandon avoué.

Outre que le scandale est chose impardonnable, il fait naître, presque à coup sûr, des idées de représailles. — Et le comte tenait beaucoup à sa femme, qui lui était comme une parure. — Il prétendait avoir, dans le ménage, le strict monopole de l'inconstance.

Tous les hommes sans préjugés sont ainsi faits, et il n'y a qu'un bout à la lorgnette de nos philosophes.

Le comte apprenait à loisir un petit rôle d'époux débonnaire et facile : — Cette demoiselle Pauli vous déplaisait, bonne amie; vous l'avez chassée; vous avez bien fait... Vous êtes la maîtresse ici, et toutes vos volontés sont les miennes.

Ce disant, il souriait, le rusé, le matois, le diplomate !

Il avait la conscience de sa finesse supérieure ; il était tout près de demander au hasard des obstacles plus sérieux pour exercer son inappréciable adresse.

Il avait déjà fait deux ou trois fois le tour du jardin, lorsque sa promenade le conduisit vers un petit boulingrin de tilleuls, d'où l'on apercevait les fenêtres de mademoiselle Pauli.

Son regard se porta tout naturellement de ce côté.

Le sourire content et fat qui était autour de sa lèvre disparut comme par enchantement.

Ses sourcils se froncèrent avec violence ; — il recula de plusieurs pas et s'appuya au tronc d'un tilleul. — Sa face était toute pâle.

Il se frotta les yeux, comme un homme qui n'en veut point croire le témoignage de sa vue.

Puis il se redressa d'un brusque soubresaut, traversa le jardin en courant, et monta les degrés du perron quatre à quatre. . . . . .

Alizia était restée longtemps immobile à la place où nous l'avons laissée. Elle avait sur le cœur un poids accablant de honte et de souffrance.

On ne peut pas dire que les événements de cette journée fussent venus la frapper tout à fait à l'improviste ; elle soupçonnait la jalousie de la comtesse, sinon l'amour de M. de Bryant.

C'était cette jalousie devinée qui faussait depuis longtemps sa position; c'était cette jalousie encore qui mettait une froideur si blessante dans la conduite de la comtesse à son égard.

Mais Alizia, toujours seule, et n'ayant près d'elle aucune oreille amie pour écouter sa plainte, employait tout son effort à s'aveugler elle-même. Pour éloigner l'angoisse, elle n'avait d'autre ressource que de fermer les yeux. Elle n'essayait point de se consoler ; tout son remède était de n'éclairer jamais sa tristesse et de s'engourdir dans un désespoir morne.

L'amour, d'ailleurs, était là, un amour méconnu, brisé, mais incurable ; un amour qui brûlait toujours au fond de sa pensée et qui lui emplissait le cœur.

Dans ces longues rêveries solitaires, elle ne faisait qu'une faible part au dégoût de sa position actuelle. C'était comme un surcroît à son découragement, mais son découragement eût existé sans cela.

Il lui restait pourtant une pauvre consolation : un baume mystérieux coulait parfois sur la blessure de son âme, alors qu'elle était seule et que nul regard ne l'épiait.

Chaque jour, il était une heure où ses rêves de jeune fille revivaient et où son cœur trompé retrouvait tous les espoirs fleuris de l'adolescence.

Ce n'était qu'un instant, hélas ! — mais c'était toute sa vie.

XV.

(SUITE.)

Maintenant, le sort implacable lui arrachait cette dernière joie. — Aucune lueur ne viendrait plus briller dans sa nuit profonde ; — aucune voix ne s'élèverait plus en elle pour combattre le navrant silence du désespoir. Et c'était à ce moment cruel, où s'accomplissait le suprême sacrifice, que l'insulte venait l'accabler, froide, moqueuse, impitoyable.

Un homme était entré chez elle et lui avait dit : Vous m'aimez : j'ai pitié de cet amour, et je veux bien faire de vous ma maîtresse.

Et, si loin que pussent aller ses regards désolés, personne pour la défendre, personne pour la protéger aux yeux du monde, personne pour repousser l'insulte lâche !

C'en était trop. Ce dernier coup tuait ce qu'il lui restait de force. — Elle n'avait plus ni courage ni pensée.

Elle était à genoux au milieu de sa chambre. De grosses larmes sillonnaient sa joue lentement. — Ses paupières retombaient lourdes et voilaient son regard éteint.

Des deux côtés de son visage pâle, ses grands cheveux noirs se mêlaient, dénoués ; sa taille s'affaissait sans effort ni soutien. — Elle était belle encore, mais d'une beauté qui faisait mal et pitié.

Au bout de quelques minutes, sa paupière se releva ; son regard, chargé de pleurs, fit le tour de la chambre, comme pour dire un dernier adieu aux objets amis qui l'entouraient.

Elle contempla successivement la couche, où ses nuits tourmentées avaient si souvent en vain appelé le sommeil ; son piano, dont les cordes, muettes aujourd'hui, avaient tant de fois chanté ses souvenirs ; — le petit secrétaire en bois de rose, enfin, confident infidèle qui n'avait pas su garder son secret.

Où serait-elle demain ! — Quels objets remplaceraient ceux-ci ? — Aurait-elle un abri pour pleurer ou pour mourir ?

Un murmure tomba de ses lèvres entr'ouvertes.

— Oh ! ma mère ! disait-elle, — ma mère !... Je souffrais bien ; mais j'aurais dû suivre ta dernière volonté... Tu m'avais dit où était le malheur, — le malheur mortel que nulle force ne peut supporter ni combattre. Moi, j'ai cru, pauvre folle ! j'ai cru aux promesses menteuses de l'espoir plutôt qu'à tes dernières menaces... Oh ! ma mère, ma mère ! Dieu me punit, et je meurs désespérée !

Son regard, qui se perdait depuis un instant dans le vide, rencontra la fenêtre ouverte sur la terrasse.

L'éclat du soleil, qui souriait joyeusement au dehors, blessa ses paupières fatiguées de larmes. — Et pourtant elle ne détourna point les yeux.

Une force mystérieuse semblait attacher sa prunelle à cette fenêtre. Ce n'était point celle qui donnait, en retour, sur la façade du château, et d'où l'on pouvait voir les croisées du comte Hector. — La fenêtre dont nous parlons était percée dans le mur du pignon et regardait la pleine campagne.

Les yeux d'Alizia restaient fixés sur elle, — et, sous ses larmes qui coulaient plus abondamment, il y avait un mélancolique sourire.

— Adieu ! murmura-t-elle, adieu ! je ne te verrai plus... Le soir, après ma prière, je ne t'enverrai plus ce baiser que personne ne voit et qui me console !

Elle se dressa sur ses jambes chancelantes et gagna péniblement la croisée.

— Une fois, disait-elle, que je le voie encore une fois !

Elle se soutint au montant de la fenêtre. — Un instant, ses yeux errèrent dans la campagne diaprée des mille nuances de l'automne.

A voir ce qui était devant elle, le parc immense et le désert, les grands guérets, toute cette campagne solitaire, on eût compris difficilement le sens de ses dernières paroles.

Où se perdait sa pensée ? — Dans cette direction, aucun château ne s'élevait, aucune villa bourgeoise ne montrait ses blanches murailles ; à peine devinait-on dans le lointain le toit fumeux de quelque ferme tapie derrière les futaies.

A part cela, rien que des champs et des bois, — et, bien loin, bien loin, un point grisâtre qui était la ville d'Avranches.

Alizia passa sur la terrasse. Le soleil, qui s'inclinait à l'horizon, derrière le château, se jouait dans les cimes rougies des grands chênes. Le paysage, éclairé largement, avait parmi sa verdure sombre, des teintes de pourpre et d'or. Alizia contemplait avec un recueillement douloureux ces aspects aimés : jamais elle n'y avait trouvé tant de charme.

Elle leur disait l'adieu au fond de son cœur.

Puis, tout à coup, elle essuya ses paupières d'un geste rapide, et vint coller son œil à la lentille du télescope.

Une fois là, elle ne bougea plus.

Le télescope, monté à demeure, s'inclinait dans une direction presque horizontale.

Alizia regardait, regardait ; son âme était désormais dans ses yeux. Elle ne pleurait plus, parce que les larmes empêchent de voir.

Mais sa poitrine se soulevait, oppressée ; par intervalles tout son corps tressaillait. — Et des murmures brisés tombaient de ses lèvres :

— Adieu, disait-elle encore ; — adieu !... là où je vais j'emporterai ta pensée... Où vais-je ?... Oh! te voir quelquefois, c'était sans doute trop de bonheur pour moi qui suis condamné !... J'étais là, tout près de toi; à ton insu, je vivais avec toi... Tout ce que tu pensais, je le lisais sur ton front triste... Hélas! hélas! il me semblait souvent que ta rêverie s'envolait vers moi, et j'étais trop heureuse!

Elle regardait, et l'illusion venait, chassant la réalité sombre.

Elle était accoutumée, car c'était là, toujours, que lui venaient ses beaux rêves.

La distance n'existait plus. — Ce qu'elle voyait, elle aurait pu le toucher ; — Du moins, ses mains s'avançaient, frémissantes, dans le vide, et l'on eût dit qu'elle essayait une caresse.

— Pauvre fille !...

C'était cela que M. le comte de Bryant avait vu d'en bas, alors qu'il se promenait sous le boulingrin de tilleuls.

C'était cela qui l'avait fait pâlir. — C'était pour cela qu'il avait remonté en courant les degrés du marbre du perron.

Alizia n'avait eu garde de le voir. — Son âme était tout à son rêve.

Elle disait encore :

— Tu souffres comme moi; car ton regard est morne et triste; ton beau regard que j'aimais autrefois si joyeux et si fier!

Tu es seul comme moi; mon Dieu, il me semble que tu ne peux penser qu'à moi !

Ah! si tu savais comme on m'outrage et comme on me tue! Si tu savais que ma pauvre joie de t'aimer et de te voir on me l'envie, on me l'arrache! Car ils n'ont point de pitié; que leur importe mon martyre, à ces heureux? Si tu savais qu'ils me chassent et qu'ils m'envoient mourir loin de toi !...

Oh! tu viendrais à mon secours; — n'es-tu pas le meilleur et le plus généreux !...

Elle s'interrompit. — Sa voix était toute pleine de larmes et tremblait bien fort.

Elle avait peine à se soutenir, tant son émotion la navrait ; — mais elle restait, l'œil collé au verre du télescope. Une force mystérieuse était en elle qui combattait la fatigue et soutenait sa faiblesse.

La porte de sa chambre s'ouvrit sans bruit ; le comte Hector de Bryant, qui arrivait tout essoufflé de sa course, se glissa doucement à l'intérieur et vint se mettre auprès de la croisée.

Le tapis avait étouffé le son de ses pas; Alizia se croyait toujours seule.

— J'étais riche, reprit-elle, — si j'avais seulement le prix de ce médaillon que Clotilde porte dans son sein... j'irais vers toi... je n'aurais plus peur ni honte... Je te dirais : Tu m'as crue coupable et je n'étais que dévouée. Je t'aimais alors comme aujourd'hui, et pas un seul instant, depuis le jour où je t'ai vu pour la première fois, je n'ai cessé de t'aimer...

Le comte ne perdait pas une parole; ses poings fermés se crispaient; il y avait de la sueur à ses tempes.

Deux sentiments contraires étaient en son esprit : le doute entêté, que soutenait l'orgueil, combattait la certitude victorieuse.

Par instants, il refusait d'en croire le témoignage de ses yeux : il se disait : — C'est impossible! elle m'aime, elle n'aime que moi!

Mais la réalité se dressait devant lui et semblait railler amèrement sa confiance.

Et son amour qui, jusqu'à cette heure, n'avait été qu'une fantaisie peut-être, un caprice d'apprenti Lovelace, un désir à peine plus chaud que les pâles désirs de sa jeunesse dépourvue d'enthousiasme et ignorant la passion, — son amour grandissait tout à coup. La fièvre inconnue lui montait au cerveau.

Son cœur battait, apprenant si tard l'angoisse jalouse.

Il aimait avec emportement, ce froid calculateur qui avait obéi toute sa vie à ses sens complaisamment et comme on accomplit, quand on est sûr de son empire, les caprices d'une maîtresse esclave, ce cœur de marbre qui ne croyait point hier à la passion !

La passion le domptait. — Et c'était une cruelle moquerie : cette femme qu'il avait aimée, par pitié pour ainsi dire, cette femme dont il avait savouré les aveux avec tant de fatuité miséricordieuse, cette femme ne songeait point à lui !

C'était un autre qu'elle aimait.

A un autre les aspirations ardentes de ce cœur jeune et vierge; à un autre ces élans timides et si charmants; à un autre tout cet amour mystérieux, croissant comme une belle fleur dans la solitude et dans le silence, cet amour pur, ce diamant sans prix;

Le comte Hector ne connaissait point au monde une femme aussi belle.

Le comte Hector n'avait jamais rêvé une tendresse si noble et si soumise, si dévouée et si fière.

Et tout cela était pour un autre !

Son mal était sérieux; sa peine était profonde. Mais, à part cette angoisse grave, le dépit le piquait au plus sensible du cœur.

Quel rôle ! — Il y avait des mois qu'il nourrissait ce quiproquo, comme une vieille femme nourrit à la loterie le terne qui ne doit jamais sortir ! — N'avait-il pas prononcé ce beau naguère, alors qu'il faisait le cruel avec Alizia? son infortune n'était-elle pas de ce genre choisi et grotesque qui met en convulsions tous les rieurs du Vaudeville, quand Arnal se montre sous les traits de don Juan trompé ?..

Un frisson courait par ses veines, car il était de ceux que le ridicule assassine.

Rien ne pouvait le blesser plus vivement ni plus amèrement, — c'était un coup de massue.

Il n'aurait pu se dire lui-même ce qui dominait au fond de son cœur. — Était-ce l'amour ou la colère ou déjà la soif de vengeance?

Alizia poursuivait d'une voix plaintive, qui frappait l'oreille du comte comme un sarcasme empoisonné.

— Mais je suis pauvre... je n'ai rien !... Toi, tu es riche, et souvent j'ai entendu dire qu'un avenir brillant s'ouvrait au-devant de toi... que tu pouvais prétendre à la main des plus opulentes héritières... Hélas! j'étais riche, moi aussi... mais ceux qui me font aujourd'hui si misérable ont commencé leur persécution dès mon berceau... ils ne savent pas, oh! non, Clotilde ne sait pas, car elle est généreuse et bonne. — Si elle savait !...

M. de Bryant ne comprenait plus, et à vrai dire, il n'essayait pas de comprendre.

En ce moment, il subissait une sorte d'abattement inerte; ses yeux étaient baissés; sa tête s'inclinait, découragée.

— Elle ne le saura jamais, reprit Alizia, — sinon quand je serai morte... J'ai fait un serment à l'agonie de ma mère, et je le tiendrai; car vous m'avez déjà trop punie, mon Dieu; pour avoir oublié ma première promesse...

..... Qu'irais-je faire auprès de toi ?... Que te dirais-je !... A quoi bon me justifier, puisque je ne peux pas être ta femme ?... Je vais m'en aller loin, bien loin !... dans quelque retraite où le bruit de ta vie ne parviendra pas jusqu'à moi... mais où je pourrai prier pour ton bonheur, tant que Dieu me laissera sur terre.

Adieu ! mon âme est à toi... Je t'aime ici-bas et je t'aimerai au ciel.

Sa voix s'était affaiblie peu à peu ; — ces derniers mots s'éteignirent en un murmure.

M. de Bryant s'était redressé depuis quelques secondes ; une réaction violente s'opérait en lui.

Ses sourcils se fronçaient, et ses lèvres blêmes avaient des tressaillements. La honte de la défaite, le dépit envenimé, la colère excitée jusqu'à la rage, tout cela était sur ses traits.

Vous n'eussiez certes point reconnu ce beau gentleman de la veille, si frais, si rose, si bien frisé; il avait une mine de traître et son front insignifiant arrivait à peindre un sentiment tragique.

Sur ce front où, pour un instant, la passion désordonnée se lisait comme un livre, une pensée de meurtre glissa.

Le comte ne se connaissait plus.

Il s'élança ; ses doigts crispés et tremblants saisirent la taille de mademoiselle Pauli, qui poussa un cri faible, et il la jeta brusquement en arrière.

Alizia tomba, renversée, sur le tapis de la chambre.

Le comte, dont la gorge râlait, mit son œil à la lentille.

Le télescope n'avait point bougé. Il restait là, témoin irrécusable ; il allait révéler au comte le secret d'Alizia et lui montrer ce qu'elle regardait tout à l'heure, avec tant d'émotions et de larmes.

Au bout du télescope, il y avait une maison aux murailles vieilles et grises. Le comte la reconnut du premier coup d'œil ; elle était située dans le faubourg d'Avranches. — Une fenêtre s'ouvrait au premier étage. — On voyait une chambre d'aspect austère et sombre, tendue de noir comme un tombeau.

Sur ce fond obscur, une figure pâle ressortait énergiquement.

C'était un homme, assis devant un bureau en bois d'ébène, où quelques livres s'ouvraient épars.

Il ne lisait point. Il avait la tête appuyée sur sa main. — Ses yeux, pensifs et tristes, semblaient fixés sur le château de Villers.

Le comte se redressa ; un nom tomba de ses lèvres plissées.

— Martial Aubert !... murmura-t-il.

Il se retourna vers l'intérieur de la chambre et son regard se fixa sur Alizia, qui s'était relevée.

— Ah ! ah !... fit-il en essayant de railler ; — c'est M. Martial Aubert que nous aimons !...

— Oui, répondit Alizia, la tête haute et les bras croisés sur sa poitrine.

Les yeux du comte de Bryant eurent un éclair de haine folle.

— Et moi, je suis joué !... s'écria-t-il ; — et moi, je suis le héros d'une de ces histoires qui font fortune par tous pays et que l'on raconte en riant à gorge déployée...

Il s'avança jusqu'auprès d'Alizia Pauli. Son sang-froid semblait être subitement revenu.

Il eut même la vaillance de grimacer un sourire.

— Mademoiselle, dit-il, c'est ce diable de télescope !... je ne l'avais pas deviné... Maintenant vous sentez parfaitement qu'il est trop tard pour reculer... je ne sais plus si je vous aime... mais il y a entre nous une gageure, et je vous donne ma parole d'honneur que vous serez ma maîtresse !

Il salua fort galamment Alizia qui restait immobile et muette au milieu de la chambre, — puis il sortit le sourire aux lèvres.

XVI.

DU CHOIX D'UNE MAITRESSE.

Mais le diable n'y perdait rien absolument, et le sourire de M. le comte était un pauvre masque.

Il souffrait en réalité le martyre ; il était humilié, vaincu, écrasé.

Plus un homme se croit sûr de son fait, plus la déception est rude ; or, jamais homme n'avait eu conviction plus entière que M. de Bryant. De temps en temps, pour passer une heure, il s'amusait bien à évoquer un semblant de doute ; — mais c'était tout plaisir : il avait si peu de peine à mettre le doute en fuite et à se rassurer complétement !

Le coup était imprévu, piquant, insupportable !

L'aventure, divulguée par hasard ou par malice, le mettrait dans la position la plus ridicule que jamais esprit étroit et susceptible ait pu redouter.

Or, si M. le comte de Bryant n'était pas tout à fait un Talleyrand au petit pied, comme le croyaient ses amis et ses domestiques, du moins avait-il quelque connaissance du monde. C'était une intelligence ordinaire, capable d'observer par elle-même jusqu'à un certain point, et en outre possédant une somme assez ronde d'observations enseignées.

En outre encore, c'était un esprit pointu, aimant à voir les côtés sophistiques de la vie, et n'ignorant aucune de ces lois paradoxales suivant lesquelles le monde agit, pense et juge.

Il savait, par exemple, que si le vice est parfois dangereux, le ridicule est toujours mortel.

Le comte ne croyait guère aux grands principes de la morale ; mais il avait une foi dévote à ces petits axiomes que les collégiens trouvent hardis et qui font la religion des bigots du scepticisme.

Il se voyait littéralement perdu.

La promesse d'une pairie, qu'on lui avait faite pour le commencement de la session prochaine, lui donnait la chair de poule. Car on est très-gai, sans que cela paraisse, à la Chambre haute. M. de Bryant croyait déjà entendre l'histoire du télescope courir de fauteuil en fauteuil et dérider, tour à tour, les fronts vénérables de tous ces illustres vieillards.

C'était un concert de gaieté folâtre. — La pairie éclatait de rire à l'unanimité.

Cette espérance, si chèrement choyée, devenait un supplice. Il voyait sa première entrée à la Chambre. Quelle contenance faire ? Les sourires de ses nobles collègues prenaient un assaisonnement goguenard.

N'y avait-il pas une compassion pleine de sarcasme dans la poignée de main parlementaire que lui offraient ses voisins ?...

Et plus loin, ceux-là qui se parlaient tout bas, que se disaient-ils ? — Leurs regards se tournaient vers M. de Bryant ; — un mot arrivait jusqu'à son oreille, un mot diabolique, aiguisé comme un stylet, bridé comme une flèche, brûlant, poignant, subtil, implacable.

Le télescope ! — le télescope !

Et notez que l'histoire avait des détails terribles ! il s'agissait d'une institutrice, — de l'institutrice de ses enfants !

Avec une marquise, le télescope eût été plaisant, mais joli ; — avec une institutrice, le télescope était burlesque.

D'abord, est-il permis d'aimer une institutrice ? Assurément non ; cela sort des limites du péché fashionable ; cela tombe en plein dans le roman bourgeois, triste, fatigant. — Il y a là évidemment de ces larmes gênantes que l'on évite, quand on a le lorgnon bien placé.

— Il y a du drame. — On s'expose à s'entendre dire comme à la Porte-Saint-Martin : — Monsieur, vous m'avez perdue, moi, pauvre fille !...

— Monsieur, moi, je n'avais que mon honneur, et vous me l'avez pris !...

— Monsieur, vous m'avez tuée, etc...

Cela ne se fait plus guère, depuis que le service des lorettes, arrivé au suprême degré de perfection, offre aux consommateurs, non-seulement d'adorables pécheresses, mais des jeunes vierges, plus vertueuses que Clarisse Horlowe et plus touchantes que Paméla.

On arrive à l'ordre par l'excès du désordre : Lovelace est mort, l'ennuyeux premier rôle ! Le besoin de séductions ne se fait plus sentir. — Les lorettes sauvent la famille.

Préparez des couronnes et fondez des prix Monthyon !

Les meilleures choses, pourtant, ont leur côté fâcheux ; le malheur, c'est qu'il y a des comtesses lorettes et des lorettes marquises, — ce qui établit une concurrence déplorable...

Une institutrice ! fi donc, mille fois ! S'il est une exception au proverbe : Tous les goûts sont dans la nature, c'est là qu'elle doit se trouver.

Quelle excuse apporter ?

La beauté ? l'esprit ? la grâce ?

Il y a des femmes qui sont belles en vain, qui ont inutilement de l'esprit, chez qui la grâce est un non-sens.

Corbleu ! adorez la camériste de votre femme, ou tombez aux genoux crottés de votre fille de basse-cour.

C'est drôle, au moins ; dans le dernier cas surtout, vous pourrez passer pour excentrique.

Mais une institutrice ! — c'est le vice banal et plat, le péché sordide des gros maris qui prennent du ventre et ne trouvent plus !

Entendites-vous parler jamais d'une institutrice rebelle ?

Mais c'est impossible ! mais il est manifeste qu'on la chasserait ! Mais, depuis que le monde est monde, vous savez bien que l'institutrice gagne deux fois ses pauvres appointements !

Si cette faiblesse inexcusable vous prend, croisez vos rideaux épais, fermez vos portes à double tour, car, indépendamment du haro des gens qui savent vivre, vous aurez l'anathème fastidieux des champions de la famille.

Ne salissez-vous pas votre propre nid ? ne souillez-vous pas vous-même le sanctuaire de votre intérieur ?

Et tout cela pour briser une porte ouverte, pour donner assaut à une place rendue d'avance, pour vaincre un ennemi à genoux !

Car vous n'avez pas même l'attrait ou le prétexte de la résistance !

Si l'on résiste, c'est le comble ! le monde, qui n'a point de pitié pour les faibles, a classé d'autorité la vertu de l'institutrice parmi les choses fabuleuses. C'est le phénix introuvable, le cygne noir du poète romain, le merle blanc de nos nourrices.

Misère ! misère ! si ce n'est le péché est honteux par lui-même, qui dira la honte du péché trop facile ? Et la honte, multipliée au centuple, de l'homme qui échoue devant ce trop facile péché ?

Qui donc, s'il vous plaît, était votre rival ? N'avez-vous point baissé pavillon devant votre valet de chambre ?

Oh ! le télescope ! le télescope !...

Et les gorges chaudes des salons parisiens ! Et les indiscrétions des journaux ! Et les méchantes plaisanteries du club !...

Le comte se sentait devenir fou.

D'autant mieux que sa colère et sa honte ne le sauvaient point d'un autre sentiment, plus tyrannique encore.

Comme Alizia lui avait semblé belle, à ce dernier moment ! comme il avait souffert pendant que sa parole passionnée allait vers l'absent !

Comme il aimait ! comme il était jaloux !

Ce n'était pas assurément l'amour que comprend l'honnête homme ; ce n'était pas même cet entraînement fougueux de la jeunesse aveugle et subjuguée, qui foule aux pieds toute règle et ferme l'oreille à la voix de l'honneur ; — c'était un composé de désirs sensuels, d'orgueil blessé, de dépit chauffé par la fureur.

Mais qu'importent, en définitive, les éléments qui constituent la passion? — La passion existe indépendamment de ses causes, et c'est là faute de la langue toute seule si chaque nuance n'en peut pas être exprimée par un mot.

Ce qu'on peut dire, c'est qu'à cette heure le comte désirait follement, éperdument; c'est qu'il lui fallait à tout prix la possession d'Alizia; c'est que, pour atteindre son but, il était capable d'oublier sa prudence cauteleuse et d'égarer les prétendues finesses de sa diplomatie...

Il s'était retiré dans sa chambre où il se promenait à grands pas, la tête en feu et livrée à un véritable chaos de pensées.

Les expédients les plus romanesques lui venaient à l'esprit; il combinait des projets qui eussent fait honte à un échappé de collège.

Et toujours il en revenait à ce refrain de son impuissante et puérile jactance :

— Elle sera ma maîtresse !

A part sa fantaisie, excitée jusqu'à la passion, il sentait bien que c'étaient là le salut et le refuge.

Alizia était une âme orgueilleuse et droite; il l'avait jugée. Si elle cédait jamais, elle devenait esclave à son tour; — plus rien à craindre! — c'était non seulement le bonheur, mais après le bonheur le repos.

C'était le voile tiré sur le passé.

Car il était bien sûr que, si mademoiselle Pauli avait une faiblesse à cacher, nulle puissance humaine ne pourrait jamais lui arracher une parole.

Tandis que, maintenant, il y avait cet odieux juge d'instruction, ce rival préféré, ce M. Martial Aubert !

Comme il songeait ainsi, une idée lui traversa le cerveau.

— il agita brusquement le cordon d'une sonnette. Son valet de chambre parut.

— Allez voir si madame la comtesse peut me recevoir, lui dit-il.

Tandis que le valet de chambre s'éloignait pour obéir, il se mit devant la glace afin de réparer le désordre de sa toilette et de recomposer le calme souriant de son visage.

— Il faut que je sache ! murmurait-il, — et dussé-je la briser de coup il faut que sa volonté cède !...

. . . .

Tout cela s'était passé très-rapidement; il y avait à peine dix minutes que le comte avait quitté le boulingrin de tilleuls.

XVI.

(SUITE.)

Une ou deux minutes après son départ un bruit de pas furtifs s'était fait entendre sur les feuilles sèches des charmilles voisines ; — puis la figure du nain Bosco s'était montrée timidement derrière un tronc d'arbre.

Il épiait. — C'était sa vie et son instinct. — Son visage portait les traces du châtiment cruel que M. de Bryant lui avait infligé la nuit précédente. Entre ses meurtrissures vives, sa pauvre joue était bien pâle; il souffrait. — Mais il continuait de rôder, l'œil au guet et l'oreille ouverte.

Il avait grand'peur, pourtant, sa marche était timide, et ses yeux roulaient effrayés.

Il se glissa d'arbre en arbre, jusqu'à la place occupée naguère par M. de Bryant. — Une fois là, son regard interrogea le jardin et la façade du château, pour voir ce qui avait causé la brusque retraite du comte.

Il ne vit rien d'abord. — Ce fut le mouvement du comte Hector, faisant irruption sur la terrasse et saisissant la taille de mademoiselle Pauli avec violence, qui attira enfin son attention.

Ce fut, du reste, l'affaire d'une seconde. — Il vit le comte entourer Alizia de ses bras, et tous deux disparurent pour entrer dans la chambre.

Les bras du nain tombèrent le long de son corps; il se méprenait. — Cette scène était pour lui un jeu d'amour.

Le rouge lui montait au visage, et ses cicatrices le brûlaient.

— Pauvre dame ! murmurait-il ; si j'étais fort, comme je la vengerais !...

Il y avait dans ce corps difforme un dévouement aveugle et sans limites. Le pauvre nain aimait sa maîtresse de bien bas et comme on adore Dieu. Il n'aimait qu'elle au monde ; il l'entourait d'une protection, illusoire sans doute, mais patiente, mais fidèle et toute pleine d'une abnégation chevaleresque.

Ce rôle de page qu'on lui avait infligé, pour l'amusement des hôtes de Villers, il le prenait fort au sérieux. C'était avec orgueil qu'il portait ce beau costume de velours galonné d'or, qui faisait tant rire les convives de M. le comte.

C'est le malheur profond de ces pauvres êtres frappés par la main de Dieu. Ils ont un cœur comme les autres hommes ; ils aiment, ils se dévouent, ils souffrent. — Et toutes ces choses, si graves, ne font qu'ajouter au comique de la caricature. — Voyez-vous ce nain amoureux ! ce bouffon qui pleure !

On riait de bien bon cœur à le voir dresser, tant qu'il pouvait, sa courte taille. S'il fronçait les sourcils, on riait davantage; si un soupir s'échappait de sa poitrine creuse, on riait encore. On aurait continué de rire en face de son agonie.

Parce que sa souffrance ne faisait faire à personne ce retour égoïste sur soi-même, qui est la sensibilité du monde. Il ne ressemblait point à un homme; la souffrance, chez lui, devenait parodie.

D'ailleurs, nul ne se doutait peut-être de ce qu'il souffrait; la

Berthe et Marie racontant la mésaventure de Bosco.

comtesse, qui était bonne, n'eût point laissé martyriser dans sa maison un être inoffensif.

Il avait été élevé à Villers par charité; on le voyait ainsi depuis des années. — La pitié ne tenait point contre le rire.

Il suffit de si peu pour tarir les sources de l'émotion, et notre sensibilité humaine est quelque chose de si fantasque!

Ne sait-on pas qu'aux colonies il y a de jeunes créoles bien bonnes, bien douces, bien charitables, — des anges! — qui assistent froidement au supplice de leurs noirs?

Changez la couleur du patient, et les anges tomberont en syncope.

Pour en revenir à notre malheureux nain, il faut dire que les natures exceptionnelles comme la sienne sont rarement sympathiques. Elles présentent, le plus souvent, un mélange repoussant d'orgueil et de méfiance. — Bosco était ainsi fait : il cherchait l'isolement et concentrait toutes ses facultés d'aimer sur la comtesse Clotilde.

Il n'avait peut-être pas la conscience exacte de toutes les moqueries dont il était l'objet, mais il les sentait d'instinct; il fuyait ces rires qui le froissaient et l'humiliaient.

Cela suffisait à le clouer sur son escabelle, dans sa chambre déserte; mais, à part l'angoisse de son orgueil blessé, il avait deux autres motifs de chercher la solitude d'abord la tâche qu'il s'était imposée de veiller sur le bonheur de sa maîtresse; ensuite, ces efforts bizarres et insensés auxquels nous l'avons vu se livrer dans sa cellule.

Dieu l'avait frappé dans son esprit comme dans son corps. Il avait la taille d'un enfant de huit ans, son intelligence n'était point au-dessus de cette mesure. Son désir, son espoir, sa passion, c'était de grandir jusqu'à la taille d'un homme, afin d'être beau, — peut-être afin d'être aimé.

Chaque jour, il se condamnait à un martyre pareil; il disloquait ses pauvres petits membres; il torturait sa poitrine jusqu'à ce qu'il tombât épuisé, privé de souffle, sur le carreau poudreux de sa mansarde.

Puis, dès qu'il pouvait se relever, il courait au fragment de miroir, collé à son chevet, pour voir s'il avait grandi.

C'était tous les jours une déception nouvelle, — mais il ne se décourageait point. Il restait longtemps devant son miroir à contempler son visage qui avait vraiment une sorte de beauté mélancolique.

Il s'admirait; il se souriait; — puis il pleurait.

Et le lendemain, il s'épuisait de nouveau à sa tâche folle, jusqu'à ce que sa poitrine déchirée envoyât des gouttes de sang à ses lèvres. Cela ne l'effrayait point; il voulait bien mourir...

A la vue du comte emportant Alizia dans ses bras, il s'élança d'un bond hors de sa cachette. Il craignait beaucoup M. de Bryant, qui n'avait nul ménagement pour sa faiblesse, mais la crainte n'était point capable de l'arrêter. — Le pauvre Bosco était brave à sa manière.

Il se glissa jusqu'au perron, dont il monta les marches rapidement; puis son pas, silencieux et léger comme celui d'une femme, gravit les degrés de l'escalier principal. Il se coula le long du corridor. — Au moment où il arrivait devant la porte d'Alizia, pour mettre son œil curieux à la serrure, la porte s'ouvrit brusquement et le comte sortit en désordre.

XVII.

LA LETTRE.

Le trouble de M. de Bryant l'empêcha de voir le nain, qui s'était rejeté vivement en arrière.

Quand le comte fut parti, Bosco se rapprocha de la porte, restée grande ouverte. — Il entra dans la chambre d'Alizia.

C'était la première fois de sa vie. — Naguère, quand le château était plein d'hôtes, ces dames et ces messieurs s'amusaient parfois à faire venir le nain dans leurs appartements; il avait pris l'habitude d'entrer où bon lui semblait.

Ce nain, errant par les corridors, donnait au château un fort bon air de féodalité. Mais, tout en usant avec les autres du privilége qu'on lui accordait, Bosco n'avait jamais eu l'idée de rendre visite à mademoiselle Pauli.

L'institutrice était son aversion la plus décidée; il la détestait d'autant mieux que, dans sa croyance, l'institutrice s'asseyait avec lui sur le même degré de l'échelle sociale. Elle était au-dessous des maîtres et au-dessus des domestiques, —

Le comte de Bryant montrant à Alizia son manuscrit.

absolument comme lui, le page de madame la comtesse.

Cette comparaison lui semblait souverainement humiliante.

Il repoussa la porte derrière lui, et s'avança jusqu'au milieu de la chambre.

Alizia faisait ses bagages. Elle était à genoux devant sa malle et pliait ses robes une à une. — Ses mouvements avaient une lenteur automatique.

Elle tournait le dos à Bosco; mais celui-ci voyait son visage dans une glace.

C'était la figure d'une morte; une vraie statue de marbre. — Ses yeux étaient secs et fixes; sa bouche n'avait ni animation ni pensée. Les grandes masses de ses cheveux noirs, qui tombaient en désordre le long de sa joue, en faisaient ressortir l'uniforme pâleur.

Elle ne voyait pas le nain.

Celui-ci la considérait curieusement. Il n'avait parlé à personne depuis le matin. La nouvelle du départ de l'institutrice n'était pas venue jusqu'à lui; mais ces hardes amoncelées, cette malle ouverte, ces armoires vides lui en disaient assez.

Une joie méchante se peignit dans ses yeux.

Il eut même un sourire, mais le sourire tendit la peau de sa joue et mit un élancement douloureux à chacune de ses cicatrices.
Cette souffrance inattendue lui arracha un faible cri.
Alizia se retourna.
— Ah!... dit-elle avec douceur, — c'est vous, mon pauvre enfant.
— Je ne veux pas que vous m'appeliez votre enfant... répondit Bosco qui se redressa fièrement ; — ma mère était une honnête femme.
Un incarnat léger vint aux joues de mademoiselle Pauli, et ses yeux se baissèrent.
— Vous me détestez donc bien?... murmura-t-elle.
— Oui, répondit Bosco.
Alizia le regardait sans colère.
Le nain se jucha sur une chaise et fit aller ses pieds pendants.
— Ne vous interrompez pas, reprit-il d'un ton provoquant et amer, — quand vous aurez fini, vous partirez, n'est-ce pas?
Alizia fit un signe de tête affirmatif.
— Ne vous interrompez pas... répéta le nain, le plus tôt sera le mieux pour le repos de la maison.
Alizia demeurait frappée d'étonnement vis-à-vis de cette haine froide et dure.
— Que vous ai-je donc fait?... dit-elle.
— Ah! ah! répondit Bosco, dont l'œil eut un éclat cruel; — vous m'avez fait bien des choses!.. mais je n'ai pas de comptes à vous rendre.
Les bras d'Alizia étaient croisés sur sa poitrine; elle ne songeait plus à sa tâche interrompue.
— Eh bien! reprit le nain : — votre malle ne se fera pas toute seule... et, tant que votre malle ne sera pas faite, vous ne partirez pas.
Alizia reprit son travail sans mot dire; elle sentait bien qu'il n'y avait pas à discuter avec ce pauvre être, et pourtant elle eût voulu le ramener.
Bosco trônait sur sa chaise et la regardait d'un air content.
Un quart d'heure se passa ; la malle était presque finie, mais Alizia était bien lasse.
On frappa à la porte. — Bosco pâlit et sauta sur ses pieds, car il pensait que c'était peut-être le comte.
Ce fut la femme de chambre de madame de Bryant qui entra.
Elle tenait une lettre à la main.
— De la part de madame, dit-elle en remettant son message à mademoiselle Pauli.
Puis elle se retira comme elle était venue, l'air insolent et la tête haute.
Les valets ont un instinct merveilleux pour saisir le moment précis où ils peuvent être insolents avec impunité.
Alizia ouvrit la lettre, qui était ainsi conçue :

« Ma sœur, depuis ce matin, je ne dors point nous nous sommes quittées, ma pauvre Alizia. Je regrette mes paroles dures et cruelles, je compte sur ton cœur excellent pour avoir mon pardon.

« Ce n'est pas toi qu'il faut accuser, c'est moi-même ; tu as le beau rôle comme toujours, et moi, je te sacrifie à ma jalousie folle.

« Pardonne-moi, ma sœur, je suis malheureuse; j'aime, tu le sais bien, et j'ai peur.

« Tu es si belle! Oh! certes, dès que je réfléchis, je ne doute plus! je connais la généreuse bonté de ton cœur ; toi, me tromper, n'est-ce pas impossible!

« Et puis, tu aimes, toi aussi.

« Mais sans que tu le veuilles, à ton insu, malgré toi, tu attires les regards. — Peut-on être belle auprès de toi ? Peut-on être aimée ?

« Je souffre, je suis jalouse. — Mon Dieu ! il faut avoir pitié, ma sœur! je suis sa femme et je l'aime; s'il ne m'aimait plus, tous mes espoirs mourraient.

« Depuis ce matin, je pleure et je t'écris; je me débats contre l'impossible; je voudrais te garder auprès de moi, jouir de ton amitié chère, — et je voudrais qu'il ne te vît jamais.

« Toi-même, tu souffres dans notre maison; voilà bien longtemps que je ne t'ai vue sourire; j'ai été si froide envers toi, si injuste, si cruelle! tu as des larmes aussi, mais tu restes bonne.

« Écoute, je ne t'ai point chassée ; puis-je te chasser, moi qui te dois mon bonheur? — Je me plains à mon amie, voilà tout ; je lui montre mon cœur qui saigne, et je lui dis : Viens à mon secours.

« Sois généreuse ; éloigne-toi sans cesser de m'aimer ; de loin comme de près, soyons sœurs toujours.

« Sois généreuse ; je t'avais promis le bonheur et l'aisance, laisse-moi tenir ma promesse... »

La page finissait là.

Tandis qu'elle lisait cette lettre, la figure de mademoiselle Pauli exprimait une émotion combattue. Son cœur voulait s'attendrir à ces plaintes d'une compagne aimée, et quelque chose de glacé la retenait. Ces phrases calculées sonnaient faux à son oreille.

Certes Clotilde était sincère.

Mais pourquoi cette longue lettre?

Un baiser muet, quelques larmes, et Alizia eût mieux compris ce qu'il y avait dans le cœur de s n amie.

Elle serait entrée dans l'exil avec une consolation ; — elle aurait tout pardonné.

XVII.

(SUITE.)

En ce moment, elle ne condamnait point, mais elle n'était pas consolée. Il y avait dans la lettre de Clotilde trop de précautions et trop d'art.

Clotilde pouvait être sincère, c'était en ce sens qu'elle se trompait elle-même.

Elle n'aimait plus.

Le nain était remonté sur sa chaise où il se tenait grave et fier. Il jetait sur Alizia le regard froid d'un juge qui condamne.

Alizia tourna la page. — Dans le mouvement qu'elle fit pour cela, trois billets de banque s'échappèrent du pli de la lettre et tombèrent sur le tapis.

Alizia ne pouvait plus pâlir, mais ses yeux se baissèrent et sa main s'appuya contre son cœur blessé.

Bosco sourit avec amertume.

Alizia poursuivit sa lecture.

« Ne me refuse pas, disait la comtesse Clotilde ; — je suis riche; laisse-moi la joie de te protéger, au moins, contre le besoin.

« En quelque lieu que tu veuilles te retirer, écris-moi et tu ne manqueras jamais de rien. — Ce sera le don d'une sœur à sa sœur.

« J'ai peur que tu ne repousses ma prière, car je te connais, le seul défaut de ton cœur est l'orgueil. — Si mes dons t'humilient, au moins n'as-tu pas le droit de refuser ce que contient cette lettre; car c'est le prix gagné par ton travail.

« Réponds-moi ; aime-moi comme je t'aime. — Adieu. »

La lettre était signée : « Clotilde. »

Les yeux d'Alizia restèrent fixés longtemps sur ce nom.

A quoi songeait-elle?...

Devant un tribunal mondain, cette lettre eût été déclarée peut-être un modèle de délicatesse.

Quelle que fût, en effet, la dette contractée jadis, Clotilde la payait aujourd'hui de toute manière ; elle la payait en bienfaits généreux et en affectueuses paroles.

Clotilde, qui était madame la comtesse de Bryant, et qui s'adressait à la pauvre institutrice de ses filles.

Pourtant Alizia restait froide ; son cœur, si facile à toucher, ne s'émouvait point.

Le sourire du nain devenait plus amer à contempler son visage immobile.

Après la signature il y avait un post-scriptum.

L'écriture de ce post-scriptum était à peine séchée.

Il disait :

« Pauvre sœur, tu as voulu me voir ; on m'apprend que tu es venue me visiter dans ma chambre pendant mon sommeil, car je me suis endormie un instant, fatiguée de mes larmes.

« Merci, ma pauvre Alizia, merci !

« Mais ne serait-ce point, pour toutes deux, une souffrance inutile?

« Je ne t'ai jamais tant aimée; c'est pour cela que je ne veux pas te voir.

« Que te dirais-je? Comment supporter le reproche muet de ton regard ?

« Tu m'écriras quand tu auras choisi le lieu de ta retraite, et alors, fusses-tu à l'autre bout de la France, je partirai, j'irai te voir et t'embrasser.

« Jusque-là, ma sœur, adieu encore, et puisses-tu être heureuse ! »

Les yeux d'Alizia remontèrent, ligne par ligne, jusqu'à l'endroit où Clotilde parlait de cette prétendue visite, faite pendant son sommeil.

Alizia n'avait pas quitté sa chambre depuis le matin.

Qui avait pu tromper ainsi la comtesse, et pourquoi ce mensonge.

Le fait semblait assurément fort insignifiant, et pourtant Alizia eut une inquiétude vague. Elle connaissait le comte Hector de Bryant; des longtemps elle l'avait jugé. Le comte était blessé au vif; il avait à se venger ; il était capable de tout.

Alizia referma la lettre et la serra dans son sein ; puis elle reprit ses préparatifs interrompus.

Les billets de banque restaient épars sur le tapis; Bosco se leva et les ramassa.

— La sainte! murmura-t-il ; — elle vous fait l'aumône à vous qui la voudriez morte!

Le rouge de l'indignation empourpra le beau visage de mademoiselle Pauli.

Mais ce fut l'affaire d'un instant; ses yeux se baissèrent, humides; elle redevint pâle.

— Prenez donc! ajouta Bosco avec une rude insolence; vous me demandiez tout à l'heure pourquoi je vous déteste... c'est que vous n'avez pas de cœur!... Si vous aviez baisé en pleurant la lettre de madame et son aumône, je crois que j'aurais eu pitié de vous.

Alizia le regardait, étonnée de ce langage. Le nain semblait grandi et les traits réguliers de son visage s'éclairaient d'une vive lueur d'intelligence.

— Je vous aurais plainte, reprit-il, car vous ne la verrez plus, et c'est un grand malheur!...

Mais rien !... vos yeux sont secs, votre physionomie reste immobile. Vous n'avez rien dans l'âme, voilà pourquoi je vous déteste.

Alizia ne songeait point à répliquer.

— Vous faites le mal froidement, poursuivit encore Bosco, comme le démon!...

Voulez-vous savoir?... c'est moi qui vous ai fait chasser du château.

— Oh! fit mademoiselle Pauli.

— C'est moi, s'écria le nain, dont la maigre voix s'enflait jusqu'à l'emphase, — c'est moi... moi tout seul ! Je suis le page de madame la comtesse; j'ai juré de la servir et de la protéger. Pour la servir je suis bien faible, et chacun de mes efforts excite le rire ou la pitié... Pour la protéger je suis plus faible encore; mais Dieu m'a donné un regard perçant, et dans cette pauvre enveloppe, que je voudrais briser pour grandir mon âme, il a mis un cœur dévoué... Ma vie est à la comtesse Clotilde; je veille sur elle ; c'est à moi qu'appartient la garde de son bonheur !

Alizia contemplait le pauvre enfant avec une sorte d'admiration émue.

— Vous êtes bon, murmura-t-elle.

Des paroles se pressaient sur ses lèvres, mais elle se tut, reculant devant la fatigue d'une explication inutile, et qui ne serait point comprise.

— Non, je ne suis pas bon!... répliqua le nain dont les sourcils se froncèrent; — car je n'ai qu'un amour pour bien des haines... mais un amour suffit... si vous aimiez quelqu'un, je vous pardonnerais!

La paupière d'Alizia retomba, et un soupir s'échappa de sa poitrine.

— Entendez-vous ! reprit le nain ; — je vous pardonnerais, puisque, loin de me railler comme les autres, vous avez fait semblant, bien des fois, de prendre en pitié ma misère. Je vois tout, et ceux qui se rient de moi ne savent pas où va ma pensée... mais je ne veux point de votre pitié... Dieu s'est trompé en vous faisant belle, comme en me donnant la laideur!

Ses yeux brûlaient, errant dans le vide; sa cervelle éclatait, et le fugitif rayon d'intelligence qui venait de briller en lui si vivement allait s'éteindre.

— Oui, oui, poursuivit-il, tandis que sa voix hésitait et s'embarrassait, — c'est ma part de beauté que vous avez ; je le sais bien !... On vous aime, vous, de tout l'amour qui m'ouvrirait le ciel... Oh! combien de fois ai-je senti bondir ma haine, quand je vous voyais triste et froide dans ces fêtes où vous passiez si belle !... Et cette tristesse, je n'étais qu'un mensonge ; — car je vous suivais et je vous épiais... quand vous reveniez dans votre chambre, c'était pour essayer de folles parures, pour sourire à votre glace... pour jouer une valse, — toujours la même! sur ce piano... pour danser toute seule, jusqu'à ce que la fatigue vous jetât brisée à deux genoux...

Tout cela était vrai, et le pauvre nain ne pouvait pas savoir quel souvenir poignant il réveillait dans le cœur d'Alizia.

Elle avait suivi du regard le geste de l'enfant, qui désignait le piano, et des larmes étaient venues à ses yeux.

— Pas de cœur... pas de cœur!... répétait Bosco ; — je suis content : c'est moi qui vous ai chassée !

— On m'envoie prévenir mademoiselle, dit un domestique à la porte, que la voiture sera préparée demain avant le jour...

Comme ça, mademoiselle Berthe et mademoiselle Marie dormiront encore à l'heure du départ et n'auront pas tant de chagrin...

— Ah!... fit Bosco, quand le domestique se fut retiré ; — encore une nuit!...

Alizia s'était assise sur sa malle fermée.

Elle ne pleurait point, mais son visage disait toute l'amertume de son sacrifice.

Bosco se dirigea vers la porte.

— Encore une nuit!... répéta-t-il.

Puis il ajouta d'une voix que la frayeur rendait tremblante :

— Je veillerai... dût-il me tuer... et je saurai ce qu'il vient faire ici quand tout le monde dort...

XVIII.

CURIOSITÉ PUNIE.

C'était le comte de Bryant lui-même qui avait parlé à sa femme de la prétendue visite de mademoiselle Pauli.

Clotilde ne mentait point dans sa lettre; elle avait éprouvé un chagrin véritable à se séparer de son ancienne amie.

Dans la matinée elle avait écrit, puis déchiré plusieurs messages, pour en arriver à la lettre que nous avons lue.

C'était un cœur faible et frivole, mais bon ; ses larmes étaient sincères.

Plus d'une fois, tandis qu'elle était seule à écrire et à pleurer, sa résolution avait chancelé ; mais la dénonciation de Bosco lui revenait alors, et bien d'autres choses encore.

Des choses qu'elle avait observées elle-même.

Le sort en était jeté; elle ne pouvait être heureuse avec ces craintes qui renaissaient toujours.

— Je l'aime bien, se disait-elle.

Dieu m'est témoin que je lui donnerais la moitié de ma fortune... mais elle est trop belle !

Elle s'était assoupie au milieu de cette triste rêverie ; le sommeil l'avait prise auprès de sa lettre commencée.

Le domestique que le comte Hector avait dépêché pour savoir si madame pouvait le recevoir, était venu lui apprendre qu'elle reposait.

Le comte avait paru d'abord vivement contrarié de cette nouvelle ; il avait repris sa promenade pensive sur le parquet de sa chambre, puis son visage s'était éclairé tout à coup.

Sans prendre le temps de réfléchir davantage, il s'élança vers la porte et gagna d'un pas précipité l'appartement de sa femme.

Il n'y avait dans l'antichambre de la comtesse qu'une petite fille normande, appelée Mariette, qui suppléait parfois la cameriste en titre.

— Mariette, lui dit le comte en entrant, combien y a-t-il de temps que mademoiselle Pauli est venue voir madame?

Il parlait ainsi comme un homme sûr de son fait.

— Mademoiselle Pauli n'est pas venue... répliqua la petite servante.

Le comte haussa les épaules, comme s'il n'eût point voulu discuter un fait évident.

— Et madame repose encore ? demanda-t-il.

— Elle ne m'a pas appelée... répondit Mariette.

— C'est bien... tu as profité du sommeil de la maîtresse pour dormir, petite paresseuse... une autre fois, veille mieux.

Il ouvrit doucement la porte de la comtesse et disparut.

La petite Normande se frotta les yeux.

— Est-ce que j'ai dormi?... dit-elle. Il paraît tout de même que l'institutrice est venue...

Il y a des mensonges habiles à force d'être naïfs.

Le comte trouva Clotilde étendue sur une chaise longue et sommeillant toujours.

Auprès d'elle, sur un guéridon, se trouvait le chiffon de papier où le nain avait griffonné sa dénonciation.

Ce fut la première chose qui frappa les yeux du comte Hector.

Il déchiffra, sans trop de peine, les caractères informes et grossiers.

Ses sourcils se froncèrent, en même temps que ses lèvres avaient un sourire amer.

Sa tête fit un signe de menace muette.

Il remit le billet sur le guéridon, à la place où il l'avait trouvé.

Ce fut alors le tour de la lettre écrite par Clotilde à mademoiselle Pauli, et qui restait ouverte sur la table. Le comte la lut d'un bout à l'autre.

— Que diable veut-elle donc dire, pensa-t-il, — avec sa reconnaissance ?...

Elle parle toujours de ce grand service rendu autrefois... ce n'est pourtant pas, que je sache, mademoiselle Pauli qui nous a mariés !

Mais il avait trop de choses en tête pour chercher longtemps la solution de cette énigme.

Il venait de trouver une vengeance et à la fois une arme contre la résistance d'Alizia.

Il fallait désormais qu'elle cédât ou qu'elle fût perdue.

Le mensonge jeté en passant à la petite Normande, était le premier mot de la comédie.

C'était un plan d'une perfidie extrême, mais où l'habileté ne brillait point, — un plan tout à fait à la portée du comte Hector.

Cela devait réussir, à cause de la pauvreté même de la conception, — comme ces comédies mal rimées, mal écrites, mal conçues, salées au gros sel, saupoudrées d'esprit idiot, qui nous viennent d'Amiens ou de Pezenas, et qui ont cent représentations dans la maison de Molière, parce que le bourgeois s'y mire comme en une glace, souriant à sa propre gaieté d'arrière-boutique et prenant la mesure exacte du talent qu'il aurait, si fantaisie lui venait, un beau jour, de quitter l'aune pour la plume du poëte.

Quand le comte Hector eut pris connaissance de la lettre, il se recueillit un instant; ses yeux firent le tour de la chambre, comme s'il eût cherché quelque chose.

Il y avait, sur le velours de la cheminée, un nécessaire mignon incrusté de nacre et d'or.

Le comte gagna la cheminée, sur la pointe des pieds, et ouvrit le nécessaire.

Il prit une paire de ciseaux. Puis il revint vers la comtesse endormie.

Il s'agenouilla près d'elle.

De loin vous eussiez dit un amant en extase au chevet de sa maîtresse. Ses deux mains, qui tremblaient légèrement, touchèrent la poitrine de Clotilde.

L'une de ses mains tenait la paire de ciseaux; l'autre saisit la fine chaîne d'or qui pendait au cou de la comtesse.

Les ciseaux jouèrent avec un bruit sec : la chaîne était tranchée.

Un objet brilla entre les doigts du comte Hector, qui plongea précipitamment sa main sous les revers de son gilet.

Il avait l'air inquiet et à la fois triomphant.

Il s'assit et fit à dessein du bruit en remuant son fauteuil.

La comtesse s'éveilla.

M. de Bryant se leva aussitôt et s'avança vers elle.

Il lui prit la main; son visage avait un air de supériorité bénigne et paternelle.

— Ma chère enfant, dit-il en lui baisant la main, — je sais tout ce que vous avez fait aujourd'hui... Je ne vous blâme point, parce que mon premier désir est de vous voir tranquille et heureuse... Mais savez-vous bien que tous ces soupçons ne sont pas très-flatteurs pour votre mari?

Clotilde avait le rouge au front et ne savait que répondre.

— Mademoiselle Alizia sort d'ici, reprit le comte, — elle attendait votre réveil... ma présence l'a chassée comme vous pouvez le croire... La pauvre fille n'ose plus me regarder !

Il eut une sourire de douce moquerie.

— Mais il ne s'agit pas de mademoiselle Pauli... poursuivit-il encore; — c'est une honnête jeune personne; je suis prêt à l'affirmer... mais, du moment qu'elle vous gêne, il est évident que sa présence au château devient impossible.

— Je suis injuste envers elle... murmura Clotilde; — mais c'est que je vous aime, Hector.

Le comte lui baisa la main fort galamment.

— C'est là le principal! dit-il; — maintenant le départ de cette pauvre fille est une affaire conclue... mais il faut garder, autant que possible, les convenances... Notez que je ne vous blâme point, Clotilde... seulement, je ne voudrais pas qu'elle pût se plaindre tout haut.

— Elle se plaindre!... s'écria la comtesse; — plus je vais, plus ma folie m'apparaît coupable... Je vois bien que vous ne la connaissez pas, Hector !

— Le fait est, répliqua le comte en ricanant, — que je n'ai pas jugé à propos d'étudier dans une les qualités que vous me vantiez autrefois... La morale de tout ceci, c'est qu'on a grand tort d'être parfaite... Mettons qu'elle ne se plaindra point, puisque vous le désirez... Elle doit être pauvre.

— Pensez-vous donc que j'aie eu l'intention de la renvoyer les mains vides ?

— Je m'en fie à vous pour être charitable et bonne...

— Oh! monsieur, dit Clotilde avec reproche, — quel mot avez-vous prononcé!... charitable!... c'est mon amie...

Le comte ricana une seconde fois.

— Il me prend une frayeur... murmura-t-il ; — moi aussi, vous m'aimez beaucoup... Si vous alliez me renvoyer !

Clotilde baissa les yeux.

— Voulez-vous qu'elle reste?... prononça-t-elle tout bas.

— Pas le moins du monde!.. s'écria le comte en affectant une brusque franchise ; — que Dieu nous en garde!...

Il faut que tout ceci ait un terme... quand doit-elle partir ?

— Ce soir.

— Voilà qui est trop tôt!... Nous ferons préparer la voiture pour demain matin, afin de ne pas donner à sa retraite cet air de précipitation, qui serait humiliant pour elle et fâcheux pour vous.

— C'est vrai... dit Clotilde, — je vous remercie.

Le comte prit un air innocent.

— Ne pensez-vous pas qu'il serait bon de lui écrire ?... dit-il.

— C'est fait!... s'écria Clotilde toute contente; — mais si je la voyais, plutôt !...

Le comte ne put s'empêcher de tressaillir.

C'était un bien frêle édifice que celui de sa diplomatie.

— Je ne sais... balbutia-t-il ; — je ne vois pas la nécessité...

— Vous avez raison, interrompit Clotilde, — toujours raison!... mais, au moins, vais-je ajouter quelques mots pour la remercier d'être venue pendant mon sommeil.

Elle s'assit devant le guéridon.

D'instinct, le comte avança la main pour la retenir; mais il était à bout de prétextes.

Clotilde écrivit rapidement le *post-scriptum* de sa lettre.

Quand elle eut fini, elle mit l'adresse et sonna sa femme de chambre. Le comte n'était pas très à son aise, mais il se disait :

— Elles ne se verront pas. Comment s'expliqueraient-elles d'ici à demain!... Et demain la chère demoiselle aura beau dire... tout mauvais cas est reniable.

Clotilde donna la lettre à sa femme de chambre.

— Portez cela chez mademoiselle Pauli, dit-elle ; — la voiture ne doit être attelée que demain matin, de bonne heure.

La femme de chambre sortit.

Clotilde tendit la main à son mari.

— Êtes-vous content de moi ?... demanda-t-elle en souriant.

Le comte l'attira sur ses genoux et la baisa au front comme un père.

— Chère enfant, dit-il avec onction, — tâchez de croire en moi et d'être heureuse... Je n'aurai rien à souhaiter !..............

XVIII.

(SUITE.)

Il était près de minuit, et depuis bien longtemps tout le monde dormait au château.

Seul, M. le comte Hector de Bryant veillait. Il avait fermé les volets de sa fenêtre pour qu'on ne vît point sa lumière au dehors.

Il se promenait de long en large dans sa chambre, d'un air inquiet et soucieux.

Vers dix heures du soir, il était sorti une première fois dans le corridor, pour se mettre à la croisée et jeter un regard vers le pavillon habité par mademoiselle Pauli.

Ayant vu de la lumière derrière les rideaux, il était rentré chez lui, pour attendre encore, et recommencer sa promenade agitée.

Depuis lors, sa porte s'était ouverte de quart d'heure en quart d'heure, toujours pour le même motif.

Et toujours il voyait de la lumière à la fenêtre de mademoiselle Pauli. Onze heures sonnèrent à l'horloge du château, puis onze heures et demie.

Ce fut alors seulement que la lampe d'Alizia cessa de briller.

On ne voyait plus, derrière les rideaux fermés, qu'une lueur faible et à peine saisissable; la lampe de nuit qui restait allumée pour l'usage des deux petites filles, endormies dans la chambre voisine.

Le comte attendit pendant une demi-heure encore, — puis il arrêta sa promenade brusquement.

L'instant d'agir était venu, peut-être.

Il semblait hésiter grandement; sa figure était sournoise et sombre. Sa main, qui s'était glissée machinalement sous les revers de sa redingote, en retira ce médaillon orné de diamants que nous avons vu, suspendu par une chaîne d'or au cou de la comtesse Clotilde, le portrait du prince.

Il l'examina durant deux ou trois minutes, et son indécision semblait croître.

— Si jamais on venait à savoir!... murmura-t-il d'une voix que la frayeur faisait sourde.

Est-ce à mon âge et dans ma position que l'on peut jouer ainsi sa vie?... et tout cela pour une puérile vengeance!... pour un caprice qui sera passé demain!

Il plaidait contre lui-même; il cherchait des arguments pour combattre sa passion.

Un instant, on eût pu croire que sa raison, revenue, allait être la plus forte.

Certes, ce n'était point sa conscience qui parlait, et nul remords n'était parmi son trouble.

Mais la peur suffit parfois à prévenir le mal.

Il replaça le médaillon dans son sein, et se dirigea vers son lit avec la lenteur de l'irrésolution.

Comme il portait la main à la couverture, le manuscrit d'Alizia qu'il avait déposé, en rentrant, sur sa table de nuit, frappa son regard.

Il lâcha la couverture et son front devint pourpre.

La blessure de son orgueil se rouvrit au vif, en même temps que sa fantaisie renaissait victorieuse.

— Fou que je suis!... murmura-t-il; — j'ai peur, peur de quoi?... n'ai-je pas paré d'avance à l'accusation qu'elle pourrait porter contre moi?... n'ai-je pas lié ses mains?... vais-je reculer maintenant devant un fantôme?... moi, le comte de Bryant, vais-je trembler à l'idée des tribunaux comme si j'étais un pauvre diable que l'on accuse et que l'on condamne?

Ses sourcils se froncèrent, et une détermination soudaine vint se refléter sur sa physionomie.

— J'ai dit que je me vengerais et qu'elle serait à moi... murmura-t-il; — le sort en est jeté : allons!

Il échangea ses bottes contre des pantoufles légères, et se prit à essayer son pas sur le tapis, comme un voleur qui va tenter un assaut difficile.

L'épreuve fut heureuse; son pas ne produisait aucun bruit.

Sans plus hésiter, il sortit et s'engagea, comme la veille, dans le corridor obscur.

Il se doutait bien que, cette fois, la porte d'Alizia serait fermée; aussi prit-il un autre chemin. — Il entra par la chambre de ses filles, qui sommeillaient toutes deux, dans leurs petits lits jumeaux, auprès de leur bonne, dont les ronflements sonnaient, comme une agréable musique, à l'oreille du comte.

Jusque-là, son voyage nocturne ne présentait aucun danger, car il pouvait avoir, en définitive, mille motifs de pénétrer dans la chambre de ses enfants.

Mais une fois franchi le seuil de l'appartement d'Alizia, la situation changeait.

Quel prétexte donner à sa démarche, en cas de malheur?

Dans la situation où mademoiselle Pauli se trouvait vis-à-vis de lui, elle n'avait assurément aucune mesure à garder.

Si par hasard, elle était éveillée, et cela était fort à craindre, après une journée si pleine d'angoisses, elle allait crier, appeler au secours.

N'avait-elle pas aussi, maintenant, des motifs de haine et de vengeance?

Mais le propre du péril que l'on brave est de produire, même chez les natures les plus froides, une sorte de transport. Le comte avait la fièvre; il ne songeait plus à reculer.

D'ailleurs, il n'avait point trouvé, au début de son entreprise, l'obstacle qu'il craignait le plus.

Tandis qu'il se glissait le long du corridor, aucun pas furtif n'avait frappé son oreille.

Et cependant Dieu sait que son oreille était au guet!

Le nain Bosco avait sans doute assez de son métier d'espion : le châtiment infligé la veille avait produit son effet.

De ce côté-là, du moins, le comte était à l'abri.

Et c'était un grand point, car, en ôtant désormais au pis, le témoignage d'Alizia toute seule ne pouvait avoir aucune valeur.

M. de Bryant s'introduisit dans la chambre de l'institutrice; son cœur battait, mais il y allait assez bravement, parce qu'il entendait, du côté du lit, cette respiration forte et mesurée qui annonce le sommeil.

Il prit le courage de s'avancer sur la pointe des pieds jusqu'au chevet d'Alizia.

La lueur tremblante de la veilleuse envoyait au front de la jeune fille de pâles et fugitifs reflets.

On voyait des gouttes de sueur perler à ses tempes.

Elle dormait d'un sommeil fiévreux et plein de secousses.

Sa tête se renversait sur l'oreiller parmi les masses éparses de ses magnifiques cheveux noirs.

Le comte ne l'avait jamais admirée si belle.

Il oubliait le danger à la contempler; il oubliait jusqu'au motif de sa venue. Ses yeux restaient fixés sur ce visage où quelque rêve douloureux mettait un charme étrange et plus touchant.

Les minutes s'écoulaient rapides.

Il n'y avait plus que de l'amour dans le regard de M. de Bryant.

Mais, tout à coup, mademoiselle Pauli s'agita dans son sommeil; sa bouche s'entr'ouvrit et un nom vint à sa lèvre.

— Martial!... murmura-t-elle.

Ce fut sa condamnation.

Le comte se redressa et lui jeta un regard où toute sa colère était revenue.

La malle était au milieu de la chambre.

Le comte se dirigea de ce côté d'un pas ferme.

Il se mit à genoux et souleva le couvercle.

Sa main se glissa dans son sein pour se plonger ensuite tout au fond de la malle, qu'il referma précipitamment.

En se relevant, il jeta tout autour de la chambre ce regard épouvanté de l'homme qui vient de commettre un crime.

Bien que la journée eût été froide, la fenêtre qui donnait sur la campagne restait entr'ouverte.

Les yeux du comte étaient tournés vers cette fenêtre, et il demeurait immobile; le corps en arrière, les bras tombants, la bouche béante...

C'était comme s'il eût aperçu tout à coup quelque effrayante vision.

Et, en effet, dans l'ouverture des châssis entrebâillés, il avait vu s'encadrer une figure attentive et curieuse, — la figure du nain Bosco.

C'avait été l'affaire d'un instant.

Au premier regard de M. de Bryant, la vision avait disparu.

Le nain s'était enfui.

Le comte resta durant une seconde comme atterré; — puis ses poings se fermèrent et il y eut du sang dans ses yeux.

Il s'élança d'un bond sur la terrasse.

Le nain n'avait pas encore tourné l'angle du pignon, parce que la terreur paralysait ses petites jambes.

Le comte se précipita vers lui en poussant un rugissement sauvage; sa tête brûlait.

Il était fou.

Arrivé au bout de la terrasse, Bosco, éperdu et ne sachant plus ce qu'il faisait, était monté sur la balustrade.

Le comte avançait toujours.

Le nain se mit à genoux.

— Pitié!.. dit-il d'une voix plaintive, — je ne sais pas ce que j'ai vu!...

Le comte fit encore un pas et leva sa main crispée, pour saisir l'enfant aux cheveux.

— Pitié!... répéta Bosco qui voulut se reculer.

Le marbre manqua sous ses genoux; — M. de Bryant le vit disparaître dans la nuit.

La pierre de la terrasse inférieure rendit un bruit sourd auquel succéda un gémissement, — un seul...

Les cheveux du comte se dressèrent sur sa tête; il n'osa pas se pencher au-dessus de la balustrade pour voir le cadavre du malheureux enfant.

Il rentra dans le corridor par une fenêtre, et s'enfuit jusqu'à sa chambre où il tomba épuisé sur le parquet.

DEUXIÈME PARTIE.

Le Juge d'instruction.

XIX.

MEMBRE DU BARREAU DE PARIS.

Deux mois se sont écoulés depuis les événements que nous avons racontés aux précédents chapitres.

Dans une chambre d'auberge de la ville d'Avranches, Gédéon Ricard, avocat près la cour royale de Paris, était assis devant une table couverte de papiers et de pièces de procédure.

Il avait la plume à la main; ses cheveux étaient épars et l'enthousiasme de l'inspiration animait son visage. Sa plume grinçait sur le papier sans relâche, soit pour écrire, soit pour raturer.

— Bon, ceci !... murmurait-il tout en griffonnant; — fameux ! famissimeux !... plutôt famosissimeux !.. c'est plus régulier... ma foi ! sauf le fait, qui est assez difficile à poser en faveur de l'accusée, la cause est jolie... Ça doit, vraiment, me donner une réputation très-agréable dans ce pays-ci !... La seule chose qui me manque, ce sont les explications de l'intéressante victime et de son noble amant... Elle est malade... Elle ne veut pas... Le comte, de son côté, se cloître comme un moine... ma foi ! qu'ils s'arrangent... Si je ne sais pas, j'inventerai... l'honneur du barreau de Paris est, j'ose le dire, en bonnes mains !

Sa plume fouilla les profondeurs d'un gros encrier de plomb, où s'épaississait une encre jaunâtre.

— Je savais bien, reprit-il avec contentement, que ce voyage d'automne ne me serait pas inutile... J'avais un certain succès là-bas au château. — La preuve, c'est que le comte s'est souvenu de moi, à l'occasion... Le fin matois ! il s'est dit : Avec un avocat du barreau de Paris, je ferai de nos jurés bas-normands tout ce que je voudrai... Ah ! ah ! le rusé compère !... voilà un homme qui ne peut pas manquer d'aller loin !... moi, j'ai reçu sa lettre ; j'ai emballé ma robe, ma toque et mon Rogron, et fouette le postillon de la diligence !

Toutes ces choses, il les pensait point comme eût fait un autre homme, il les disait bel et bien avec une volubilité joyeuse. Un avocat qui plaide trop peu ne perd aucune occasion d'exercer son larynx.

Au plus fort de son aimable bavardage la porte s'ouvrit.

— Voilà le chocolat, prononça la voix traînante et nasillarde d'un gros enfant de la Neustrie.

— Bien, mon ami, répliqua Gédéon ; — personne n'est venu pour moi du château ?

— Quel château ?...

— Le château de Villers.

— Ah ! dame, répondit le Normand, — je n'ai point vu personne, au vrai !

Gédéon fit un geste, et le Normand disparut.

Le chocolat fumait sur le guéridon. Gédéon quitta son bureau et vint s'asseoir devant la tasse, où il trempa des mouillettes.

Il avait la bouche pleine, mais il bavardait encore.

— C'est drôle !... grommelait-il ; — c'est même très-drôle !... dans l'acception d'étonnant... ; on me laisse sans détails !...... on ne me donne pas le moindre renseignement !... Il faut que je devine... Et si encore mon ami Martial voulait causer un peu avec moi... mais du tout ! il est sombre comme l'Érèbe !... il se fait céler, et la vieille Julienne le garde avec toute la fidélité d'un chien molosse !... D'un autre côté, madame la comtesse est parfaitement invisible... C'est drôle, mais baste ! reprit-il en avalant le reste de sa tasse, ils ont raison, après tout, de ne pas me traiter comme un de leurs aigles avranchins... Nous autres, du barreau de Paris, nous marchons sans lisières... Voyons ! — Il s'agit de fasciner en grand tout ce peuple nasillard... d'éblouir les jurés, d'étonner la cour, d'écraser l'auditoire !

Si j'ai un succès comme je l'entends, j'attrape la clientèle du comte d'abord..... ensuite j'ai tous les procès de la ville..... Et Dieu sait ce qu'il y a de procès sous cette latitude amie de la chicane... Au travail !

Il se remit à son bureau improvisé, et sa plume fouilla de nouveau les profondeurs de l'encrier de plomb.

Il y avait quarante-huit heures que Gédéon Ricard était de retour en la cité d'Avranches.

Deux mois auparavant, il avait fait dans le pays un séjour à peu près stérile. On l'avait hébergé, comme tout le monde, au château de Villers, mais on ne lui avait pas confié le moindre procès.

La Basse-Normandie est pourtant un pays de cocagne, Gédéon avait besoin de plaider ; peut-être son ami Martial Aubert, le juge d'instruction, eût-il pu lui procurer quelques affaires ; — mais Martial était devenu un personnage fort insociable, et Gédéon, malgré le talent qu'il avait de se mettre partout à son aise, s'était vu forcé de prendre congé, après une nuit et un jour d'hospitalité assez froide.

Il était retourné à Paris, où son cabinet restait veuf de toute espèce de clientèle.

Il avait beau dire à tout venant qu'il était l'avocat à la mode et l'espoir du jeune barreau ; c'est à peine s'il trouvait l'occasion de mettre sa robe une fois en un mois.

Le pauvre Gédéon pliait sous ces cruautés du sort ; il maigrissait, il devenait triste. Il avait envie parfois de vendre sa robe toute neuve et sa toque d'un modèle très-remarquable, pour se faire tout bonnement courtier de quelque chose, clerc d'huissier ou vaudevilliste.

Ce fut au milieu de son découragement qu'il reçut, un beau matin, une lettre largement enveloppée et dont le cachet portait un énorme écusson timbré d'une couronne de comte.

Le cœur de Gédéon se prit à battre, comme le cœur d'une jeune fille qui reçoit sa première déclaration d'amour.

Il blasonna l'écusson ; il déchiffra la devise : *Qui plus est brillant ?*

— Il contempla clairement ces maculatures graisseuses que la poste imprime sur toute missive.

Si la poste ne faisait que cela !...

La lettre venait d'Avranches.

Gédéon l'ouvrit enfin d'une main caressante et la parcourut d'un regard ému.

Le soir même il partait pour la Normandie.

C'était un procès, un bon procès, — un procès criminel, il est vrai, mais ce sont les meilleurs pour débuter, pour déclamer, pour se faire tout d'un coup une réputation d'orateur.

Et puis, l'avocat ne doit-il pas l'aide de sa parole à la veuve et à l'orphelin ?

La lettre de M. de Bryant ne contenait point d'explications.

Mais quel besoin avait-on de mettre les points sur les i ? Alizia était accusée de vol, et Alizia était la maîtresse du comte. Pour comprendre la situation, il ne fallait pas être un sphinx.

Évidemment le comte poursuivait mademoiselle Pauli pour la forme ; mais, en même temps, il se munissait d'un avocat célèbre, afin que sa maîtresse fût victorieusement défendue.

C'était un homme si adroit que ce comte Hector de Bryant !

Depuis deux jours qu'il était à Avranches, Gédéon n'avait pu parvenir à le voir, mais il avait pris langue au tribunal, et, sauf quelques détails, son plaidoyer était déjà en bon train.

La cour d'assises de Saint-Lô allait en ouïr de belles !

Au bout d'une heure et quand il eut barbouillé, à mi-marge, deux ou trois autres feuilles de papier, il recula son fauteuil et se leva brusquement.

— Je dis que c'est cela ! s'écria-t-il : exorde insinuant et flatteur, proposition carrément agressive, faits précis, clairs, souverainement adroits, preuve logique et profonde, péroraison à fendre le cœur !... Je dis que c'est à la fois cicéronien, isocratique, quintilianesque et démosthétial !... Essayons un peu de mise en scène.

Il ouvrit sa valise qui était dans un coin de la chambre et y prit sa robe d'avocat avec sa toque.

— Une robe pas mal caractéristique !... bavardait-il en la passant par-dessus sa redingote ; — coupe élégante, mais digne ; gracieuse, mais austère... Et la toque hexagone !... nos plaidailleurs d'Avranches, de Coutances et de Saint-Lô ne sont encore à la toque en côtes de melon... ça devra faire un certain effet !...

Sa toilette achevée, il prit son manuscrit à la main, et vint se planter devant la glace étroite et trouble, qui ornait la cheminée.

Il passa deux ou trois minutes à se poser, à tourner les yeux, et à donner un éclat aquilin à sa prunelle.

Puis il commença d'une voix creuse, en soulevant sa toque hexagone avec respect :

« Messieurs les jurés,

« Ce n'est pas devant une assemblée aussi remarquable... »

— Du diable ! s'interrompit-il en changeant de ton ; une douzaine de rustres crottés jusqu'à l'échine... quatre maquignons, quatre nourrisseurs et quatre bouchers... C'est la luzerne qui engraisse les fils de Rollon...

(*Déclamant.*) « Ce n'est pas, dis-je, devant une assemblée notable et distinguée, autant par ses connaissances profondes, universelles, encyclopédiques, que par la sagesse éprouvée de sa haute raison... »

(*Parlant.*) — Des drôles qui boivent du cidre toute la journée, et qui ne savent pas dire deux... c'est égal!

(*Déclamant.*) « Ce n'est pas, disons-nous, devant une réunion si choisie, qu'il est permis à l'avocat de définir ou d'expliquer la belle mission que Dieu lui a faite sur terre. Vous la comprenez surabondamment, messieurs les jurés, cette mission sainte, bienfaisante, désintéressée; vos nobles cœurs vont excuser l'émotion que j'éprouve, et je n'ai pas besoin de réclamer votre indulgence éclairée pour l'homme qui, étranger à cette cité illustre, a fait soixante-dix lieues pour apporter l'aide de sa trop faible parole à l'innocence injustement accusée...

« Si ma voix fatiguée trahit mon courage, si mon improvisation s'égare, votre bienveillance me viendra en aide, car la vertu chevaleresque de vos pères vit toujours dans vos âmes et ne mourra jamais. »

— Ici, s'interrompit Gédéon, — il y a naturellement un murmure d'approbation dans l'auditoire, composé de voleurs, de va-nu-pieds et de vicomtesses normandes qui se sont procuré des billets d'hémicycle en faisant des bassesses.

Le président dit, en parlant du nez :

— Toutes marques d'approbation ou d'improbation sont formellement interdites dans l'enceinte de la cour... si l'auditoire s'oublie de nouveau, nous serons forcé d'ordonner l'évacuation de la salle.

Le ministère public, qui allait justement requérir quelque chose de semblable, met son nez dans sa bouche et prend un air vexé.

Moi, mon effet est produit; je m'en bats l'œil — et je poursuis :

(*Déclamant.*) « Messieurs les jurés, si j'avais affaire à un auditoire moins éclairé, je prendrais tout d'abord à tâche de faire remarquer l'importance, j'ose le dire, solennelle de la cause que j'ai l'honneur de plaider devant vous. Il ne s'agit point seulement ici, en effet, d'une pauvre fille, courbée sous une accusation odieuse et apportant, aux pieds de votre souveraine justice (*Avec émotion.*), sa jeunesse et sa beauté déjà flétries par les larmes... »

(*Parlant.*) — Elle est ravissante; elle s'arrangera pour être très-pâle; je lui dirai de pleurer un peu à cet endroit... — Premier effet de mouchoir.

(*Déclamant.*) « ... Flétries par les larmes... (*Avec véhémence.*) Il s'agit de la lutte éternelle, infâme, oppressive du riche contre le pauvre; du fort contre le faible, de la guerre impie et dénaturée dont les excès ont motivé jadis notre grande révolution! »

(*Parlant.*) — Ici un premier rappel à l'ordre. — C'est marqué.

(*Imitant la voix du président.*) — Maître Ricard, nous ne pouvons permettre que des paroles si étrangères à la cause soient prononcées devant la cour...

Et dans l'auditoire des voix qui chuchotent et qui disent :

— Attention!... il va parler politique!

(*Déclamant avec emphase.*) « Prétendrait-on me fermer la bouche?... Si la liberté de la défense peut être une question en plein dix-neuvième siècle... »

LE PRÉSIDENT. — Permettez, maître Ricard...

« ... Si dans notre France, réglée par la charte de juillet, les droits imprescriptibles de la défense... »

— Maître Ricard!...

(*Avec explosion.*) « ... Si les privilèges sacrés de la défense sont ainsi publiquement méconnus il ne me reste plus qu'à courber la tête et à protester contre l'illégalité aveugle de cette tyrannie!... »

(*Parlant.*) — Le président n'y est plus; il ôte ses lunettes; il remet ses lunettes. Ma parole, il a peur... Je passe à l'état de bête curieuse; les vicomtesses braquent sur moi leurs binocles de spectacle, comme si j'étais Philippe l'escamoteur ou un ténor de passage. — Les va-nupieds, échauffés, ont envie de jeter quelque chose à la tête de la cour.

Ça va!... ça va un train d'enfer!...

(*Déclamant d'une voix subitement adoucie.*) « Que la cour et Messieurs les jurés me pardonnent un mouvement d'émotion bien naturelle... le nom de la ville de Saint-Lô n'est pas entièrement inconnu à Paris... Il y a plus : la ville de Saint-Lô (anciennement *Briovera* ou *fanum Sancti Laudi*) a conquis, dans le centre de toutes les illustrations, une réputation de civilisation... »

(*Parlant.*) — Illustration... réputation... civilisation... La rime est trop riche.

(*Déclamant.*) « A... conquis, dans la capitale des lumières, une renommée de civilisation bien flatteuse!... Je vois en ces lieux, plein de confiance, avec l'espoir fondé, — je pourrais même dire légitime, — que ma voix sera religieusement écoutée... Me serais-je trompé? j'aurais pu être pris de paralyser mes efforts en faveur de la faiblesse attaquée?... Ah! messieurs, si, en qualité d'avocat du barreau de Paris soulève ici des répulsions ou des jalousies, songez que, derrière le

défenseur, il y a la pauvre accusée; derrière l'homme fort, la faible femme; derrière le cœur robuste et intrépide, l'âme navrée qui se noie dans les larmes... »

(*Parlant.*) — Il faudra que la petite pleure énormément à cet endroit. — Second effet de mouchoir.

(*Déclamant.*) Mais pourquoi des jalousies, messieurs? ne suis-je pas ici au milieu d'un barreau qui contient des talents de premier ordre... des talents qui seraient admirés, n'en doutons pas, dans la première cour du royaume?... tandis que moi, représentant obscur d'une illustre compagnie, je n'ai que mon désintéressement et mon bon vouloir pour contrebalancer mon insuffisance.

(*Parlant.*) — Voilà mes plaidailleurs bas-normands qui se rengorgent sur leurs banquettes peu essuyées... Ils sont avec moi, j'ai gagné leur estime.

(*Déclamant.*) « Je fais trêve à cet incident regrettable et je reprends le fil de ma discussion qui, j'ose l'espérer (*ceci est à l'adresse du pauvre président*), ne sera plus interrompue... »

(*Parlant.*) — Pendant que je respire, on se dit dans l'auditoire : Voilà un dur à trois poils! — Les vicomtesses ont, vu bien rarement un gaillard de cette trempe-là. — S'il y a dans l'hémicycle quelque petite héritière, on pourrait peut-être bientôt chanter : O hymen! ô hyménée!

Ça va! Fichtre! ça va!...

(*Déclamant avec calme.*) « Messieurs les jurés, les faits de la cause sont simples, — si simples que l'arrêt de renvoi qui amène mademoiselle Pauli sur le banc de l'accusation sera pour moi un éternel sujet d'étonnement.

« Voici en deux mots ce dont il s'agit :

(*Avec élégance.*) « Par une nuit sombre et brumeuse du mois d'octobre 1847, une voiture était attelée dans la cour du château de Villers-Bryant, situé sur les bords de la mer, à sept kilomètres de la ville d'Avranches.

« Les chevaux piaffaient et frappaient d'un pied impatient le pavé de la cour. — Le cocher, enveloppé dans son gros carrick, attendait sur son siège.

« C'était environ deux heures avant le jour.

« Dans le château, régnait encore une immobilité silencieuse.

« Tout à coup, des lueurs s'allument aux fenêtres; des flambeaux courent et se croisent le long des corridors; un murmure s'élève qui devient bientôt rumeur sourde, pour se changer ensuite en fracas.

« Tout est confusion et tumulte dans ce noble édifice, naguère encore si muet et si tranquille.

(*Un poco agitato.*) « Quelle cause donnait à ce trouble soudain? que s'est-il passé? Quel malheur est-il entré derrière ces murailles féodales où n'habitent d'ordinaire que les plaisirs de l'opulence?

(*Largo.*) « Messieurs, il y avait au château de Villers une jeune fille, privée de fortune, mais douée d'une éducation hors ligne.

« Cette jeune fille avait été placée auprès de mesdemoiselles Berthe et Marie de Bryant, par la comtesse elle-même, en qualité d'institutrice.

« Cette nuit là, elle devait quitter le château avant le jour, afin d'épargner des larmes à ses jeunes élèves, qui la chérissaient tendrement. — Le bail était rompu entre madame la comtesse et son institutrice; ceci pour des causes qui n'ont point révélées, et qui, par conséquent, doivent être à l'abri de toute récrimination.

« On venait d'éveiller mademoiselle Pauli, qui achevait tristement sa toilette de départ, lorsque sa chambre est tout à coup envahie par des gens qui l'accusent de vol.

« Un vol a été commis en effet. Madame la comtesse de Bryant portait habituellement au cou un médaillon renfermant le portrait de son père et entouré d'une bordure de diamants que l'on dit valoir une somme énorme.

(*Pedale.*) « Quatre ou cinq cent mille francs!

« Le matin, à son réveil, elle avait cherché en vain le bijou précieux qui ne la quittait jamais.

« Et à la première nouvelle de cette perte, un cri unanime s'était élevé parmi la nombreuse domesticité du château de Villers.

« On disait : L'institutrice!... c'est l'institutrice!

(*Dolce.*) « Messieurs, il est dans notre état social des positions délicates, fausses et fatalement malheureuses, qui, par le plus triste des privilèges, excitent à la fois l'envie et les dédains.

« Entre toutes ces positions, celle de l'institutrice est la plus éprouvée, la plus difficile, la plus navrée d'incessantes et obscures douleurs.

« Et il est au monde une vie d'abnégation pure, de vertu désintéressée et de dévouement modeste, n'est-ce pas la vie de l'institutrice?

« Voyez-les, ces filles de Dieu, entrer dans une famille étrangère, pour entourer de soins et d'amour des enfants qui ne soient pas à elles. Leur existence, dès ce jour, ne leur appartient plus. — Les autres salariés ne vendent que leur travail; l'institutrice aliène la portion la plus noble de son être; elle donne son cœur, sa douleur caressante, son éducation, sa tendresse!...

« Messieurs, elle donne tout ce qui nous fait adorer nos mères!...

(Crescendo.) «Oh! et ce sont ces femmes, à qui l'on jette un peu d'or pour toute récompense, et que l'on croit ensuite assez payées; ce sont ces femmes que le monde regarde avec ses sourires les plus dédaigneux! — Nul ne les protége contre la jalousie insolente des valets; maîtres et domestiques leur reprochent tacitement, chaque jour, l'humble place qu'elles occupent au bas bout de la table; — on les déteste, on les calomnie! — Oui, messieurs, on les calomnie sans pitié, sans mesure, sans vergogne!

« Et nul ne songe à s'indigner; — ce sont des institutrices!...

(Con furore.) «Y a-t-il donc encore, en notre dix-neuvième siècle si glorieux, si lumineux, si près d'atteindre la perfection, y a-t-il donc encore des castes de parias!

(A tiempo.) «Messieurs, la foule des domestiques de Villers s'était ruée dans la chambre de mademoiselle Pauli. — Il ne s'agit point ici, comme vous devrez le remarquer, d'une perquisition légale et réglée par la prudence. — C'est une cohue de valets qui arrive en désordre, qui brise la malle de mademoiselle Pauli effrayée, et qui disperse brutalement ses effets sur le tapis.

« Le médaillon est trouvé... grande victoire!...

« Voici le fait unique, mais écrasant, suivant l'accusation, qui amène mademoiselle Pauli sur les bancs de l'opprobre.

« Eh! messieurs, votre conscience vous le crie, et ma parole est trop lente pour devancer le travail de vos esprits intelligents.

« Toutes ces mains qui se plongeaient, la nuit, à la lueur d'une veilleuse, et sans contrôle aucun, dans la malle de la pauvre institutrice, toutes ces mains étaient-elles bien pures?

« Et le médaillon ne pouvait-il pas être, *à priori*, dans l'une de ces mains que nul regard n'épiait?

Clotilde et Alizia à la pension des demoiselles Leblond.

« Ne pouvait-il donc pas y avoir là, messieurs, un coupable, saisi d'épouvante et glissant au premier endroit venu la preuve de son crime?

« Ne pouvait-il pas y avoir là un ennemi, et ces sortes de vengeances sont-elles chose si rare?...

« Il est un fait, d'ailleurs, que la défense peut prouver et qui jette une couleur singulièrement mystérieuse sur les événements de cette nuit.

« Au château de Villers il y avait un personnage bizarre, que chacun connaissait dans le pays. Son nom était Sébastien Larcher. On l'avait surnommé Bosco, à cause de ses infirmités physiques. — Messieurs, Sébastien Larcher ou Bosco a disparu du château de Villers la nuit même du vol, et depuis lors personne n'a entendu parler de lui... »

Gédéon Ricard fit une pause et se regarda dans la glace pour admirer le beau caractère de sa physionomie.

— Un peu plus de piquant dans le regard, murmura-t-il; — quelque chose de plus aigu dans le geste... il faut que cette histoire de la disparition de Bosco fasse son trou comme une balle... Ah! fichtre! ça va!...

XX.

LE COUP DE FOUET.

Bien que son plaidoyer fût un moment suspendu, Gédéon Ricard, avocat du barreau de Paris, était loin de rester oisif. Il étudiait avec un grand sérieux et beaucoup de conscience la partie plastique de son rôle; il se faisait des mines tour à tour sentimentales et agaçantes; il souriait, il se menaçait, il pulvérisait du regard un adversaire absent.

Sa mémoire repassait, un à un, les principaux effets de sa plaidoirie; son geste se corrigeait. Passant à des détails moindres, il drapait complaisamment les plis de sa robe, et posait sa toque suivant des inclinaisons variées.

Si Gédéon Ricard n'avait pas un énorme talent, il connaissait du moins les menues recettes de l'art oratoire, où rien ne s'improvise, où tout se calcule, où les moindres effets sont laborieusement combinés d'avance.

Loin de nous la pensée d'attaquer, même par une innocente moquerie, le barreau parisien qui compte tant de membres illustres !

Le barreau parisien est au-dessus du sarcasme et marque parmi les gloires de la France.

D'ailleurs, si l'on pouvait avoir l'idée de l'attaquer, il faudrait peut-être joindre à la plaisanterie des armes plus sévères.

Tout en raillant quelques abus passablement risibles, on devrait stigmatiser des abus trop graves et montrer à nu des vices qu'il faut bien appeler repoussants et honteux.

Pour ne parler ici que d'un seul, n'est-ce pas pudeur d'entendre, chaque fois que l'on franchit l'enceinte du palais de justice ou du tribunal de commerce, un flot d'injures monotones tomber de la bouche des avocats? Et ce ne sont pas, comme on pourrait le croire, des praticiens à la douzaine, des pauvres hères qui se damnent ainsi pour quelques francs; ce sont des bouches presque illustres, des orateurs qu'on entoure d'une célébrité légitime.

Il y a tels de ces messieurs qui sont connus, ma foi, dans toute la France pour savoir mêler à n'importe quelle cause le scandale piquant, pour aiguiser, à n'importe quel propos, l'insulte et même la calomnie.

C'est leur *spécialité* avouée; on les choisit pour cela, et ils gagnent beaucoup d'argent.

Jadis, au temps ténébreux du moyen âge, il y avait, dit-on, une classe de coquins, fort méprisée, assurément, mais aussi fort redoutée. Ces gens assassinaient le premier venu pour une poignée d'or; ils épousaient par état la vengeance d'autrui et ces misérables versaient le sang suivant un tarif.

Ils gagnaient aussi beaucoup d'argent.

Il n'y a plus guère, au siècle où nous sommes, d'estafiers armés de poignards; mais les estafiers en robe noire abondent.

Et pense-t-on que cette parole salariée, qui assassine à l'abri de la toge, vale mieux que le couteau qui se levait sur le passant dans la nuit?...

Il est vrai qu'on peut transiger. — Mais le bandit qui vous arrête sur la grande route, vous laisse aussi la faculté courtoise de sauver votre vie en lâchant votre bourse.

Gédéon Ricard essayant ses effets de discours.

La cause la plus juste, le procès le plus imperdable devient une vraie calamité, quand on a l'un de ces messieurs pour adversaire. Ils ont des arguments à eux : réclamez-vous une dette à leur client? ils vous répondent que votre père était un banqueroutier, et laissent entrevoir que votre mère a mené joyeuse vie, au temps de sa jeunesse. — Insistez-vous, prenez garde! ils vont dire la première lettre du nom de l'amant de votre femme, ils vont fouiller avec une habileté diabolique, votre vie de famille, s'arrêtant toujours et tout juste aux vagues limites de la diffamation.

N'espérez pas qu'ils s'emportent jamais sur la voie. Ils sont comme ces filous qui connaissent à fond le Code. — Un pas de plus, vous pourriez vous venger d'eux légalement; mais ce pas-là, ils se garderont bien de le faire.

Ils ont subdivisé, à l'infini, l'échelle de l'injure; ils ont disséqué la loi jusque dans ses fibres les plus ténues; ils ont la mesure exacte de tout ce que l'on peut se permettre en fait de calomnie.

Encore une fois, c'est là leur gloire et leur achalandage.

Pour corriger une de nos comparaisons, ils ne sont pas le bandit qui vous arrête sur le grand chemin; ils sont tout bonnement le pistolet que le bandit vous met sous la gorge.

C'est là, il faut bien le dire, un des motifs qui font de Paris le paradis des fripons.

Et l'on s'étonne sincèrement qu'à défaut de la loi impuissante, le barreau parisien, dont les talents et la probité austère ont jeté, en tout temps un si vif éclat, ne fasse pas lui-même justice de ces industries effrontées...

Le pauvre Gédéon Ricard n'avait point le piédestal qu'il faut pour faire, avec fruit, le commerce dont il est parlé ci-dessus. Nous pensons qu'il se serait fait bravo de paroles assez volontiers, mais son stylet n'avait pas d'enseigne et les plaideurs qui veulent une arme pour dire efficacement à leur adversaire : La bourse ou la vie! ne venaient point chez lui.

C'était tout bonnement un de ces astres nébuleux que Paris insouciant possède et ne connaît pas, — un de ces astres qui se lèvent, dans la brume, sur la province ébahie, et qui prétendent la transporter d'admiration, uniquement parce qu'elle est la province et qu'ils sont de Paris.

LAGNY. — Imprimerie de VIALAT et Cie.

En passant la barrière, Gédéon Ricard s'etait senti grandir de deux ou trois coudées. Le mince avocat sans causes devenait un personnage. Il y avait du conquérant dans son regard. N'était-il pas en province ? et la province n'est-elle pas mise au monde pour adorer ce qui lui vient de Paris?

Pauvre province ! il est vrai qu'en tout ceci elle en est un peu complice. Elle met son orgueil à imiter Paris, à frayer avec Paris. Elle dédaigne ses propres fils pour arranger des ovations aux moindres enfants perdus de la capitale.

Il n'est pas de licencié en droit bavard, de médecin charlatan, de barbouilleur infime et de poëte de rébus, qui ne puisse nourrir l'espoir légitime de passer à l'état de grand homme, en quittant Paris pour s'abattre sur la province.

Les actrices qui ont quarante ans de planches sur nos théâtres de boulevards, redeviennent des ingénues, jeunes et jolies, dans les chefs-lieux de départements; les robes qu'on n'a pu vendre l'an passé dans le quartier de la rue Saint-Denis font la mode en Picardie ou en Gascogne.

Elles viennent de Paris!...

Quand Gédéon Ricard eut trouvé tous ses airs de tête, tous les plis de sa robe et l'inclinaison la plus heureuse pour sa toque hexagone, il reprit, en s'adressant à lui-même un sourire particulièrement spirituel :

« Mais vous m'objecterez peut-être, messieurs, qu'à part le fait d'avoir trouvé dans la malle de ma cliente le médaillon de madame la comtesse, il y a un témoignage qui nous écrase et nous réduit au silence?

« Je vais discuter tout de suite ce témoignage, afin de n'y plus revenir.

« Il s'agit d'une jeune servante, la nommée Mariette, qui est née sur les terres de M. de Bryant et pour ainsi dire dans sa maison. Cette jeune servante a témoigné trois fois dans le cours de l'instruction. La première fois, elle a déclaré avoir vu mademoiselle Pauli entrer dans la chambre de madame la comtesse de Bryant : ceci à l'heure présumée où la soustraction a dû être commise.

« La seconde fois, la nommée Mariette a hésité; sa déposition est loin d'être précise; — la troisième fois, le courage lui était revenu, elle a confirmé bravement et d'une manière positive son premier dire.»

— Je ne verrais pas grand mal, dit-il en s'interrompant, — à donner ici un petit coup de patte à la partie civile... si je la ménage, on pourra soupçonner la connivence..... Et d'ailleurs, il serait souverainement adroit de s'attirer les injures du braillard qui plaidera pour la famille de Bryant.

Mais pas de longueurs maintenant !... Je crois que ça commence à languir... chaud !

(*Déclamant et décochant un regard de côté à l'avocat de la partie civile.*) « A Dieu ne plaise que nous prétendions jeter l'ombre même du plus léger doute sur l'honneur d'une famille respectable dans le présent et illustre dans le passé... mais ce serait déserter complètement les intérêts de la défense que de ne pas protester contre le témoignage de la jeune servante de madame de Bryant.

« Quoi qu'en puisse dire la partie civile, et nous livrons notre poitrine d'avance à tous les traits dont notre adversaire voudra nous accabler, la loi elle-même a pris soin de classer ce témoignage.

« Quand même la nommée Mariette n'aurait point varié dans ses dires, nous aurions encore le droit de repousser l'aide qu'elle apporte complaisamment à l'accusation. Mais elle a varié! Mais elle a hésité! Mais il est impossible de ne pas reconnaître l'action mystérieuse exercée sur cette naïve conscience... »

— Le braillard de la partie civile s'agite sur son banc... A ton aise, mon fils, si tu fais le méchant, on te chauffera un petit paragraphe dans la réplique...

(*Déclamant.*) « Et c'est pourtant ce témoignage tout seul qui vient appuyer le fantôme de flagrant délit, sous lequel on voudrait écraser l'accusée !...

(*Parlant.*) — La métaphore est téméraire, mais je ne la déteste pas.

(*Déclamant.*) « Si j'insistais sur ce point, je croirais, en vérité, messieurs les jurés, faire tort à vos consciences.

« J'ose le dire, depuis dix ans que je poursuis ma carrière d'avocat, il ne m'est jamais arrivé de rencontrer une accusation si grave, soutenue par des preuves aussi futiles!... Il faut que M. le procureur du roi me pardonne, parce que ma conscience déborde, et qu'il y a dans mon cœur autant d'indignation que de pitié!

« Eh quoi! messieurs, il existe donc dans notre belle patrie, des classes de citoyens dont l'honneur, dont la liberté n'a qu'une sauvegarde illusoire.

« Sont-ce des esclaves, pour qu'au premier mot du maître ils puissent être traînés sur le banc de la honte?

« On parle du knout qui tue les paysans serfs de la Russie; on parle du fouet qui déchire les pauvres noirs de nos colonies ; mais le knout est moins cruel, mais le fouet est moins barbare que ce châtiment inouï, infligé préventivement à l'innocence !

« Il y a quelques mois, elle était forte et pleine de santé, cette jeune fille que vous voyez maintenant si courbée et si pâle !

« C'est au cœur que la honte l'a frappée. Et qui sait combien de jours lui restent pour jouir de la réhabilitation qu'elle va devoir à votre justice?... »

Gédéon mit son manuscrit sur le bois peint en marbre de la cheminée, et ôta sa toque hexagone pour se gratter le front.

— C'est extrêmement joli !... murmura-t-il d'un air pensif; c'est soigné de style. Mais il n'y a pas à dire, ça languit. Je chaufferais bien l'émotion en cet endroit, mais il faut garder un petit coin de mouchoir pour la péroraison... c'est difficile!

Son front étant gratté suffisamment, il se gratta l'oreille.

— La cour d'assises est un théâtre, reprit-il, — où nous autres, avocats, nous jouons le premier rôle... Les causes sont des drames... Il y en a qui obtiennent un succès de vogue, d'autres qui font un fiasco lamentable. Notre pièce... je veux dire notre cause; a de bons éléments de succès, mais je trouve que la partie comique est tout à fait négligée.

Il se gratta le menton.

— Oui... oui, poursuivit-il dans sa profonde méditation ; — décidément ça manque de gaieté!

— Eh bien! s'écria-t-il en posant sa toque de travers, — il faut en mettre !... nos amis nous accusent d'avoir énormément d'esprit... jetons un intermède badin au milieu de cette tragédie... mêlons, comme dit cet idiot de Boileau, le plaisant au sévère !

L'occasion est toute trouvée... Si la plaisanterie ne réussit pas, comme c'est moi qui fais le compte-rendu pour la *Gazette*, je la supprimerai.

Il appela sur sa lèvre un léger sourire et caressa l'auditoire absent d'un coup d'œil égrillard ; — puis il reprit :

« — Ce fameux flagrant délit qu'on nous oppose avec un sérieux imperturbable rappelle une anecdote peu connue, que l'on peut placer en deux mots ici, sans inconvénient.

« Il y avait une fois une servante très-honnête qui jouissait de l'estime et de la confiance de ses maîtres.

« Un vol fut commis dans la maison. — Il s'agissait, je crois, de deux ou trois couverts d'argent. — La servante avait seule la clé de l'argenterie; les soupçons ne pouvaient guère se porter que sur elle.

« Mais c'était une si honnête fille !

« On passa sur le vol des trois couverts d'argent. — Quelques jours après nouveau délit : la montre de madame fut dérobée; — quelques jours après encore la tabatière de monsieur disparut.

« Puis ce furent maints autres menus objets : — La maison était au pillage.

« Il fallait en finir. La servante accusée comparut devant les tribunaux. Il se présentait contre elle un faisceau de preuves qui l'accablèrent. — Elle fut condamnée.

— Messieurs, il y avait dans cette maison dont je vous parle, une pie..... »

(*Parlant.*) — Coup de théâtre ! — Le président hausse les épaules ; les assesseurs murmurent, et le ministère public me foudroie du regard. — L'auditoire rit comme un bossu.

(*Déclamant.*) « Une pie, messieurs!... Et le fait se passait à Palaiseau... Les naturalistes ont établi que la pie... »

(*Imitant la voix du président.*) — Maître Ricard, au nom du ciel !

(*Déclamant.*) « Je demande à la cour s'il est défendu de citer des exemples prouvant la fragilité des jugements humains... »

(*Le président.*) — L'histoire de la pie voleuse...... est comme ces mythes de l'antiquité païenne, qui cachent un sens philosophique et profond sous de frivoles apparences... (*Déclamant.*) L'histoire de la pie voleuse, messieurs, qui a fourni au plus grand génie musical des temps modernes, à l'auteur de *Guillaume Tell* et du *Barbier de Séville*, au trois fois illustre Giacomo Rossini, l'occasion de produire un chef-d'œuvre...

(*Parlant.*) — La *Gazza Ladra*, murmurent les vicomtesses qui sont allées une fois à Paris...

(*Déclamant.*) « Mais je m'arrête.... Je désire prouver à la cour qu'autant je suis ferme et inébranlable, lorsqu'il s'agit des intérêts sérieux de la défense, autant je suis soumis et plein de déférence lorsque ma personnalité seule est en cause...

« Messieurs, ma tâche est presque achevée, car je regarderais comme inutile de discuter la question de droit, avant que le ministère public ait formulé son réquisitoire.

« Il me reste à vous remercier humblement de l'attention indulgente que vous avez bien voulu prêter à ma parole.

« Vous avez religieusement écouté, messieurs, cette plaidoirie déjà trop longue. Que grâces vous en soient rendues, au nom de l'intéressante victime dont vous allez venger l'honneur!... »

Il détonnait de toute sa force, et ses bras allaient comme les ailes d'un moulin à vent.

— Le coup de fouet!... grommelait-il en s'excitant lui-même; — le final!... le tonnerre de Dieu!... l'emporte-pièce!...

(*Déclamant.*) « Nous sommes là, devant vous, humbles, mais confiants. Nous avons foi entière en votre suprême justice. Notre vie est entre vos mains, car la condamnation serait pour nous la mort!

« Point de circonstances atténuantes! nous n'en voulons pas; nous les dédaignons; nous les repoussons de toute la hauteur de notre innocence!.. »

(*Parlant.*) — Le coup de fouet, nom d'un petit bonhomme! la grosse caisse et les feux de Bengale!

(*Déclamant.*) « Nous n'avons, contre des ennemis puissants, que notre jeunesse, que notre beauté, que la pureté virginale de notre vie.

« Nous demandons pitié, car il faut implorer ici, même quand on est innocent.

« Et ce n'est point, hélas! au nom d'une famille en larmes que nous vous supplions, messieurs : nous n'avons pas de famille... »

« Ce n'est pas au nom d'amis inquiets et tout tremblants d'angoisses : — nous n'avons pas d'amis... »

(*Parlant.*) — C'est ici que la petite doit s'évanouir. — L'assemblée tord ses mouchoirs.

(*Déclamant.*) « Nous sommes seule devant vous et devant Dieu, qui nous voit innocente.

« Vous allez nous juger, mais Dieu vous jugera.

« Recueillez-vous en vous-mêmes, messieurs les jurés; suivant que prononcera votre sentence, nous nous relèverons forte et libre, en face de la calomnie vaincue, ou notre âme brisée s'éteindra dans le désespoir... »

Gédéon fit une pirouette sur lui-même et jeta sa toque hexagone au plafond.

— Chaud! chaud! chaud!!!... s'écria-t-il dans un véritable délire; — Les va-nu-pieds trépignent; les femmes se mouchent; c'est un transport! c'est un orage!

Le ministère public, vexé au dernier point, attend, pour se lever, que la tempête soit calmée.

Moi je me rassieds en m'essuyant le front avec un mouchoir de batiste, — et je fais de l'œil à la moins laide ou à la plus veuve des vicomtesses enthousiasmées.

Vive Gédéon Ricard, jeune avocat du barreau de Paris!...

On frappa rudement à la porte de la chambre.

Gédéon s'éveilla en sursaut. — Il dépouilla précipitamment sa robe noire, qu'il fourra dans sa valise, avec la toque hexagone.

Puis il alla ouvrir.

Ce fut M. le comte Hector de Bryant qui se présenta sur le seuil.

XXI.

SAVOIR SE RETOURNER.

Jamais nous n'aurions pu voir les beaux cheveux châtains de M. le comte Hector de Bryant plus merveilleusement peignés et lustrés, jamais sa barbe mieux taillée à la Nemours. — On l'accusait d'avoir bien près de quarante ans; mais en vérité, il fallait avoir vu son acte de naissance pour y croire.

C'était un de ces hommes froidement jolis, sur le front desquels les années glissent sans laisser de trace, pour ainsi dire, et comme glisse l'eau d'une cascade sur les durs cailloux.

C'était un fourreau brillant qui ne s'usait guère au frottement de sa lame.

Les gens comme le comte Hector mettent une nuance entre leurs toilettes de province et leurs toilettes de Paris. A Paris, vous les voyez toujours simples, et il faut deviner leur orgueil à travers la sévérité de leur mise. — En province, au contraire, un peu de magnificence ne sied pas mal. On n'y comprend pas très-bien la modestie dans le faste; et ce que les tailleurs nobles appellent le *style*, ne suffit plus à vous sauver du reproche d'indigence.

Le comte Hector ne poussait pas la flatterie jusqu'à imiter la splendeur des lions de l'Avranchin; il ne portait ni pantalons voyants, ni gilets nuancés de couleurs inquiétantes; mais le satin moelleux qui dessinait les formes de sa jambe avait des reflets mats et doux. — Quatre-vingts francs le mètre, pas un centime de moins; — son pardessus de drap cachemire noir, vous tranchait gaillardement sa taille et rabattait sur sa main frais gantée un étroit parement de velours.

Sous le par dessus, les revers de l'habit noir se montraient; sous les revers de l'habit, on apercevait la ligne blanche du gilet. — Enfin, entre la chemise de goût suprême et la batiste transparente de la cravate, on découvrait un peu, — rien qu'un peu, le reflet pourpre du cordon de commandeur.

Un mirliflor de Pontorson, qui l'avait vu descendre de voiture, à la porte de l'auberge, était en ce moment installé déjà chez son tailleur pour commander un costume pareil, sauf le cordon.

Gédéon Ricard salua très-bas. Il avait mis beaucoup de feu dans sa répétition, et restait encore tout ému.

M. de Bryant souleva son chapeau et entra.

— Monsieur le comte, dit l'avocat du barreau de Paris, j'ai fait de mon mieux pour vous épargner l'ennui de cette visite, et je suis désolé de n'avoir pas pu vous prévenir.

Le comte avait l'air distrait. — Il fit un de ces gestes convenus qui répondent à tout, puis il s'assit dans un fauteuil, au coin de la cheminée, en gardant sa canne et son chapeau à la main.

— Vous jugez quelle impatience j'avais d'être admis à l'honneur de vous voir! dit Gédéon qui prit une chaise; — votre lettre, au reçu de laquelle je suis parti en poste, ne donnait aucune espèce de détails. Depuis mon arrivée, je me suis informé au greffe et à la prison, mais les renseignements que j'ai recueillis çà et là sont loin de me suffire, je désirais bien vivement...

— Me voici, interrompit le comte Hector, dont la figure était froide et riante; nous allons causer affaires et nous entendre.

On eût cherché en vain, sur le front de M. de Bryant, la moindre trace de soucis ou de chagrins. Il y avait deux mois qu'une double catastrophe avait eu lieu dans son intérieur. Les menues intrigues qu'il aimait à nouer, dont il s'entourait à plaisir et qui faisaient sa vie, s'étaient rompues brusquement, pour céder la place à une péripétie bien grave.

D'un autre côté, sa nature elle-même s'était un instant transformée. Dans ce cœur tiède et vierge de toute émotion, l'amour et la colère étaient entrés ensemble un beau jour, si bien que l'imbroglio froid de son existence s'était fourvoyé, par hasard, jusqu'à une scène de tragédie.

Il n'y paraissait plus, en vérité. Le comte avait repris cette physionomie distraite et pensive qui faisait dire à ses amis : — Quelle forte tête, son cerveau travaille toujours!

Et par-dessus ce grand air de rêverie, il avait recollé le fameux sourire des diplomates.

Impossible de voir désormais, ce qu'il y avait au dedans de lui. — Mais nous affirmons, à tout risque, qu'il n'y avait pas grand'chose.

— Je me suis souvenu de vous comme vous voyez, reprit-il.

— Je ne sais comment reconnaître, commença Gédéon.

— Nous vous en donnerons les moyens, interrompit M. de Bryant; ce que je veux, avant tout, dans un homme d'affaires, c'est un grand dévouement et beaucoup de zèle.

— Monsieur le comte...

— Très-bien!... je suis persuadé que vous n'en manquerez pas..... d'autant mieux qu'il y a ici une position très-honorable à prendre... Mon cher monsieur Ricard, on m'a dit du bien de vous... Il faut vous mettre à l'œuvre tout de suite et composer votre plaidoyer, afin que j'aie le temps d'y jeter un coup d'œil.

— Mon plaidoyer est fait, dit Gédéon avec modestie.

— Ah bah! s'écria le comte, déjà!... vous êtes un homme admirable. Mais comment avez-vous pu?

— Permettez, monsieur le comte..... j'ai lâché une parole imprudente. Mon plaidoyer est fait, en ce sens que j'ai marqué les situations et préparé les effets *grosso modo*... vous comprenez?

— A peu près... cependant...

— Voyez-vous, ce premier jet est susceptible de mille et une modifications... C'est un peu le *scenario*, comme disent les auteurs dramatiques, — le cadre. Mais à l'aide de vos excellents avis, j'espère que ma pauvre improvisation...

— Avez-vous écrit? interrompit le comte.

— Oui, certes.

— Pourrait-on voir?...

La figure de Gédéon prit un air à la fois content et plus modeste.

— Assurément, monsieur le comte, murmura-t-il ; je suis sensible, mais je n'ose en vérité, vous soumettre ce brouillon informe...

— Donnez... dit le comte.

— C'est pour ne pas vous désobéir !

Gédéon prit son manuscrit sur la cheminée et le remit entre les mains de M. de Bryant.

Tandis que ce dernier lisait les premières pages, Gédéon poursuivait :

— Je vous supplie de ne voir en ceci qu'une ébauche à peine indiquée... Je crois pouvoir dire, sauf erreur, qu'il y a là les éléments d'un discours assez remarquable.

— Je crois bien ! murmura le comte qui avait mis le binocle à l'œil.

— N'est-ce pas ?..... Je pense avoir trouvé le joint de la question... Et il me semble que l'aspect sous lequel les choses sont présentées...

— Évidemment !... murmura le comte, qui tournait les feuillets avec distraction.

Gédéon se frotta les mains.

— Ma foi, s'écria-t-il tout joyeux, — l'approbation d'un client éclairé est la plus douce récompense que puisse recevoir le travail d'un avocat !... Du moment que vous êtes satisfait, monsieur le comte.

— Oui, oui..... interrompit ce dernier qui remit le manuscrit sur la cheminée, — je trouve cela parfait, mon cher monsieur Ricard... Il y a du mouvement ; il y a de l'esprit... mais, ce qui est plus rare, il y a de l'âme.

Gédéon était aux anges.

— Seulement, poursuivit le comte qui planta sa canne debout et mit sa main gantée sur la pomme d'or ; — dans la circonstance, ce morceau très-remarquable ne pourra pas nous servir.

Les yeux de Gédéon s'ouvrirent tout ronds.

— Entendons-nous bien, poursuivit le comte avec son sourire indifférent et distrait. — Le cadre y est, comme vous disiez... Il y a de très-bonnes choses que nous pourrons conserver en les retournant... Je sais un peu votre métier, comme vous voyez, maître Ricard.

Gédéon comprenait à moitié, sa figure peignait le désappointement et la tristesse.

— Mais, en définitive, poursuivit encore le comte, — je suis bien forcé de vous le dire : vous avez fait une petite erreur... Je vous prie de remarquer, cher monsieur, que, dans cette affaire, je suis forcément partie civile.

— Sans doute... interrompit Gédéon ; mais je pensais...

M. de Bryant mit de côté son sourire, et sa voix prit de la sécheresse.

— C'est le t rt que vous avez eu, monsieur Ricard ! interrompit-il à son tour ; — quand on agit pour un homme loyal et franc, — pour un gentilhomme, monsieur, — il n'y faut pas mettre tant de finesse !... La ligne droite est la seule admissible... et je crois pouvoir me vanter de n'avoir jamais suivi que celle-là.

Gédéon n'osa point répliquer. — Ce n'était pas faute d'avoir une réponse toute prête.

— Nous sommes partie civile, reprit le comte ; — nous plaidons franchement contre mademoiselle Alizia Pauli... En conséquence, cher monsieur, vous aurez l'obligeance de tourner, du blanc au noir, votre intéressante plaidoirie.

Les bras de Gédéon tombaient.

— Monsieur le comte... balbutia-t-il, la dignité du barreau...

— Allons donc ! s'écria le diplomate dont le sourire se teignit légèrement d'insolence, la dignité du barreau, le désintéressement de la magistrature, la vertu des femmes... on a pour tout cela un respect énorme, cher monsieur, mais on n'en suit pas moins son chemin à l'occasion... Êtes-vous riche ?

— Mais, monsieur !

— Permettez ! si nous nous fâchons, il faut briser là et nous souhaiter mutuellement le bonsoir... Je vous interroge d'excellente amitié et dans votre intérêt. Cet automne, vos amis m'ont dit que vous aviez été jeune et que votre fortune s'en était allée à de très-aimables folies... J'aime beaucoup les gens qui se rangent, monsieur Ricard. — Êtes-vous riche ?

Gédéon avait bonne envie de se blesser. Mais les clients sont si rares !

— Je n'ai que très-peu de fortune, monsieur, répondit-il en baissant les yeux.

— Il n'y a pas de quoi rougir ! s'écria le comte ; si nous nous entendons, comme je n'en doute nullement, vous n'aurez pas à vous repentir de votre voyage. Il est donc entendu, d'abord, que nous attaquons mademoiselle Pauli à toute outrance.

— Mais, demanda Gédéon, par qui donc la faites-vous défendre ?

Le comte eut un petit ricanement où perçait la fatuité contente.

— Mon cher monsieur Ricard, dit-il, les jeunes avocats du barreau de Paris croient donc aux cancans comme les vieilles femmes de la province ?

— Je pensais, voulut dire Gédéon...

— De grâce, épargnez-moi ! Je sais tout ce qu'on pense !... Eh bien ! ajouta-t-il en donnant plus de sérieux à son accent, — parfois il y a quelque petite chose de vrai au fond de tous ces bavardages... Il ne serait pas absolument impossible que, dans tel cas donné, un reste d'intérêt, — la compassion, si vous aimez mieux, me ît oublier mon légitime courroux. Alors, mon cher monsieur, vous pourriez utiliser assez bien le très-charmant morceau d'éloquence que je viens de parcourir avec votre permission ; mais d'ici là il faut être en mesure, car la possibilité dont je vous parle est extrêmement faible... Voyons ! n'y aurait-il pas moyen d'arranger la chose à tout événement : Si je vous payais deux plaidoyers ?

Gédéon secoua la tête en manière de protestation timide.

— Ceci est un détail, reprit le comte ; vous êtes un homme de sens et vous savez ce que vous devez faire. Une observation, pendant que j'y songe : que vous plaidiez pour ou contre mademoiselle Pauli, il faudra supprimer le passage relatif à cet enfant... ce nain.

— Bosco ?

— Bosco..... son départ n'a aucune espèce de rapport avec notre affaire...

Gédéon s'inclina en silence.

— Eh bien ! reprit le comte... vous voilà tout triste ! cher monsieur, faut-il vous dire que notre vie à tous se passe à plaider le pour et le contre ? En politique, en morale, en religion... mon Dieu ! les puritains crient au scandale et font beaucoup de bruit, mais jetez-leur un os à ronger, et vous verrez qu'ils savent, aussi bien que d'autres, faire la cabriole. Donc, sur ce sujet, nous nous entendrons à merveille. Reste une petite question qui ne fera pas un pli, je l'espère. Vous êtes l'ami de M. le juge d'instruction, Martial Aubert.

— Ami de jeunesse.

— Ce sont les seules amitiés véritables !... Je vous demanderai...

— Pardon, monsieur le comte, interrompit Gédéon Ricard, qui saisissait avec empressement l'occasion de se relever à ses propres yeux ; — les secrets de mon ami Martial ne sont pas les miens, et je refuse d'avance...

Le comte éclata de rire.

— Mais pour qui diable me prenez-vous, mon cher monsieur Ricard ? s'écria-t-il. — Savez-vous que vous êtes un conseil très-original ! Vous ressemblez à ces vierges timides qui voient dans chaque parole un outrage, et dans chaque homme un Lovelace acharné à les séduire... Je vous proteste que je n'ai pas le moindre projet hostile à votre vertu. Les secrets de M. Martial Aubert m'importent assez peu, d'autant mieux que je crois les connaître jusqu'à un certain point...

— Diable !... pensa Gédéon. — S'il sait que Martial aime sa femme, il en parle un peu bien à son aise !

Il en était toujours à croire que les visites de Martial Aubert à la pension de la rue de Varennes, avaient eu, autrefois, Clotilde pour objet.....

— Fi donc !... poursuivit le comte ; ma règle de conduite est de m'occuper uniquement de ce qui me regarde... et les soupirs de ce brave magistrat ne me regardent pas du tout !... Voici ce que je veux... Puisque vous êtes lié avec M. le juge d'instruction, vous pouvez l'approcher, lui parler, — savoir ou deviner bien des choses ; — je parle pour notre affaire, vous m'entendez bien... Il m'importerait de ne pas ignorer complètement quel est son avis dans l'espèce... L'homme sage, mon cher monsieur Ricard, agit suivant les circonstances. Je sais notre juge d'instruction a pris pour costume, dans la vie, l'austérité, la gravité, la vertu inébranlable et incorruptible. — Ce n'est pas du tout un mauvais rôle, et je ne vous en garderai bien de le blâmer... on arrive au même but par vingt routes. Seulement les acteurs de sa sorte sont d'un abord difficile, et puis l'on craint toujours de tomber sur un vrai saint !... Vous, mon cher monsieur, vous pouvez m'être utile ici sans danger aucun... S'il vous est possible de me dire, ce soir ou demain, dans quel sens le rapport de M. Martial Aubert doit être fait, vous aurez droit à ma reconnaissance.

Gédéon hésitait sincèrement. — M. de Bryant ne lui laissa pas le loisir de répondre.

— En nous résumant, poursuivit-il avec son aisance dégagée ; je vous donne deux missions, mon cher avocat... une visite à faire et un plaidoyer à corriger... pour la visite, je m'en fie à votre adresse... pour le plaidoyer, je vous recommande d'être impitoyable. Voyez-vous, en définitive, dans une société comme la nôtre, il faut que certains crimes aient leur châtiment sévère... Sans cela, cher monsieur, où irions-nous, je vous le demande en grâce !...

Il se leva, salua et disparut, exagérant à dessein cette prestesse de l'homme comme il faut, qui sait abréger la minute importante des adieux...

Gédéon resta seul au milieu de sa chambre. — Il s'inclinait encore que le comte était déjà au bas de l'escalier.

— Voilà un gaillard!... murmura-t-il; — du diable si les scrupules le rendront malade, celui-là!... Ah! ah! c'est comme ça que sont les gens habiles!... rien ne les arrête... rien ne les gêne... aussi Dieu sait qu'ils font du chemin, pendant que les sots hésitent et se grattent la conscience!...

Il se rapprocha de la cheminée.

— Ah çà! reprit-il d'un air pensif; — moi, je déclare que je n'y comprends plus rien du tout... il s'est donc brouillé avec l'institutrice?... ce que c'est que de nous!... voilà un plaidoyer charmant, — plaisanterie à part, un plaidoyer très-remarquable! — qu'il faut jeter au panier, parce que M. le comte s'est fâché avec sa maîtresse... elle ne pouvait donc pas se tenir tranquille, cette femme-là!

Il feuilletait machinalement son manuscrit et ses yeux étaient pleins d'amour.

— Mon pauvre plaidoyer! murmura-t-il après un silence; je l'aurais fait imprimer tout entier dans la *Gazette des Tribunaux*, avec des parenthèses où j'aurais mis moi-même : *Applaudissements ; émotion dans l'auditoire; messieurs les jurés s'agitent sur les bancs*, et le fameux : *Sensation prolongée*... tant d'éloquence perdue! tant de beaux mouvements!... tant de sonores paroles!

Son regard mélancolique parcourait les pages du manuscrit.

— Au fait, poursuivit-il, tandis que son front se déridait peu à peu ; — il y a une chose certaine, c'est que le pour et le contre se ressemblent étonnamment... les extrêmes se touchent, comme dit le proverbe antique... Et plus je relis mon pauvre travail, plus je vois qu'en changeant certains mots... en retournant çà et là quelques phrases, la chose pourrait très-bien servir!

— Mais très-bien!... répéta-t-il déjà consolé ; — très-bien!... admirablement bien!... d'abord l'exorde est un de ces chapeaux qui peuvent aller à toutes les têtes... Au lieu de la lutte éternelle et impie du riche contre le pauvre, son bienfaiteur... Il y a beaucoup de légitimistes dans le pays... cette thèse-là vaut bien l'autre...

Il s'animait par degrés.

— Cette thèse-là vaut mieux que l'autre! s'écria-t-il. Depuis assez longtemps on vocifère contre les riches!... Il est beau de défendre une classe calomniée!... Où sont les vertus, sinon dans les hautes classes!

— Voilà que ça vient! s'interrompit-il en clignant de l'œil.

« Où sont la bienfaisance et la générosité?... Faut-il toujours s'apitoyer sur ces mendiants qui, depuis le commencement du monde, mordent et déchirent la main charitable qui leur vient en aide!

« Assez d'autres s'agenouillent devant cette idole banale qu'on nomme le peuple; assez d'autres mentent à leur conscience pour courtiser la popularité; nous aurons, nous, le courage de nos convictions, et nous vous dirons, messieurs... etc., etc. »

Le feu de l'inspiration était dans le regard de maître Gédéon.

— C'est qu'il y a là un effet beaucoup plus distingué, dit-il, et ça prendra bien mieux les clients riches... Est-ce parmi les va-nu-pieds qu'on trouve les bonnes affaires?

Il tournait du pouce les feuillets du manuscrit.

— Diable! diable! grommela-t-il, par exemple, je ne pourrai pas protester pour la liberté de la défense... mais on peut mettre la liberté de la défense, et faire encore pas mal de fla fla...

Quant au paragraphe relatif à la position des institutrices, je le mets sens dessus dessous comme un vieil habit.

Et je dis :

(Il se posa devant la glace.)

« Messieurs, il est dans notre état social des positions fausses et fatalement dangereuses qui, par le plus étrange des privilèges, résistent à la fois au progrès des lumières et à la juste défiance qui les entoure.

« Entre toutes ces positions, celle de l'institutrice est assurément la plus néfaste. Que d'exemples je pourrais citer! combien de drames je pourrais dérouler devant vous, si la solennité de ces débats ne me défendait pas jusqu'à l'ombre d'une allusion!

« Il faut bien le dire, pourtant, si vous voyez une de ces créatures entrer dans une famille heureuse, tremblez! car c'est le malheur qui a franchi le seuil. Il y a en elles comme un signe funeste. Si elles ont la jeunesse, si Dieu leur a donné la beauté, prenez garde! ce sont des armes données, si elles s'en serviront, dans l'ombre, pour frapper sans pitié.

« La loi est impuissante à réglementer la vie privée. — Fasse le ciel que notre voix, entendue, éveille le cœur de quelque mère!

« Car c'est un jour maudit que celui où l'étrangère va passer votre seuil, un jour fatal et qu'il faudra marquer d'un noir caillou. — *Nigroque dies notanda lapillo*. — Naguère, dans cette famille fortunée, on ne voyait que sourires; le bonheur s'assoyait autour du foyer domestique.

« Qu'y a-t-il aujourd'hui? pourquoi ces regards méfiants? ces paroles amères échangées entre gens qui s'aimaient? — pourquoi ces yeux rougis par les larmes?

« C'est l'étrangère! — C'est cette femme au front triste, qui s'assied, courroucée, à une place douteuse. Elle déteste les maîtres qui la paient; elle déteste les valets qui la servent. — Elle souffre, et son cœur est plein de fiel.

« Y a-t-il donc, en notre dix-neuvième siècle si glorieux, si lumineux, si près d'atteindre la perfection, y a-t-il donc tant de ténèbres dans le cœur des épouses et des mères?... »

— C'est moins chaud, s'interrompit Gédéon ; mais c'est plus large... il faut pour dire cela une voix lugubre et lente, des regards désolés, un geste tragique ; — Ça marchera.

Quant au fait, je ne m'en occupe même pas. — Il y a cinquante manières de raconter une histoire.

Ce que je voudrais, c'est un petit coup de patte à monsieur l'avocat de la donzelle! Il va nous parler du déluge et de la révolution de juillet... je trouve cela grotesque!

Ma parole! c'est pain bénit de donner sur les doigts à ces hurleurs de mauvais goût qui exploitent le chauvinisme républicain, qui viennent vous parler, à propos de bottes, des droits du peuple, de la liberté sainte ou de la loi agraire, — et qui démolissent, à chaque phrase, un petit bout du système social!... Après tout, moi, je suis assez dans les idées du gouvernement; et si le ministère voulait m'offrir une bonne petite place, bien gentille, je n'en témoignerais pas ostensiblement mon dégoût...

Il réfléchit un instant.

— Bah!... s'écria-t-il ensuite, — je trouverai ça!... cette chiquenaude doit s'improviser, ainsi que deux ou trois pichenettes sur le nez des avocats de province qui braillent, sans rime ni raison, en faveur du droit de la défense, du droit sacré de la défense que personne ne songe à attaquer.

Je verrais un drôle de petit livre à faire sur les avocats...

Maître Gédéon Ricard, du barreau de Paris, parlait ainsi de la meilleure foi du monde.

— Maintenant, reprit-il en jetant toujours, de temps à autre, un coup d'œil à son ancien manuscrit, — maintenant passons à la discussion... nous y sommes fort à l'aise ; il y a flagrant délit... Le voleur avait encore notre bien dans sa poche... impossible de nier, parbleu! et nous rirons bien des efforts du Berryer de Saint-Lô !

Où diable avais-je l'esprit? — Sauf la mauvaise couleur qui s'attache toujours au rôle de la partie civile, mon lit est bien meilleur ici que dans la défense, et avec ce thème nouveau, ma parole ira bien plus droit au cœur des propriétaires...

Honneur aux propriétaires!...

Voyons! il me manque quelque chose. Le comte ne m'a pas donné le chiffre de ses dommages-intérêts. — Du diable si la péronnelle a un sou vaillant !...

Moi, j'arriverais tout de suite à la péroraison.

— Ah! s'interrompit-il avec un gros soupir ; — c'est ma péroraison que je regrette!... Quel feu!... quel'chic!... que de rhumes de cerveau... J'aurai bien de la peine à m'égaler moi-même!...

Voyons pourtant : c'est un autre genre.

(*Déclamant*.) « Messieurs, nous ne venons point ici requérir la condamnation du coupable. Cette tâche courageuse mais pénible ne nous est point réservée. Une voix plus éloquente que la nôtre fera tonner tout à l'heure les foudres de la loi. Mais sans aller, — et que Dieu nous en garde! — sur les brisées du ministère public, qu'il nous soit permis de placer les intérêts les plus chers des familles sous la sauvegarde sévère de votre impartialité.

« Les intérêts de la famille, messieurs! — messieurs, les intérêts de la famille (*Allez donc*) ! de la famille, si cruellement attaquée de nos jours (*Poussez*) ! de la famille qui représente, en petit, la société tout entière! (*Dzig! dzig !*)

« Pour emprunter, au sein de ce pays agricole, une métaphore à la vie naïve et respectable des cultivateurs; les habitants de nos campagnes ont coutume de placer des simulacres de gardiens dans leurs vergers, pour chasser les oiseaux gloutons et pillards, — des lambeaux de toile, de vieux chapeaux, — des épouvantails, enfin.

« Messieurs, vous êtes pères, messieurs, vous êtes époux!

« Ce que nous demandons, c'est de placer, par votre verdict, un épouvantail salutaire au seuil sacré de la famille. (*Rataplan !*)

« C'est de faire pour la famille, ce que vous faites pour les fruits de vos métairies. (*Pif, paf!*) C'est de prêter, enfin, aide et secours à la plus sérieuse, à la plus haute, à la plus sainte des institutions que la piété de nos aïeux ait léguées à notre grande civilisation... (*Boum!*)
« J'ai dit. »

XXII.

LE MAL.

Il était deux heures de l'après-midi environ.
Julienne, la vieille servante de Martial Aubert, filait dans sa cuisine. — C'était une grande pièce haute d'étage, éclairée par une seule fenêtre et n'ayant pour tous meubles que trois ou quatre chaises de paille, un bahut en chêne noir et la grosse table oblongue, qui tient le centre de toutes les cuisines normandes.

Derrière la cheminée, dont le manteau avançait d'une demi-douzaine de pieds et formait une sorte de toiture, la muraille s'enfonçait, de manière à produire une véritable alcôve. — Dans ce trou, que fermait un rideau de serge brune, il y avait deux lits, placés l'un sur l'autre.

C'était dans le lit du rez-de-chaussée que couchait d'ordinaire la vieille Julienne; mais, depuis un mois ou deux, elle avait monté d'un étage, pour céder la place à un pauvre malade.

La fenêtre donnait sur une cour solitaire. Les pâles rayons du soleil de décembre traversaient la cuisine et marquaient leur passage au milieu de l'atmosphère poudreuse. — Ils venaient frapper l'âtre où deux maigres tisons brûlaient sous la cendre amoncelée, et mettaient un reflet bleuâtre à la spirale de fumée qui montait le long de la crémaillère.

Le chien Pluton fermait ses yeux au soleil et chauffait ses pattes poilues.

Les murs, crépis à la chaux, avaient une teinte jaunâtre. — Çà et là, leur nudité se rehaussait de quelques vieilles images de saints, ou de quelque complainte enluminée.

Au plafond, des solives noires et à peine équarries, allaient rejoindre la grosse poutre que l'âge faisait fléchir.

Sauf certaine nuance de tristesse et sauf la solitude, on voit des cuisines presque pareilles dans les toiles enfumées des maîtres flamands.

Le rouet de Julienne tournait en rendant une plainte monotone, — et, sur ce bizarre accompagnement, la vieille chantait d'une voix lente et cassée.

Des intervalles de silence coupaient son chant, et alors on n'entendait plus que la plainte périodique du rouet, avec le cri mystérieux des grillons de l'âtre.

La vieille venait de finir sa complainte, et, comme toujours, elle la recommençait, sans impatience ni fatigue.

Elle disait :

> Henriette était fille
> D'un baron de renom,
> Et de bonne famille
> Était le beau Damon.
> Il était fait au tour...

Un gémissement faible se fit entendre derrière les rideaux fermés.
— Qu'as-tu, toi, petit? demanda Julienne en s'interrompant.

Les anneaux qui soutenaient la draperie de serge glissèrent en grinçant sur leurs tringles. — La saillie de la cheminée mettait l'alcôve dans l'ombre. — On eût pu, néanmoins, apercevoir vaguement, au fond du trou, une figure d'enfant pâle et souffrante.

C'était le malade à qui Julienne avait cédé sa couche.
Il s'était soulevé à demi et se tenait appuyé sur le coude.
L'œil s'habituait à l'obscurité du trou, et distinguait mieux les détails.
Cet être, dont la figure blanche ressortait sur le fond sombre, présentait alors un aspect étrange. Ses traits réguliers mais maladifs s'entouraient d'une épaisse chevelure mêlée. On ne savait trop dire ce qu'il y avait dans la fixité profonde de son regard.

Sa tête, trop grosse, s'attachait à un cou grêle que soutenaient des épaules difformes.

Peut-être était-ce l'effet du demi-jour qui trompe la vue, et jette parfois un voile bizarre sur les objets les plus ordinaires; mais cet enfant, qui apparaissait vaguement au fond du trou obscur, donnait tout à coup à la scène une nuance étrangère et fantastique.

— Que veux-tu? demanda encore Julienne, sans quitter son rouet.
— Je veux que tu te taises, répondit le malade d'une voix grondeuse et triste. — Ta chanson m'ennuie, et tu la chantes toujours... C'est parce que ce Damon était beau que la jeune fille l'aimait. Ceux qui sont laids comme moi, personne ne les aime !

Julienne branla sa tête grise.
— Ceux qui souffrent sur la terre, Dieu leur donne le paradis... murmura-t-elle. — Dors, mon pauvre Bosco... les derniers seront les premiers... Il n'y a ni riches ni pauvres chez le bon Dieu, ni maîtres ni domestiques...

La tête de Bosco s'inclina sur sa main.
— L'âme ne ressemble pas au corps... dit-il comme en se parlant à lui-même ; — peut-être que je serai beau dans le ciel !...

Mais vois donc, vieille Julienne! s'écria-t-il tout à coup en se redressant, — quand je parle de cela, tu te moques de moi; mais c'est bien vrai, pourtant!... Je sens mes jambes plus longues... mes pieds vont plus loin sous la couverture..

— Pauvre innocent!... fit Julienne qui haussa les épaules avec compassion.

La voix du nain exprima de la colère.
— Tu ne veux pas me croire!... s'écria-t-il, — et tous les autres sont comme toi... Mon Dieu! que je voudrais être guéri pour me lever et voir si je suis plus grand!... Et il n'y a pas de glace ici... mais j'irai dans la chambre de M. Martial qui est bon, lui, et qui ne se moquera pas de moi !

— Si tu te tourmentes comme cela, dit la vieille Normande, tu ne guériras jamais.

Le nain remit sa tête sur l'oreiller.
Au bout de quelques minutes, il se leva de nouveau sur son séant.
— Julienne!.. dit-il d'un ton de mystère.
— Après?
— L'ont-ils condamnée?

Les sourcils grisonnants de la vieille femme se froncèrent. — Elle ne répondit point.

— L'ont-ils condamnée? répéta Bosco; — j'ai peur qu'ils ne lui donnent sa grâce, parce qu'elle est belle.

— Tais-toi, petit!... murmura Julienne, — ceux qui désirent le mal de leur prochain ne vont pas chez le bon Dieu.

— Elle!... mon prochain!... se récria Bosco qui ferma ses poings osseux sur la couverture. — Ce n'est pas vrai!... le bon Dieu ne veut pas que je l'aime.. car, dès la première fois que je l'ai vue, mes yeux se sont détournés d'elle... Et la voix qui me parle, quand je suis tout seul, a dit : Celle-là, c'est le mal !...

— Innocent!... grommela Julienne en mouillant sa filasse; — innocent! est-ce qu'on l'écoute!

— S'ils m'avaient écouté, prononça le nain d'une voix presque solennelle, ils auraient chassé la mort... et on aurait encore le bonheur au beau château de Villers! Oh! pauvre madame, a-t-elle pleuré!... cette fille-là, voyez-vous, se reprit-il avec une énergie soudaine, — si les juges la condamnaient à la guillotine, je me traînerais sur le pavé pour aller la voir mourir !

Julienne frissonna. — Elle activait, malgré elle, le mouvement de son rouet dont le cri se faisait entendre plus perçant. — Elle n'osait plus regarder du côté de l'alcôve où les yeux du nain brillaient étrangement dans l'ombre.

— Dors... prononça-t-elle machinalement.
— Dormir!... répéta Bosco, — non! non! je ne veux pas dormir.
— Dès que je ferme les yeux, je vois sa figure dans mes rêves... Ce n'est pas cette figure si belle et si trompeuse qui vous fait l'aimer, vieille Julienne... c'est son âme que je vois... son âme méchante et noire... Écoute!... Te souviens-tu comme ils étaient heureux au château, avant son arrivée?

— Je me souviens que mademoiselle Alizia était douce comme un ange, interrompit Julienne qui semblait partagée entre l'impatience et une sorte de superstitieuse frayeur ; — et je me souviens qu'elle était bien bonne pour toi, petiot !

Le nain eut un rire bref et froid.
— Oui!... oui! grommela-t-il, — douce comme un ange!... la patte du chat est de velours, tant qu'il cache ses griffes... Douce comme un ange!... ils parlaient tous comme cela dans le commencement... moi, je n'ai eu besoin que d'un regard... j'ai vu son âme à travers son corps!

Il se retourna sur sa couche, et sa voix prit un accent rêveur.
— Quand elle passa le seuil, poursuivit-il, c'était une gaie matinée de printemps; les autres souriaient, moi, j'étais triste... il me semblait

qu'un crêpe noir tombait entre ma vue et cette femme si belle... la comtesse la tenait par la main... J'avais envie de m'élancer et de crier : Oh! chère madame, c'est votre perte que vous amenez dans la maison!

« J'avais mon bel habit de page... la demoiselle me dit bonjour en entrant et me fit une caresse. — Mon sang eut froid dans mes veines.

« Je me disais : C'est le mal!... c'est le mal!... »

Le grand chien Pluton s'éveilla, auprès du foyer. — Il bâilla en poussant un hurlement sourd.

La vieille se signa en cachette.

Il faisait jour, et pourtant Julienne se sentait prise de superstitieuses terreurs, comme si elle eût écouté, dans le clair-obscur de la veillée, un effroyable récit de l'autre monde.

— Tais-toi!... murmurait-elle; — tais-toi!

— Je ne veux pas qu'il y ait une femme plus belle que madame la comtesse! reprit le nain; — je ne veux pas qu'on vienne lui prendre son bonheur!... Qu'importe ma volonté? je suis si faible!... Mais, si je ne peux rien, je sais beaucoup de choses; des choses qui étonneraient plus d'un homme savant...

« Les juges cherchent comme un aveugle qui va tâtant la route avec son bâton... Si je voulais parler, moi, les juges verraient clair, et la vérité serait connue. »

Le rouet de Julienne s'arrêta, et son oreille s'ouvrit attentive.

Ce n'était pas la première fois que le nain prononçait de ces demi-mots, donnant à entendre qu'il possédait un secret.

Dès qu'on l'interrogeait, il gardait obstinément le silence, si on ne l'interrogeait point, ses idées vacillantes tournaient bien vite autour de leur fantasque pivot, et il ne s'expliquait pas davantage.

Cette fois encore, il s'interrompit brusquement pour balbutier de vagues paroles, où la vieille Normande ne découvrait point de sens.

— Il me tuerait!... disait-il; je le sais bien... S'il s'agissait d'une autre, je n'aurais pas peur de la mort... mais pourquoi le sauverais-je, puisque Dieu veut le punir?... C'est le mal!

— Elle était de toutes les fêtes... reprit-il en s'adressant à Julienne; madame l'appelait sa sœur...

« Pauvre madame, comme elle l'aimait!... moi, je souffrais à la voir si bien parée... La voix me parlait toujours de malheur... je me glissais sur ses pas; je l'épiais sans cesse. Elle avait beau me sourire, je la détestais!...

« Ah! ah! s'écria-t-il avec un ricanement amer; — là-bas, au château, tout le monde se moquait de moi, quand je la montrais au doigt en disant : C'est le mal! c'est le mal!...

« Ils ont bien vu si j'avais raison!...

« Sais-tu, vieille Julienne, reprit-il d'un accent confidentiel; — le mal est long à venir... Il se cache pour mieux tuer... Il se coule, — il rampe...

« C'est comme le feu.

« J'étais tout enfant. — Te souviens-tu de cette nuit où nous vîmes brûler la métairie de la Saudre, dans le pays bas, en face du mont Saint-Michel?... Ce fut d'abord une toute petite flamme, qui courait sous le toit de chaume, et qui semblait se jouer le long des murs.

« J'étais dans ma chambre, tout en haut du château. — Je regardais la petite flamme en souriant, et je ne songeais guère à l'incendie.

« Elle allait voltigeant comme un bel oiseau, — tantôt blanche, tantôt bleue; — la nuit était si claire qu'on ne voyait pas de fumée.

« Tout à coup, le vent du large s'éleva; la petite flamme devint rouge, — puis elle s'étendit, jusqu'à tracer une ligne de feu autour du toit de chaume.

« Mes yeux s'ouvrirent tout grands; il me semblait qu'un cri de détresse montait pour l'avenue.

« La ligne de feu s'assombrit durant un instant, puis une colonne de flamme, haute et large, jaillit vers le ciel.

« La toiture de la ferme s'était abîmée.

« Durant un instant, je vis les arbres de l'avenue, éclairés comme en plein jour, la grève brillait, l'écume des vagues était pourpre.

« Puis la nuit revint, la métairie n'était plus qu'un brasier rouge et sans rayons.

« Le fermier de la Saudre était le plus riche du pays, — maintenant, ses enfants vont, pieds nus, par les chemins et demandent la charité aux passants.

« Chez nous, ajouta Bosco d'une voix assombrie, ce fut comme à la ferme brûlée... Il n'y avait que moi à voir la petite flamme qui annonçait le malheur... A présent, le château a encore toute sa richesse... mais les beaux yeux de madame sont baignés de larmes... L'étrangère lui a pris son repos. — Elle lui prendra sa vie... »

Pluton se dressa sur ses quatre pieds. — Un nuage noir passa sur le soleil, et tous les objets qui tranchaient sur la muraille enfumée de la cuisine se voilèrent. La vieille Julienne avait froid et tremblait.

— Les juges décideront, dit-elle, il n'appartient pas à de pauvres gens comme nous d'avoir un avis sur ces choses-là.

Bosco était droit sur son séant : sa joue, naguère si pâle, se colorait d'une rougeur fugitive.

— C'est le mal!... dit-il d'une voix haute et résolue; — Dieu me punirait si je voulais la sauver!

— La sauver!... répéta Julienne; — tu sais donc quelque chose, mon petit Bosco?

Les paroles du nain avaient fait, à la longue, impression sur elle, mais elle gardait néanmoins une part de cette tendresse, mêlée d'admiration, que la jeune institutrice lui avait autrefois inspirée.

Avec sa brusquerie et son air revêche, Julienne était la bonté même. Elle ne savait trop que penser, parfois, en face des anathèmes que les gens du château, ses anciens camarades, lançaient contre Alizia.

— Mais, au fond de son âme, un instinct secret se révoltait contre ces accusations.

Elle avait vu mademoiselle Pauli si pure et si bonne!

Elle doutait; et, chaque fois que le nain revenait à ces coupables insinuations, sa curiosité lassée s'éveillait vivement.

— Oui, je sais quelque chose, répliqua Bosco, — et si je me tais, ce n'est pas la peur d'être tué... Ah! s'il s'agissait aussi bien de sauver madame la comtesse, tu verrais, tu verrais!...

— Quoi donc?... demanda Julienne d'un ton caressant.

Le nain ouvrit la bouche pour répondre.

Un coup de sonnette retentit.

Julienne se leva; mais, avant de se rendre à l'appel de son maître, elle demanda encore :

— Quoi donc, mon petiot?

La physionomie du nain avait changé; il remit sa tête sur l'oreiller.

— Pauvre M. Martial! murmura-t-il quand il vint au château ce printemps, il la regardait à la dérobée, et ses yeux étaient bien tristes, il souffre... Si c'était encore elle! Oh! c'est le mal! c'est le mal!...

Julienne était devant lui qui l'interrogeait du regard; mais Bosco ne voulait plus parler.

Il ferma les yeux et fit semblant de dormir.

XXIII.

LE CABINET DE MARTIAL.

Le cabinet de travail de M. Martial Aubert avait une grande renommée dans le pays. On s'occupait, du reste, beaucoup, comme nous l'avons pu dire déjà, de tout ce qui regardait le jeune juge d'instruction. Plus il se tenait à l'écart, plus on eût voulu entrer dans sa vie.

— A supposer qu'il eût la pensée de faire fortune fashionable dans l'Avranchin et de gagner la couronne du lion, il suivait la bonne route.

Les châteaux voisins et les maisons notables de la ville lui avaient fait depuis un an des avances extrêmement flatteuses. — Et, comme ces avances étaient restées vaines, Martial se trouvait dans cette position forte d'une coquette entourée d'hommages et qui n'a encore rien accordé.

Il n'appréciait pas son bonheur, et peut-être ne savait-il pas même de quels désirs fougueux il était l'objet.

Quand on y songe, quelle gloire pour la première maîtresse de maison qui pourrait le montrer comme une précieuse conquête à ses invités surpris et jaloux! cette maison privilégiée devait grandir par ce seul coup, au milieu de ses rivales, et saisir d'autorité le sceptre de la mode.

Depuis son arrivée dans la ville d'Avranches, Martial Aubert n'avait fait, en effet, qu'une seule exception aux habitudes de sa vie solitaire; on l'avait vu venir une fois au château de M. le comte de Bryant, une seule fois. Après cette visite unique, il avait paru oublier le chemin de Villers.

Et pourtant on l'avait accueilli à merveille; et pourtant M. de Bryant, appelé, suivant le dire de tous, aux plus hautes fonctions diplomatiques, représentant d'une famille illustre, pair de France en expectative et déjà comblé d'honneurs, jouissait pour le moins de quatre cent mille livres de rentes!

En province, pas plus qu'à Paris, les gens ne savent point s'expliquer comment il est possible de négliger un homme qui jouit de quatre cent mille livres de rentes.

Martial Aubert était jeune, beau, riche; ses manières avaient une distinction rare, et sa nom, tout plébéien qu'il fût, prenait, pour les oreilles prévenues des dames de l'Avranchin, une euphonie élégante et fashionable.

Son mérite, comme magistrat, était chose acceptée, et ceux qui prétendent tout savoir affirmaient qu'il avait, à Paris, dans le gouvernement, des protections colossales.

Et cet homme, qui possédait tant d'éléments de bonheur, se cachait comme un pauvre ou comme un paria !

Certes c'était piquant, et il faut moins que cela pour mettre en fièvre curieuse toute la société d'un arrondissement.

Il est un fait bizarre, qui semble glisser dans notre vie, à tous, une petite dose de fantastique. L'âme s'attache, à son insu, aux objets matériels. Chacun de nous a près de soi un symbole qui le révèle et montre le fond mystérieux de sa pensée.

C'est grave ou c'est bouffon, suivant le cas.

Vous jugerez le cœur d'une femme par tel colifichet de son boudoir, l'esprit d'un homme par son gilet ou par sa canne.

— Et ne craignez pas trop de vous tromper à ces diagnostics frivoles ; ceux que recommandent les empiriques de l'observation ne sont ni plus sérieux ni meilleurs.

L'orgueil de ce petit homme ne vous apparaît-il pas dans les hauts talons de ses bottes et dans l'énormité de son chapeau?

N'y a-t-il pas une naïveté précieuse dans la manie de cet autre, à qui la nature a refusé un nez, et qui porte avec fierté une immense tabatière?

Vous connaissez tous cette grande dame dont l'éducation première fut un peu négligée : il y a des livres sur sa toilette, des livres sur le velours de sa cheminée, des livres sur les coussins de sa voiture! — Et elle aime tant les livres, qu'elle les lit à rebours.

A tout prendre, les fleurs qui parent les épousées, le deuil qu'on porte, après la mort d'une personne chère, ne sont que des applications, passées à l'état d'usage, de cette règle intime et universelle.

Elle n'a pas besoin d'être expliquée; chacun la sent plus ou moins; elle est la base de la plupart de nos impressions; elle fait nos sympathies et nos haines.

C'est pour cela que le monde élégant d'Avranches et de sa banlieue s'occupait si fort du cabinet de travail de Martial Aubert.

Ceux qui avaient pu pénétrer dans ce réduit étrange en racontaient merveilles : c'était un faste lugubre et morne; — c'était l'ostentation de la tristesse.

L'imagination des dames travaillait; elles se représentaient le jeune magistrat pâle et mélancolique, au milieu de cette chambre toute tendue de noir.

Ce deuil austère était assurément un emblème.

Le pauvre jeune homme avait fait un tombeau à ses espoirs perdus!

Une idée pareille révélait des trésors de tendresse poétique. — Il y avait des demoiselles à marier qui versaient des larmes sentimentales, rien qu'à l'idée de cette tenture noire.

Elles rêvaient d'amour, les pauvrettes; — et le moyen de faire autrement ! — D'ordinaire, les jeunes hommes pâles et romanesques n'ont ni feu ni lieu; avec eux on se casse le cou; ce sont des fainéants, ou qui pis est, des artistes. — Et celui-là, qui était pâle comme don Juan, qui était romanesque autant qu'un héros de madame Cottin, avait quarante bonnes mille livres de rentes !

C'était l'idéal ! l'heureuse ville d'Avranches possédait le phénix des juges d'instruction.

Il était sauvage, mais il ne faut qu'une occasion favorable pour rompre ces vœux de solitude que font les cœurs blessés. Chacune des demoiselles à marier de la ville d'Avranches se disait *in petto :* Si je le rencontrais... si nos regards se croisaient, il m'aimerait peut-être !..

Martial Aubert ne se doutait point de l'honneur qu'on lui faisait; il s'isolait du monde parce que le bruit et la foule lui étaient importuns. Dans ce mélancolique réduit où l'imagination de ces dames mettait tant de poésie, il remplissait tout bonnement, à la rigueur, son devoir de juge d'instruction : il compulsait des témoignages, il déchiffrait des pièces, il débrouillait des procédures normandes, c'est-à-dire des écheveaux de mensonges, de petites fraudes légales et de finasseries, mêlés, enchevêtrés, noués si bel et si bien que l'épée qui trancha le nœud gordien se fût ébréchée à leur contact.

Quand les devoirs de sa charge faisaient trêve, il poursuivait ses études de jurisconsulte. Sa bibliothèque, entièrement composée de livres de droit, ne chômait guère, il y avait toujours, ouverts sur son bureau d'ébène, trois ou quatre de ces redoutables *in-folio* que les plus braves ne peuvent regarder sans frémir.

Tout cela était, sans contredit, de la prose.

Et pourtant, les demoiselles à marier d'Avranches n'avaient pas tout à fait tort dans leurs rêveries sentimentales.

Le cabinet de travail, tendu en noir, était véritablement un symbole. Martial Aubert, le grave magistrat, avait beau s'envelopper dans ses fonctions austères et se faire un bouclier de ses études, sa vie était un roman.

Il faut dire plus : dans sa nature même, l'élément romanesque dominait.

Bien souvent, alors que sa tête se penchait sur les Pandectes consultées, alors que son esprit cherchait le sens vrai d'une vieille loi romaine, un voile tombait sur sa vue; quelque chose se mettait entre lui et l'étude; un souvenir ressuscité pesait sur son front rêveur.

Il n'avait point de confident, et personne n'aurait su dire où se perdait sa pensée.

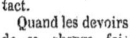

Julienne visitant Alizia dans sa prison.

Mais sa belle figure qui d'ordinaire empiétait sur la grave fatigue de l'âge mûr, se déridait tout à coup rajeunie.

Il y avait comme un pensif amour dans ses grands yeux noirs. C'était presque un sourire qui se jouait autour de sa bouche.

Cela durait peu. Si c'était un beau rêve, le rêve s'envolait bien vite; et, au réveil, un poids de tristesse plus lourde chargeait son front incliné.

Il souffrait. Où était sa souffrance?...

A suivre à peine solitaire, on eût dit parfois qu'en lui une fibre était brisée, qu'il n'espérait plus, ou plutôt que l'objet unique et obstiné de son espoir fuyait fatalement hors de sa portée.

Il y avait des heures où vous eussiez eu pitié de lui, tant son découragement amer paraissait lisiblement sur son visage.

D'autres fois, il se redressait dans sa force orgueilleuse; — il semblait que rien ne pût fléchir cette âme robuste et fière.

On ne savait...

Ceux qui l'avaient connu dans sa première jeunesse n'auraient pas pu expliquer davantage le mal secret de sa vie actuelle.

Il avait donné tous les jours et les nuits de son adolescence à des plaisirs bruyants, fougueux, insensés.

Au milieu de ces joies folles, un pur amour était venu le surprendre; mais personne ne savait l'histoire de cet amour.

Tout à coup, à la fin de sa troisième année de droit, il avait quitté Paris comme on fuit un séjour désormais détesté.

Ceci était déjà vieux de sept ans.

Il avait parcouru la France, l'Allemagne, l'Italie, puis l'Angleterre et presque toute l'Europe.

Dans ces voyages, entrepris avec une ardeur fiévreuse, le dégoût était venu le surprendre bien vite; il ne savait pas ce qu'il voulait; son cœur avait une blessure.

Une blessure profonde. — Il avait fait comme ces gens au tempérament robuste qui, confiants dans leur force à l'épreuve, négligent un commencement de maladie organique.

La maladie gagne, gagne; la force, minée sourdement, se dompte et ploie, si bien qu'un jour l'homme vigoureux sent trébucher son pas et cherche en vain ses muscles détendus.

Il avait trop compté sur lui-même; il avait gardé son mal au dedans de lui sans essayer de remède.

Et peut-être n'y avait-il point de remède...

Car on voit des imprudents qui abusent de l'opium avant l'heure de la souffrance, et sur qui l'opium ne peut plus rien.

Martial avait abusé du plaisir qui engourdit et qui endort; il n'avait même pas, contre sa souffrance, cet antidote banal qui assoupit l'âme en un lourd sommeil.

Il lui fallait lutter, soutenu par la seule force de sa volonté. Et dans les maladies morales, comme dans les maladies du corps, la volonté qui s'efforce toute seule n'est-elle pas, hélas! impuissante?

Martial revint de ses voyages; sa blessure, loin d'être guérie, se creusait plus profonde et plus envenimée.

Il n'avait pu oublier.

A Paris, il voulut reprendre sa vie de plaisirs.

Ce furent quelques jours d'ennui, de dégoût et de fatigue.

Il n'était plus temps.

Alors, il sentit au fond de son cœur cette première atteinte, navrante et froide, du découragement. Il eût voulu mourir.

Mais ce n'est pas d'un seul coup que s'abattent les natures orgueilleuses et vaillantes comme était la sienne.

Cette première atteinte du désespoir lui fut comme un aiguillon; il se réveilla, il se redressa comme le lion blessé qui voit couler son sang. — Il regarda autour de lui dans la vie, cherchant un ennemi à combattre, un obstacle à briser.

Rien. — L'ennemi c'était lui-même; l'obstacle c'était son propre cœur...

Il y avait à Paris une maison qu'il n'avait pas revue depuis cinq ans: le pensionnat de madame Duplessis, rue de Varennes, au faubourg Saint-Germain.

Dans cette maison, il avait été heureux durant une heure.

On l'avait trompé; mais le temps efface tout, même l'injure. Martial se rendit chez sa tante avec des idées de pardon.

Qu'était devenue cette jeune fille qu'il avait tant aimée? — peut-être elle aussi souffrait-elle!

Quand il l'avait jugée et condamnée, elle n'avait que quinze ans; à cet âge, le cœur s'ignore...

Et puis l'accusation était-elle bien

Plumachon sortant de table.

vraie? Une âme si pure et si haute avait-elle pu tromper ainsi!

Il passa une heure avec la maîtresse du pensionnat à la mode. Quand il quitta madame Duplessis, la cause était jugée de nouveau, et Alizia de nouveau condamnée.

Mais cette fois sans appel.

Le propre de toute certitude est de rendre le calme. Martial Aubert n'avait que vingt-sept ans. Un membre de sa famille possédait une haute position dans le gouvernement: l'idée lui vint de commencer une carrière.

Il se dit: Je suis un ambitieux et je veux parvenir.

Pauvre effort d'une âme qui saigne et qui veut tromper son martyre!

Il changea tout à coup de vie. Son ambition était désormais un fait acquis, une chose convenue avec lui-même. La passion de parvenir le tenait, et c'était son but unique.

Il fallait travailler, intriguer, remuer ciel et terre!

Martial fut heureux pendant deux ou trois jours, à l'idée de cette tâche nouvelle qui devait tromper sa peine. Il retrouva l'ardeur de ses vingt ans pour affronter, après un long adieu, les gros livres de la jurisprudence. Il étudia le jour et la nuit.

Il se jetait là dans le travail et dans la lutte comme en un dernier refuge.

Tant d'autres donnent leur pensée tout entière aux soins de grandir, de monter, de se faire riches et puissants.

N'y a-t-il pas là de quoi employer l'intelligence et la volonté d'un homme?

Ceux qui s'intéressaient à lui, madame Duplessis, sa tante, et ses autres parents, étaient enchantés : c'était un coup du ciel. Après ce long marasme, il se retrouvait lui-même ; il redevenait homme, et, réellement, l'avenir s'offrait magnifique devant lui.

On lui fit le chemin facile, et il fut nommé tout de suite substitut du procureur du roi, puis juge d'instruction près le tribunal d'Avranches.

La lassitude cependant était venue bien vite, et il n'avait pas gardé longtemps l'espoir sérieux de vivre par l'ambition. Mais c'était sa dernière planche : il s'y attachait obstinément et de toute sa force.

Il se répétait à lui-même sans y croire : Je veux parvenir ; je suis ambitieux ! Et, comme l'étude du droit convenait à cette intelligence droite et haute, il retrouvait, non pas le bonheur, non pas même l'espoir, mais une sorte de repos.

Peut-être que le calme allait venir avec l'âge...

Mais sur ces entrefaites, le hasard lui donna pour gouvernante une bonne Normande, qui avait été femme de charge au château de Villers.

Sa vieille Julienne se prit tout de suite d'un attachement vrai pour son nouveau maître. Bien qu'elle ne fût point bavarde et que Martial Aubert ne l'engageât certes point trop à parler, elle donna quelques détails sur la famille du comte Hector.

Elle prononça le nom de l'institutrice qui était si belle et si bonne, — mademoiselle Alizia Pauli...

Depuis ce jour, quand Martial était seul dans son bureau et que les gros livres des commentateurs s'ouvraient devant lui, ses regards se tournaient vers sa fenêtre.

Sa fenêtre donnait sur la campagne.

Au loin, sur une colline, il apercevait de grands bois qui tranchaient sur la ligne bleue de la mer.

Entre les arbres à la verdure sombre, il y avait un point blanc qui se teignait de rose, quand le soleil descendait derrière le mont Saint-Michel.

Au lieu d'étudier, Martial rêvait, les yeux fixés sur ce point blanc, qui se perdait à l'horizon, et le semblant de calme, où naguère se reposait son cœur, avait disparu...

XXIV.

CONTRE L'AMOUR ET LES SOTS.

Martial aimait, il aimait malgré lui. Cet amour était plus fort que sa raison et que sa volonté.

Il avait suffi d'un mot pour réveiller toutes ses angoisses assoupies. Sa prétendue ambition, son ardeur laborieuse, ses désirs factices et les espoirs qu'il retenait de force, tout s'évanouit, au seul nom d'Alizia.

Pour ses collègues et pour le monde, il restait toujours le magistrat austère et studieux, dont la place était marquée d'avance au plus haut rang de la hiérarchie judiciaire ; — mais, dans la solitude, le masque tombait ; il n'y avait plus là qu'un jeune homme rêveur et faible, une pauvre âme en peine qui pleurait l'espérance perdue, un vaincu de l'amour.

Chantez l'amour, ô radoteurs de la lyre ! dites que l'amour est la vertu, la vaillance, l'héroïsme, et grattez vos guitares.

Vantez l'amour, ô Sophocles enroués du boulevard ! dites, en vos phrases inouïes, que l'amour est notre étoile polaire, notre fil d'Ariane, notre foi, notre honneur, — et poignardez honnêtement vos traîtres...

L'amour est quelque chose de bien haut, messieurs, et de bien subtil pour vos besicles.

L'amour est ceci et cela, le bien et le mal, la voix de l'ange ou le conseil perfide du démon.

L'amour tue, sachez-le donc une fois, plus souvent encore qu'il ne vivifie.

Mais le vin bleu de nos barrières est aussi un poison et les cabaretiers n'en vendent-ils pas tant qu'ils peuvent?

Ces bonnes gens qui fabriquent chansons, vaudevilles-sans-soucis et bas mélodrames, sont comme les cabaretiers : ils ont une marchandise qu'ils vendent ; ils gagnent leur vie tout doucement dans ce commerce de prose et de vers frelatés.

Ils sont les amis du peuple ; ils le crient sur les toits ; ils l'écrivent sur leurs chapeaux ; donc, ils ont bien le droit d'empoisonner le peuple !

Ils sont les amis du peuple ; comme l'eau-de-vie homicide et le vin de Campêche, ils le soûlent avant de l'assassiner.

Et pour cela, ils ne prennent vraiment pas très-cher.

Oh ! le gai troupeau ! les bons vivants ! les seuls philanthropes !...

Hélas ! l'amour est la plus triste maladie que Dieu puisse infliger à l'homme de cœur. Et ceci n'est pas l'exception, mais la règle.

Il y a plus : l'amour sérieux et profond est peut-être un vice comme l'avarice, comme l'ivrognerie, comme tous les modes divers et différemment nommés de l'égoïsme.

Ils ont vu, ces gens, du moins ils le disent, l'amour relever les faibles et stimuler les lâches ; nous avons vu, nous aussi, mais c'est dans leurs drames et dans leurs couplets.

Dans la vie, nous avons vu l'amour abattre les forts, courber les vaillants, glacer les enthousiastes.

Peut-être que l'amour heureux ferait l'homme meilleur ; mais quel amour n'est une souffrance?

Ils veulent parler du plaisir, peut-être, ces joyeux bardes : pourquoi confondre, alors, quand la langue a deux mots ? Peste ! le plaisir est charmant ! mais l'amour, la passion incurable et mortelle, le grand amour, le seul amour terrible et beau, à quoi bon le nommer si souvent pour ne le comprendre jamais ?

Leur amour, nous le connaissons trop ; il barre notre route, le soir, sur le pavé des rues ; il nous appelle de sa voix effrontée et vineuse : sa luxure, c'est la luxure charnue, épaisse, immonde ; ou bien encore, s'il s'agit de poètes portant perruque depuis la restauration, c'est ce petit dieu aimable, ce friponneau qui plâtre sa vieillesse au pastel, cet enfant grassouillet, dodu, nourri de truffes et de champagne, qui présidait aux jolies débauches de nos pères.

Ils sont bien vieux, pourtant, ces troubadours ! Quand donc mourrez-vous, postérité bâtarde de la muse en goguette?

Et vous, enfants hardis de notre siècle, quand pourrez-vous conquérir enfin leurs places usurpées ? Quand viendrez-vous à la lumière, fils de Chateaubriand, d'Hugo, de Lamartine (1) ?...

Vous êtes, comme ces pauvres jeunes arbres qui ne peuvent pas grandir, privés qu'ils sont d'air et de soleil. Au-dessus de leur tête inclinée, les chênes creux et morts à demi étendent leur inutile couronne. — Mais, à tout le moins, ces chênes portent une noble feuillée ; ils furent robustes ; la forêt se souvient de leur gloire.

Tandis qu'il n'y a rien dans le passé de cette cohue obscure qui vous barre la route, ô jeunes gens!

C'est l'armée pesante et aveugle de la médiocrité. Pendant que de grands esprits et de nobles cœurs luttaient avec passion dans l'arène littéraire, ces bonnes gens s'attelaient, quatre ou cinq eunuques ensemble, à la queue de quelque mulâtre fadaise ; ils faisaient des calembours et de petites folies. S'ils avaient pu en ce temps de guerre, où la plume des chefs se changeait en épée, ils auraient tué l'immortelle beauté de notre langue ; si s'était trouvé un seul bras viril dans toute leur troupe essoufflée et rachitique, ce bras eût étouffé notre génie.

Ils ont fait, du reste, de leur mieux : voyez ce que sont devenus, entre leurs mains, nos théâtres populaires. Quelle langue y parle-t-on ? Quelles idées remue-t-on sur ces planches puissantes, d'où l'émotion jaillit et inonde la salle emplie ? Ils sont là comme le chien de la fable sur sa botte de paille ; ils ne peuvent pas faire honneur au banquet ; mais ils tiennent insolemment toutes les places.

Et si l'aut le peuple écoute leurs tirades imbéciles, leurs immuables plaisanteries ; il faut que le peuple devienne idiot à force de les entendre, car ces théâtres sont comme l'école du peuple ; c'est là qu'il s'instruit pour son malheur et pour le nôtre.

En quoi ! laissera-t-on longtemps encore l'arme enchantée aux mains de ces lâches soldats ? Les hommes jeunes et forts manquent-ils à la France ? Faut-il se voiler la face devant ces hontes et désespérer de l'avenir ?

Oh ! non, la France est toujours la mère féconde du génie. Au-dessus de cette foule jalouse, qui presse ses rangs et qui se serre autour de l'idole qu'on appelle le métier ; il y a la pure pléiade de nos grands écrivains.

Au-dessous, s'agite et s'efforce la génération nouvelle. Elle a déjà

(1) Toutes ces choses, hélas ! étaient écrites avant la Révolution de février. Depuis lors, nous avons vu beaucoup de nos jeunes gens à l'œuvre. Qu'on nous rende les perruques !

compté le nombre de ces frelons, dont l'essaim paresseux lui cache la lumière; elle s'essaye, elle va se dresser et combattre.

Oh! que vienne ce moment, nous le hâtons de tous nos vœux! Nous prêchons la croisade de la jeunesse, non point contre les vieillards — que nous importe l'âge? Chateaubriand est jeune, quand la vie de Rancé tombe de sa plume octogénaire; Lamennais a trente ans quand il traduit l'*Imitation de Jésus-Christ*, et pas un fil d'argent ne brille dans la blonde chevelure de ta muse, ô vieux Milton! divin fils d'Homère! — Nous prêchons la croisade de la jeunesse contre l'impuissance et contre l'épuisement.

Ils ont trop vécu ces tailleurs en couplets, ces rieurs cacochymes, ces avocats éreintés d'une cause perdue. — Ils ont trop vécu, ces noirs fabricants de mélodrames. Le peuple bâille à leur gaieté; le peuple rit à leurs sanglots. Le peuple qu'ils essayent toujours de flatter, le peuple est venu à siffler leurs glorieux sermons contre l'infamie de la richesse.

Le temps est arrivé. Ils ne savent plus où donner de la tête. Tout leur manque, jusqu'aux bravos moutonniers des faubourgs, si bassement adulés!

Venez, jeunes gens! leur cohorte se débande; quelques jours encore, et un suprême éclat de rire saluera leur dernière déroute.

Venez! il est une place à prendre, un trône à occuper — entre ces folles débauches du boulevard et ces essais innocents que des écoliers forts en thème balbutient sur la scène enfantine de l'Odéon.

Venez! faites table rase; délivrez-nous de ces phrases stéréotypées, de ces formules haïes. Riez franchement, pleurez comme on pleure. Tâchez de faire oublier au peuple qui va vous écouter un langage odieux et impossible!

Si vous saviez comment ils s'y prennent, ces bonnes gens, pour arriver aux fameux : *Soyez béni, mon Dieu!* ou au non moins illustre : *Merci à vous, ma mère; car vous n'avez point douté de votre enfant!* Ils ont des casiers, des cartons, des armoires; ils ont un grand-livre-journal pour tenir la comptabilité de leurs scènes, le *doit* et l'*avoir* de leurs actes. — Dans ce tiroir, ce sont les *reconnaissances* de mère à fille. — Dans cet autre, ce sont les pères qui découvrent le déshonneur de leur nom.

Là, vous trouvez cinquante scènes d'amour, étiquetées proprement et prêtes à servir.

Ici, vingt-cinq douzaines de dénoûments à vis, pouvant s'adapter à toutes fables.

Et les tirades contre les nobles, — et les provocations en duel, — et les jeunes filles qui s'empoisonnent pour ne pas survivre à leur crime!...

Et la sottise orgueilleuse des duchesses, et l'esprit du gamin de Paris, — et le couplet où tout vieux soldat s'adresse à l'âme de son colonel qui est aux cieux, sa demeure dernière!...

On cite un maçon dramatique qui possède une grande chambre, toute pleine de ces matériaux numérotés.

Mais ils ont fait mieux encore. — L'un d'eux n'a-t-il pas eu l'idée impie d'énumérer sur un carré de papier ce qu'il appelait : « Les douze situations du théâtre. »

Il traçait un cercle, ô pygmée; et il disait aux géants de l'invention : Vous ne sortirez pas de mon cercle!

Comme si le génie avait quelque chose à démêler avec leurs casse-tête frivoles!

Et l'on travaillait avec cette recette. Au premier acte, la situation n° 3 se compliquait de la situation n° 5; au second acte, c'était la situation n° 2 que venait dénouer la situation n° 8.

Que sont *Marion Delorme*, *Ruy-Blas*, *Chatterton*, ou *Mademoiselle de Belle-Isle*, auprès de ces calculs héroïques!

Mais à quoi bon aussi les accabler davantage, ces pauvres hères, puisque les voilà qui agonisent?...

Cette boutade a jailli maigré nous, parce qu'il est certaines thèses usées, racornies, rapiécées, auxquelles se heurte fatalement la plume du romancier, et que ce sont, la plupart du temps, ces bonnes gens qui ont mis en circulation les sentences macaroniques dont le temps a fait des manières d'axiomes.

L'amour, la haine, l'honneur, le patriotisme, tout leur a passé par les mains; ils ont habillé de leur cotonnade indigente toutes ces belles choses que la poésie revêt de velours et d'or.

Si bien qu'on n'ose plus dire la vérité, tant la foule croit fermement à leurs apophthegmes menteurs.

N'ont-ils pas affirmé que l'amour ne pouvait exister sans espoir, que l'amour ne survivait pas à l'estime, et mille autres solennelles sottises? — N'ont-ils pas rogné, taillé, fourragé dans le domaine de l'amour, lui faisant cadeau de certains attributs, corrigeant sa physionomie à leur aise, et agissant comme l'enfant aimable qui dessinait,

au charbon, des moustaches sur le visage de marbre du Périclès des Tuileries.

Ces aveugles avaient la prétention de voir clair dans la nuit mystérieuse et profonde, où le regard de l'aigle lui-même peut s'égarer parfois.

Non, l'amour n'a pas besoin, pour exister, de telles ou telles circonstances; l'amour est, parce qu'il est, comme le souverain principe lui-même.

Et, chose étrange, vous le trouverez d'autant plus fort, plus intraitable, plus invincible qu'il aura plus de raison pour ne pas être.

Les philosophes, ces médecins charlatans de notre nature morale, y perdent leur latin d'officine. Ils dissertent sur l'amour, comme sur toutes choses, mais ils ne savent ni ce qui le fait naître, ni ce qui l'entretient, ni ce qui peut le tuer.

C'est le mal terrible, surtout parce qu'il est sans remède. La blessure qu'il fait ressemble à la plaie ouverte par la flèche barbelée du sauvage : quand on veut la panser, on l'élargit et on l'avive.

Que d'existences brisées! que d'efforts déçus! ne connaissez-vous point les symptômes de cette fièvre? l'énergie s'abat et tombe; le cœur, ivre, s'engourdit; l'esprit s'exalte en un rêve insensé qui ne laisse, au réveil, que découragement et inertie.

C'est le grand fléau. — Savez-vous un roi plus absolu, un maître plus capricieux, un tyran plus impitoyable? il frappe toujours au plus sensible du cœur, et en frappant, il raille. — Il se plaît aux antithèses comme les bourreaux grammairiens du Bas-Empire; sa main, qui contrarie l'œuvre de Dieu, courbe le fort aux pieds du faible, en se jouant. Il fait le seigneur esclave, et l'esclave roi.

De telle sorte que l'histoire nous le montre parfois asseyant une courtisane impure sur le trône du monde.

Il tient tout sous le sceptre moqueur de son omnipotence. Les peuples se font la guerre, quand il fronce le sourcil; et, quand il est las de tragédies héroïques, il entre sous quelque humble toit d'où le sourire s'enfuit à sa vue, et il se repose à faire couler des pleurs obscurs.

Encore, si pour tant de méfaits et pour tant de supplices, il rendait un bonheur proportionné. — Mais où se cache l'amour heureux!

Qui l'a vu? qui pourrait le décrire? Est-ce cette ivresse d'un jour que chantent les poëtes?

Hélas! l'aurore du lendemain se lève...

Un homme veut répéter ces joies et boire plus d'une fois à la coupe enchantée : — Don Juan tombe foudroyé!

Que dire? on s'efforce, on poursuit la félicité ardemment souhaitée, et, dès qu'on va la toucher, la félicité s'évanouit. L'imagination ne peut rien rêver de plus fugitif ni de moins saisissable.

Une seule chose est vraie, c'est la souffrance. L'amour ne fait que des martyrs. — Et, n'est-ce point pour cela que le Christ a promis son ciel à ceux qui ont beaucoup aimé?

Oh! certes, si le bonheur d'aimer était sur terre, il faudrait croire à genoux. — Les belles joies! les purs élans! les extases sublimes!

Mais aux dieux seuls est réservée la divine ambroisie, et l'amour heureux ne fleurit que dans le ciel...

Martial n'espérait plus; nous dirons davantage : il ne voulait plus.

Mais il aimait. Tout ce qu'il y avait en lui de force et de noble énergie se révoltait contre cette indigne passion : c'était en vain.

Son amour ne lui était point révélé par un désir quelconque, mais par ses regrets incurables et surtout par la céleste joie qui emplissait soudain son âme, lorsqu'il se demandait, aux heures de la rêverie, si la t ute-puissance de Dieu ne pourrait pas faire qu'Alizia fût innocente et qu'Alizia n'eût point cessé de l'aimer...

C'était impossible, il le savait; mais il se perdait à plaisir dans ce songe. La réalité triste disparaissait, pour un instant, et il restait tant qu'il pouvait dans le monde meilleur, créé par sa pensée.

Il revoyait Alizia toute jeune fille; l'âme d'Alizia gardait sa blanche robe d'innocence. Mon Dieu, qu'elle était belle! et que de pureté douce il y avait, pourtant, autrefois dans ce cœur?

Comment avait-elle pu changer? comment avait-elle pu faillir?

Car il ne s'agissait plus seulement de ce premier soupçon qui avait terni jadis la réputation de la jeune fille.

Pour cette faute d'enfant, on avait peut-être été bien sévère.

Elle avait quinze ans alors...

Maintenant, c'étaient des accusations plus graves qui s'accumulaient sur la tête d'Alizia.

Le pays entier semblait s'acharner contre cette réputation perdue. Depuis que Martial Aubert était juge d'instruction de la ville d'Avranches, depuis que, pour la première fois, on lui avait dit : Là-bas, au milieu de ces grands bois, il y a un beau château qui domine les grèves, et dans ce château habite mademoiselle Pauli; l'image de la jeune fille aimée aurait dû se voiler, car, en même temps, on lui avait dit : — Mademoiselle Pauli est la maîtresse du comte Hector de Bryant.

Quelle excuse possible désormais; quel prétexte de pardon?

Elle avait vingt-deux ans; c'était une femme. — En elle, la perversité avait donc marché avec l'âge!

Enfant, elle avait trompé son premier ami; femme, elle portait le malheur dans la maison de sa bienfaitrice.

Martial douta, puis il crut; son âme s'emplit d'un mépris amer; il y eut en lui une colère sourde, contre qui? Hélas! c'est le mystère, car il aimait toujours. Il aimait plus et d'une passion plus entêtée qu'aux jours où la vierge souriante apparaissait sans tache à sa pensée.

Et il souffrait.

Mais l'échelle du martyre a des degrés infinis; Martial devait descendre plus bas encore.

Un jour, il apprit qu'Alizia Pauli était accusée de vol; — accusée et presque convaincue.

Et, comme si Dieu l'eût condamné à boire la coupe de fiel jusqu'à la dernière goutte, c'était lui, Martial qui était chargé de la trouver coupable!

Lui, le juge austère, le bras droit de la loi, le magistrat sans pardon ni faiblesse. — Sa main levée tenait le glaive sur la victime, qui était Alizia Pauli.

Alizia, l'idole fatalement adorée!

Car il aimait encore; il aimait davantage. . . . .

. . . .

C'était pendant que la vieille Julienne et Bosco causaient dans la cuisine.

Martial Aubert était seul, comme toujours; il s'asseyait devant son bureau d'ébène; autour de lui s'étalaient, épars, une foule de papiers.

— Parmi ces papiers, qui sentaient tous le palais et la procédure, il y avait un livret mignon, dont la reliure coquette faisait contraste avec les tristes grimoires qui l'entouraient.

Ce livre était posé, ouvert, sur le bureau, et Martial, évidemment venait d'en interrompre la lecture.

Martial avait les mains croisées sur ses genoux; sa tête était inclinée; ses yeux, agrandis et sans rayons, se fixaient dans le vide.

Son visage pâle n'exprimait rien, sinon la torpeur et l'apathie de l'âme.

Vous eussiez dit un convalescent que la maladie laisse sans vigueur ni ressort; ses mains étaient blanches et grêles comme des mains de femme; il y avait, sur sa joue, une transparence morbide et ses tempes battaient, amollies, sous les belles boucles de ses cheveux.

Au bout de quelques secondes, ses yeux se tournèrent vers la croisée ouverte, et une lueur vague s'alluma dans sa prunelle. — Il regardait, à l'horizon, cette colline lointaine où le soleil couchant marquait un point lumineux parmi la sombre masse des bois.

Sa poitrine se soulevait, par intervalles, et des rides se creusaient à son front.

— On ne sait pas, — dit-il enfin d'une voix lente et froide, — c'est l'abîme sans fond!... Quel regard pourrait sonder le cœur d'une femme? Elle m'a dédaigné, moi qui lui donnais ma vie... et avec ma vie la fortune, le rang, tout ce qui fait le bonheur aux yeux du monde. Et cet autre à qui elle écrivait ces pages ardentes, ces lignes dont j'eusse payé une seule au prix de mon sang! Cet autre ne l'aimait pas!... Il l'accuse de vol après l'avoir chassée!... Et pourtant, j'en suis sûr, du fond de sa misère tous ses espoirs s'élancent vers lui... Il est pour elle sans doute ce qu'elle est pour moi... Son malheur.

Il reprit à la main le journal d'Alizia et parcourut au hasard quelques pages.

Des gouttes de sueur étaient à son front.

— Pourquoi prolonger cette torture? murmura-t-il d'une voix étouffée; chaque mot respire l'amour, elle l'aime comme une pauvre insensée!

— Et comme elle souffrait! se reprit-il en donnant malgré lui son espoir à la rêverie; comme elle souffrait toute seule dans ce grand château! Point de confident pour sa peine... point d'ami, point d'amie.... rien que des mépris autour d'elle!... Je la connais, cette comtesse de Bryant, c'est la femme frivole, froide, capricieuse, comme elles sortent toutes des nobles pensionnats de Paris! C'est la femme élevée pour le monde, la femme dont on a taillé l'esprit à facettes comme un diamant, sans jamais s'occuper de son cœur. La femme dressée pour les brillants tournois du monde! Que lui importe la peine d'autrui! Oh! la pauvre Alizia devait être bien malheureuse!

Il tressaillit et ses sourcils se froncèrent.

— Mon Dieu!... prononça-t-il d'une voix plus basse encore, où il y avait de l'effroi et de la colère contre lui-même, m'avez-vous donc frappé de folie? me voilà qui la défends et qui l'excuse!... les preuves sont là devant mes yeux... elles l'accablent... Oh! elles m'accablent, mon Dieu, et je veux douter... Et mon esprit vaincu résiste à l'évidence.

Sa tête se renversa sur le dossier de son fauteuil; il y avait sur ses traits un découragement amer.

— Je suis un honnête homme pourtant, pensait-il sans plus remuer les lèvres; qui oserait dire que j'aie jamais reculé devant un devoir? et pourtant voilà longtemps que je cherche l'innocent au lieu du coupable. Voilà bien longtemps que je recule comme un lâche... Je n'ai point osé encore l'interroger... J'avais si grand'peur de me heurter contre quelque preuve nouvelle de son crime! Mon cœur est si malade et mon esprit si faible!

Il resta un instant comme absorbé dans sa méditation, puis il se redressa tout à coup; — sa physionomie avait changé.

Son regard était ferme et sévère, une résolution soudaine se lisait sur ses traits.

— Je suis l'homme de la loi, dit-il; — dussé-je mourir et dussé-je la tuer, je ne déserterai point ma tâche!

Il ferma le manuscrit d'Alizia, et rassembla les pièces éparses sur son bureau.

Tout en s'occupant de ce soin, il se disait encore :

— Aujourd'hui même, je l'interrogerai... puis je partirai pour le château de Villers... Je verrai M. et madame de Bryant, et mon rapport sera déposé demain.

Comme il songeait ainsi, sa physionomie se transforma encore une fois; sa bouche s'entr'ouvrit, ses paupières battirent; un fugitif éclair s'alluma dans son œil.

Il semblait faire effort pour contenir la joie victorieuse, trop prompte à éclater.

— Oh! fit-il en rouvrant le manuscrit d'Alizia d'une main tremblante, et cette idée ne m'était pas venue!...

Je souffrais trop!... j'étais frappé d'aveuglement!

Son regard parcourait avec une rapidité fiévreuse les lignes du journal.

— Elle l'aimait!... murmurait-il; ils s'aimaient!... il n'y a pas eu de vol!

C'était un étrange spectacle que de voir, sur le visage de Martial, la navrante douleur combattre l'allégresse.

Cet amour, qui faisait Alizia innocente aux yeux du magistrat, brisait le cœur de l'homme.

Mais la joie avait le dessus, car l'âme de Martial était généreuse et belle.

— Oh! je vous comprends, monsieur le comte Hector de Bryant!... s'écria-t-il avec une fougue emportée; — vous autres seigneurs de notre jeunesse dorée, vous êtes prodigues un jour, et vous vous repentez le lendemain!... vos pères ne savaient que donner; vous avez inventé l'art de reprendre...

La jeune fille résistait peut-être, car il y a dans ces pages, parmi les aveux de son indigne amour, comme un reste de belle pudeur... vous avez voulu la séduire par un présent royal... puis vous vous êtes dit : Quatre cent mille francs! quelle folie! quatre cent mille francs, on a douze comtesses avec cela, vingt-quatre vertus bourgeoises, cinquante reines de tragédies, cent *prime donne* et quatre mille danseuses... c'est trop cher; je veux mes diamants.... et vous avez!...

Il s'interrompit pour passer la main sur son front.

— Cela paraît inouï!... reprit-il... mais je connais ces gens... je suis sûr... je jurerais devant Dieu!

Il eut un sourire amer.

— Un vol!!... poursuivit-il en s'échauffant et avec une sorte de transport; — un vol!... non, non! c'est envers moi seulement qu'elle est coupable...

Il agita vivement une sonnette, placée auprès de lui.

— Mes habits! dit-il à Julienne qui parut sur le seuil.

Bien qu'il fût riche, Julienne composait toute sa maison; — son bien était aux pauvres.

— Vous n'avez encore rien pris d'aujourd'hui, monsieur Martial, lui dit Julienne; ne voulez-vous point déjeuner?

Martial se promenait à grands pas dans sa chambre.

— Cette fois, murmura-t-il au lieu de répondre, cette fois il ne me restera rien dans le cœur; j'aurai triomphé de la passion qui me torture... car cette femme est arrivée au dernier degré de la honte... elle s'est vendue!

Il prononça ces dernières paroles avec force, comme s'il eût voulu les faire pénétrer jusqu'au fond de sa conscience.

Julienne restait là, immobile, attendant sa réponse.
— Mes habits! s'écria-t-il d'un ton impérieux et irrité, je veux sortir.
La vieille s'éloigna.
Martial se redressa de toute la hauteur de sa taille; sa poitrine s'élargit; un rayon de fierté descendit sur son front.
— Oh! fit-il avec triomphe et en mettant ses deux mains sur son cœur, — je vais la sauver!... et je sens là que je ne l'aime plus!...

XXV.

BOSCO GRANDIT D'UN POUCE.

Le soir où M. le comte Hector de Bryant s'était introduit, pour la dernière fois, dans la chambre de l'institutrice, Bosco veillait sur la terrasse régnante. Il s'y était introduit par la fenêtre du corridor, qui devait plus tard servir de passage à M. le comte lui-même pour rentrer au château.

Bosco était là, poussé par ce dévot et mystérieux amour qu'il portait à la comtesse Clotilde, et poussé encore par cette curiosité, développée à l'excès, qui est le propre des natures débiles.

Son dévouement était grand, mais aveugle et guidé seulement par les lueurs incertaines de sa pauvre intelligence.

Quelques heures auparavant, dans la matinée de ce jour, il avait brisé le cœur de la comtesse par une révélation inutile; ce soir, il venait chercher des renseignements nouveaux.

Il était tout zélé; il croyait servir madame de Bryant et ne songeait point que sa première victime était madame de Bryant elle-même.

Peut-être n'avait-il point ce qu'il faut de tact pour faire ce raisonnement facile; en tout cas, son zèle ardent pour Clotilde et sa haine, non moins ardente, contre l'institutrice, mettaient un voile sur ses yeux.

Il était blotti derrière la fenêtre entr'ouverte, au moment où le comte franchit le seuil d'Alizia. Il attendait là depuis des heures patiemment et avec même la pensée de déserter son poste.

La chambre à coucher d'Alizia n'était éclairée que par une lampe de nuit, Bosco vit le comte sortir de l'ombre et s'avancer sur la pointe des pieds vers le lit de l'institutrice.

Bosco retenait son souffle; ses yeux grands ouverts s'écarquillaient; l'angoisse lui serrait la poitrine.

Son cœur battait sous le coup d'une émotion étrange et qu'il n'eût point su lui-même définir.

Cela ressemblait au mal poignant de l'époux qui verrait un amant hardi entr'ouvrir les rideaux de l'alcôve où repose sa femme sans défense.

La plus grande terreur de Bosco, en ce monde, c'était le comte qui l'avait déjà maltraité cruellement; mais, à cette heure, il ne tremblait point. Le danger qu'il pouvait courir était à cent lieues de sa pensée.

Son âme entière passait dans ses yeux; il regardait, la bouche béante et la poitrine oppressée.

Le comte était debout et devant le lit.

Dans le sombre demi-jour de l'alcôve, Bosco, dont les paupières brûlaient, croyait voir deux bras blancs sortir des couvertures et se jeter autour du cou de son maître.

Un cri d'horreur s'étouffait dans sa gorge.

Puis il voyait bien que sa fièvre le trompait, car le comte restait toujours immobile.

Alizia dormait, sans doute...

Au bout de quelques minutes, un murmure faible partit de l'alcôve; c'était comme un nom prononcé; le comte fit un geste de colère.

Bosco le vit traverser la chambre froidement et s'agenouiller devant la malle.

La malle s'ouvrit; la main du comte s'y plongea et une gerbe de fugitives étincelles jaillit aux yeux de Bosco, qui croyait rêver.

Ce fut en ce moment que M. de Bryant l'aperçut et s'élança vers lui.

La frayeur oubliée de Bosco revint, soudaine comme la foudre. Il voulut fuir; mais, dans son trouble, il dépassa la fenêtre ouverte du corridor. — Au delà de cette fenêtre, il n'y avait plus d'issue.

La balustrade était assez élevée; Bosco tomba d'une hauteur de plus de vingt pieds sur les dalles de marbre de la terrasse inférieure.

Si le comte eût osé regarder, il aurait vu le pauvre petit corps du nain, immobile et comme écrasé, sur la pierre.

Bosco n'avait poussé qu'un seul cri faible et sans écho. — On n'entendait plus rien.

Le comte s'enfuit.

Au bout de deux grandes heures, parmi le silence profond qui marque la fin des nuits, une plainte, à peine saisissable, s'éleva sous les murailles du château. — Personne n'était éveillé pour l'entendre.

La plainte grandit, cependant. — Les membres de Bosco s'agitèrent comme au hasard; puis il se leva sur ses genoux.

Le marbre de la terrasse était taché de sang.

Bosco resta plusieurs minutes privé de souvenirs. — Puis la pensée lui revint tout à coup.

— Je ne sais pas!... murmura-t-il; — je ne sais ce qu'il avait dans sa main... cela brillait comme une étoile... Oh! s'il me trouve, il va me tuer!

Il ne se rendait nul compte des heures écoulées.

Tout son corps était transi; il frissonnait de froid et de peur. Après bien des efforts, il parvint à se mettre sur ses pieds. Sa chute l'avait brisé. Il fallut toute la terreur excitée en lui par l'image du comte courroucé, pour lui donner la force de descendre les degrés du perron et de traverser le jardin.

Il savait ouvrir la porte en dedans. — Il sortit.

Et, comme il ne se croyait point encore à l'abri des poursuites de son maître, il continua de se traîner sur l'herbe mouillée, jusqu'au bout de l'avenue.

Le jour commençait à poindre. Les pêcheurs de la grève se dirigeaient déjà vers Avranches. Bosco monta dans une petite carriole de mareyeur et se cacha parmi les paniers humides.

A ce moment, le château de Villers entrait en grande rumeur. Des lumières couraient et se croisaient le long des corridors; chacun criait, chacun interrogeait; on ne savait auquel entendre; et l'émotion générale était à son comble.

La berline, attelée dans la cour, attendait mademoiselle Alizia Pauli, qui ne venait point.

Quelques domestiques, qui étaient descendus avec des flambeaux, comme pour chercher un objet perdu, avaient trouvé des traces de sang sur la terrasse inférieure, à l'endroit où le pauvre nain était tombé. — Mais on avait, par Dieu! bien le temps de s'occuper d'une bagatelle semblable!

Le médaillon de madame la comtesse! quatre cent mille francs de diamants! un vol inouï par son audace, — car on avait coupé avec des ciseaux la chaîne d'or qui retenait le médaillon au cou de madame.

Les uns accusaient; les autres doutaient; tout le monde s'agitait avec bruit et à l'aventure.

Et le médaillon, bien entendu, ne se trouvait pas!

Personne ne dirigeait les recherches. Clotilde, malade, restait dans son appartement, et M. le comte refusait obstinément la porte de sa chambre.

Du haut en bas de la maison, ce n'étaient que marches et contremarches, clameurs inutiles, récriminations, désordre.

Au milieu de cette bagarre, mademoiselle Alizia Pauli se montra; elle ne savait rien de ce qui s'était passé. C'était l'heure du départ; elle venait, triste et résignée, réclamer l'aide des domestiques pour enlever ses bagages.

Toute la valetaille du château de Villers détestait cordialement Alizia, sans trop savoir pourquoi. A son aspect, une rumeur sourde s'éleva; des chuchotements coururent. Les servantes la regardaient d'un air insolent; les laquais secouaient la tête.

— M. le comte dit qu'elle est entrée hier dans la chambre de madame... murmura enfin Mariette, la petite Normande, qui doublait la camériste de Clotilde dans ses importantes fonctions.

Ce fut comme un signal, et il n'en fallut pas davantage. Toute cette valetaille, qui avait la bride sur le cou, ne demandait qu'un prétexte pour insulter au malheur de son ennemie.

— C'est elle!... s'écria-t-on de toutes parts, — ce doit être elle! — Il faut fouiller ses bagages!

Aussitôt fait que dit. A cette heure d'anarchie, on n'y mettait point de façons. Alizia fut fouillée sur place avec toute la brutalité désirable. Elle se laissait faire, la pauvre fille, sans savoir même ce qu'on lui voulait. Quand on l'eut fouillée sans succès, le flot des domestiques, désappointés, mais ne perdant point courage, se précipita vers la chambre qu'elle avait habitée.

La malle fut ouverte et ravagée en un clin d'œil.

Tout au fond, entre deux chemises, on y trouva le médaillon de madame la comtesse.

Alors ce fut un concert d'injures et de menaces. La tourbe des valets se pressait autour d'Alizia défaillante.

Sous leur colère, il y avait de la joie. Ils avaient beau faire, ils ne pouvaient dissimuler leur méchant triomphe.

Alizia fut enfermée, sous clé, dans sa chambre, transformée en prison. Après cet éclat, il ne dépendait plus du comte ou de la comtesse d'enlever l'affaire aux tribunaux.

Bosco perdait beaucoup à ne point assister à cette fête, car sa haine valait, à elle seule, toutes les haines de la livrée de Villers.

Mais il ne savait point ce qui se passait derrière lui.

Il continuait sa route vers la ville d'Avranches.

Julienne avait été, comme nous l'avons dit, femme de charge au château. C'était une bonne âme. Elle avait protégé bien souvent, autrefois, le pauvre nain contre les attaques des domestiques et contre les sarcasmes des enfants du village.

Bosco se fit descendre à la porte de Martial Aubert.

Julienne l'accueillit, avec la permission de son maître, qui ne refusait jamais rien au malheur, et lui donna son propre lit.

Le nain fit une longue et dangereuse maladie, car le choc avait été bien rude pour sa faiblesse. Julienne le soigna comme une mère tendre et parvint à le sauver. Le nain était reconnaissant; il y avait entre lui et la vieille Normande un sentiment d'affection réciproque : à part cela, ils ne s'entendaient guère. Julienne aimait Alizia, et le nain semblait la détester davantage à mesure qu'il recouvrait un peu de force.

Quand il avait appris pour la première fois le malheur de l'institutrice, sa joie sauvage avait fort scandalisé la vieille Julienne. Depuis lors, il ramenait sans cesse l'entretien sur Alizia pour l'accuser et la maudire.

Si bien que, parfois, ses paroles finissaient par produire une certaine impression sur l'esprit simple et borné de l'ancienne femme de charge.

Mais elle résistait tant qu'elle pouvait, et même elle aurait imposé silence au nain, une fois pour toutes depuis longtemps, si parmi les invectives de ce dernier, certaines réticences mystérieuses n'étaient revenues souvent.

Julienne le laissait dire, afin de savoir.

Elle avait deviné que le nain possédait un secret; elle voulait conquérir ce secret.

Ce n'était point, en vérité, chose facile, car Bosco n'en faisait qu'à sa volonté.

Dès qu'on l'interrogeait, il gardait le silence; puis il se tournait vers la ruelle et faisait semblant de dormir.

Ou bien encore, il essayait, sous sa couverture, quelques bribes de sa gymnastique folle. Il s'étirait, il s'étendait; il faisait craquer ses jointures, pour demander ensuite à Julienne si elle ne pensait point qu'il eût grandi pendant sa maladie.

Julienne haussait les épaules, mais elle ne désespérait pas de le prendre sans vert.

Aujourd'hui, Bosco en avait dit un peu plus qu'à l'ordinaire, et, peut-être, sans la sonnette de Martial, Julienne allait-elle surprendre enfin le grand secret.

Quand son maître lui eut ordonné de préparer ses habits, elle revint à la cuisine en toute hâte. Julienne ne se piquait pas d'être un valet de chambre fort alerte; elle arriva tenant d'une main sa brosse, de l'autre pantalon et paletot.

Et tout en nettoyant, elle reprit la conversation si malencontreusement interrompue.

— Nous disions donc, mon petit Bastien, murmura-t-elle d'un ton insinuant, — que tu sais quelque chose de bon...

— Mes pieds n'allaient pas si loin que ça sous la couverture, répliqua le nain rusé, la première fois que je me suis couché dans ton lit...

— Ça se pourrait bien tout de même... la fièvre grandit les enfants. Mais pourquoi ne veux-tu pas me dire ce que tu sais, petiot?

Le nain fit un mouvement d'impatience.

— Je ne sais rien... grommela-t-il.

— Mais tout à l'heure, dit Julienne que la mauvaise humeur gagnait, tu étais en train de m'avouer...

— Brosse donc!... interrompit le nain en haussant les épaules; — brosse!... brosse!...

Puis il ajouta d'un ton de supériorité :

— Tu n'es qu'une vieille bonne femme, mère Julienne, — et tu entends tout de travers!

La Normande jeta brosse et pantalon pour mettre ses deux poings sur ses hanches.

— Ah! c'est comme ça!... s'écria-t-elle en colère; — ah! je ne suis qu'une vieille bonne femme!... Ah! j'entends de travers!

Bosco riait de tout son cœur.

Julienne poursuivait en s'échauffant.

— Moi, je te dis que j'entends droit, mon petiot... et que je trouverai bien le moyen de te faire parler!

Bosco riait toujours.

— J'en ai touché deux mots à notre monsieur, reprit Julienne; — il viendra t'interroger lui-même... et si tu ne parles pas, on te mettra en prison!

Le rire se glaça sur les lèvres du nain. — Julienne fut presque effrayée de la pâleur mortelle qui se répandit sur ses traits.

— Oh!... fit-il tandis que ses mains tremblaient sous sa couverture. En prison!... comme elle!... Et si je parle, monsieur le saura... et il me tuera.

— Eh bien! Julienne!... cria de sa chambre Martial Aubert.

La vieille ressaisit lestement brosse, pantalon et paletot; mais, avant de se diriger vers la chambre de Martial, elle voulut profiter de cette peur qui prenait le nain si à propos.

— On verra si je plaisante!... dit-elle en secouant sa tête grise d'un air menaçant; — arrange-toi!... Si tu ne m'avoues pas tout quand je vais revenir, tu coucheras, comme on dit, dans le lit du roi!

Bosco ne répondit point, mais ses yeux roulaient épouvantés.

En sortant, la vieille Normande se croyait bien sûre de son affaire.

Dès que Bosco fut seul, il se dressa sans effort sur son séant et jeta ses regards effrayés autour de la chambre.

— Je veux bien me faire tuer pour madame... murmura-t-il d'une voix changée; — mais pour elle... oh! non... je ne veux pas!

Les vêtements qu'il avait quittés deux mois auparavant étaient sur le pied du lit.

Il se glissa vivement hors des couvertures et fourra ses petites jambes maigres dans le pantalon.

Le pantalon était trop court; malgré sa grande frayeur, il ne put retenir un cri de joie.

— J'ai allongé... fit-il en se mettant debout; — mes os sont dénoués; — j'aurai la taille des hommes!

Il était encore bien loin de compte, mais il ne se trompait pas tout à fait. La secousse éprouvée et la maladie avaient fait travailler ses membres; il avait grandi d'un bon pouce.

— Il se trouvait énorme.

Quand il eut passé sa veste et chaussé ses souliers, il se campa fièrement au milieu de la cuisine, respirant l'air à pleins poumons.

Puis il se dirigea vers la porte, pour avoir le temps de s'enfuir avant le retour de Julienne.

Mais il trouva devant lui un obstacle sur lequel il ne comptait point.

Comme il traversait la cuisine d'un pas encore bien faible et chancelant, Pluton, qu'on aurait cru endormi, les pattes dans les cendres, sauta en deux bonds jusqu'au seuil.

Pluton avait entendu sa maîtresse élever la voix, tout à l'heure, et son instinct lui disait qu'il y avait là un prisonnier à garder.

La diplomatie de M. le comte de Bryant fût restée fort sotte, en pareil cas, devant cette farouche sentinelle, mais Bosco était de taille à lutter contre Pluton.

— Oh! le bon chien!... dit-il doucement au lieu de se fâcher; — oh! qu'il est beau, le brave Pluton!

Il y avait, sur une planche voisine, une tasse et une assiette couvertes, mises à part pour le repas de quelque personne attendue.

Bosco n'hésita point. Maintenant qu'il était grand, il pouvait atteindre la planche. Il prit l'assiette et la mit devant le chien.

Pendant que Pluton mangeait de bon appétit, Bosco passa derrière lui et descendit, clopin-clopant, les marches de l'escalier.

Julienne revint et trouva le lit vide, Pluton léchait encore l'assiette; la vieille devina tout.

— Oh! le malin singe, grommela-t-elle; — c'est le déjeuner de la pauvre demoiselle qu'il a donné au chien!... Gare à lui si je le rattrape!

Elle descendit à son tour l'escalier, de toute la vitesse de ses vieilles jambes.

Quand elle arriva dans la rue, elle ne vit personne, aussi loin que son regard put se porter.

— Où diable s'est-il caché?... murmura-t-elle.

Sa voix n'exprimait point d'inquiétude. — Elle ajouta presque aussitôt :

— Bah!... Il n'ira pas bien loin le pauvre petiot!... Et ce soir il reviendra chercher son lit.

Peut-être que la vieille Julienne se trompait.

XXVI.

PAUVRE PRISONNIÈRE.

C'était en effet le déjeuner d'Alizia que maître Bosco avait employé, comme un leurre excellent, pour tromper la vigilance de Pluton.

Ce jour-là, Julienne n'avait pas pu sortir d'aussi bonne heure qu'à l'ordinaire, parce que Martial avait gardé la chambre toute la matinée, et le déjeuner de la pauvre prisonnière était resté sur la planche.

D'habitude, chaque fois que Martial sortait le matin, Julienne, profitant bien vite de son absence, mettait dans un panier quelques provisions préparées et courait jusqu'à la prison.

Les accusations de Bosco avaient beau attaquer son esprit simple et crédule, elle gardait du moins la pitié.

D'ailleurs il y avait des instants où elle se révoltait avec colère contre les paroles du nain. — Quand elle sortait de la pauvre cellule d'Alizia, elle était tout émue, la bonne femme, elle eût engagé son salut pour soutenir que la demoiselle était une sainte.

Lorsqu'elle revint dans sa cuisine, après la poursuite inutile dirigée contre Bosco, elle était d'assez mauvaise humeur.

— Un bouillon!... grommelait-elle; il n'a laissé qu'un bouillon, le méchant singe! Me voilà bien avancée... moi qui avais gardé une si jolie aile de poulet!... Mais c'est égal... mieux vaut un bouillon que rien du tout!... Je vas courir bien vite, et je le ferai chauffer en passant dans le poêle du concierge.

Elle mit la tasse dans son panier et sortit en toute hâte.

Il y a loin de la dernière maison du faubourg à la prison d'Avranches. La vieille allait de son mieux, trottant menu sur le pavé glissant, et jetant ses regards sournois de tous côtés pour voir si elle n'apercevrait point Bosco dans quelque coin.

Mais Bosco n'était nulle part.

Au bout d'un quart d'heure, elle souleva le gros marteau de fer attaché à la porte de la prison.

— Vous êtes en retard aujourd'hui, madame Julienne, lui dit le concierge qui l'introduisit poliment dans sa loge.

— On ne fait pas ce qu'on veut quand on est chez les autres, monsieur Loisel, répondit Julienne.

M. Loisel, concierge de la prison d'Avranches était un vieil homme assez débonnaire, considérablement bavard et toujours entre deux cidres, — à moins qu'il ne fût, cependant, entre cidre et eau-de-vie.

Il y eut une prise de tabac, courtoisement offerte et acceptée avec cordialité.

— Je vais vous demander la permission de faire réchauffer un peu mon consommé dans votre poêle, monsieur Loisel, dit la vieille Normande.

— A votre service, madame Julienne, répliqua le concierge.

Ce brave homme était d'autant plus aimable que la pauvre Alizia ne touchait guère aux provisions apportées ainsi chaque jour et qu'il en avait, en fin de compte, tout le bénéfice.

Or, il y avait du gourmet dans la nature de M. Loisel, concierge de la prison d'Avranches.

Pendant que le bouillon chauffait, il s'approcha du panier tout doucement.

— Et que lui apportons-nous, avec le potage, à cette pauvre demoiselle? demanda-t-il en se frottant les mains.

— Ne m'en parlez pas! repartit Julienne, une tranche de fricandeau et une aile de poulet...

— Mais ce n'est déjà pas si mauvais, ça! interrompit le concierge, qui avait l'eau à la bouche.

— Et ce coquin de Pluton a tout mangé! acheva Julienne.

La figure de M. Loisel eut une expression de mélancolie.

— Ah!... fit-il avec dépit, la demoiselle n'aura pas d'indigestion aujourd'hui, madame Julienne?

— Ne m'en parlez pas, monsieur Loisel?... répéta la bonne femme; — mais voilà mon bouillon qui est chaud, et je n'ai pas une minute à perdre, car notre monsieur va rentrer.

Elle voulut se lever; le concierge la retint affectueusement et la força de se rasseoir.

— Voilà un homme qui est heureux de vous avoir!... s'écria-t-il, et qui mérite bien ça; car c'est la perle du tribunal?... Ah! madame Julienne, si tous nos juges étaient comme lui!

— C'est vrai que c'est un bon sujet, monsieur Loisel, dit la vieille femme; un homme d'or, quoi! Mais il faut que je m'en aille, pour ne pas le faire attendre, s'il rentrait avant moi.

— Si c'est ça qui vous presse, pas de danger!... il sort d'ici pour aller à la chambre du conseil.

— Il sort d'ici!... s'écria Julienne effrayée; — Jésus Dieu!... s'il m'avait rencontrée!...

Le concierge cligna de l'œil d'un air malin.

— Il ne vous aurait pas mangée, allez, ma bonne dame.

— Pensez donc, monsieur Loisel!.. je suis du tribunal, moi!... Et si l'on savait que j'apporte comme ça des douceurs à une prévenue!

— Pour ça, fit le concierge en secouant la tête d'un air grave, — ce n'est pas dans la règle... mais on en passe bien d'autres!... Et puis j'ai idée que M. le juge d'instruction ne se fâcherait pas trop rouge, si on lui disait cela... Il y a des cancans, madame Julienne.

— Sur mon maître, monsieur Loisel?

— Sur lui et sur d'autres... c'est pas l'embarras... Oh! mon Dieu, si vous saviez!...

— Mais, que dit-on!...

— Est-ce que je répète ces propos-là? Des bêtises, madame Julienne!... Malgré ça, voilà sept semaines que l'instruction dure, et il n'a pas encore interrogé la prévenue.

— Après?

— Après?... voilà; elle est tout de même joliment gentille...

— Est-ce que vous oseriez penser?... interrompit Julienne en se redressant avec dignité.

— Moi?... Allons donc!... Est-ce que je pense?... Mais c'est qu'il est venu tant de fois, le cher homme, sans jamais oser entrer dans cette cellule!... Tenez, pas plus tard qu'avant-hier... mais il y a une histoire d'abord, à vous dire...

— Je suis pressée, monsieur Loisel.

— Si je ne vous dis pas l'histoire, vous n'y comprendrez goutte..... tant il y a donc que la demoiselle mourait d'envie d'avoir un piano... un piano dans sa prison, ça ne s'est jamais vu!... mais il faut bien gagner sa vie, madame Julienne... J'allai chez un luthier pour faire plaisir à la demoiselle, et je pris un petit piano à dix francs par mois. Il ne coûte que trente francs à la prévenue.

— Comment, trente francs?

— Mon Dieu, oui! je risque le pain de mes vieux jours pour un misérable louis!... mais n'importe... avant-hier M. le juge d'instruction est venu, pour la vingtième fois, afin de procéder à l'interrogatoire... dans le corridor, ne voilà-t-il pas qu'il entend le satané piano! Elle en joue bien pour trente francs par mois, allez, de son piano!... mais, par exemple, c'est toujours le même air... Il paraît qu'elle n'en sait pas d'autre.

« M. le juge d'instruction s'est tourné vers moi... et j'en avais une venette, madame Julienne!...

« — Qu'est-ce que c'est que cela? qu'il m'a dit, en fronçant ses diables de sourcils noirs. »

« Moi, je veux être mis à la retraite sans pension si je savais que répondre!

« Enfin j'ai balbutié, c'est la prévenue, mademoiselle Pauli. — Comment qu'il a dit en joignant les mains... Et j'aurais voulu voir là pour l'entendre, madame Julienne! — Comment! elle a le cœur de faire de la musique!...

« Ah dame! il était en colère!

« Et, tout à coup, c'est tombé comme par magie. Nous gardions tous deux le silence; les sons du piano maudit arrivaient jusqu'à nous.

« Je ne sais pas, mais il m'a semblé qu'il reconnaissait l'air, car il s'approchait tout doucement, comme si quelque fil invisible l'avait attiré de ce côté.

« Et il était tout pâle; — et je voyais sa poitrine battre par soubresauts.

« Quand la musique a été finie, il a mis sa tête entre ses mains. Je crois, ma parole, qu'il pleurait. Il ne m'a point dit d'enlever le piano.

« Et il n'a pas eu le cœur d'entrer chez la demoiselle. »

Julienne écoutait d'un air sournois et contrarié.

— Monsieur Loisel, dit-elle en prenant sa tasse de bouillon, vous êtes un bien brave homme. Mais vous avez les yeux trop clairs, pour votre âge, et la langue trop longue.

Le concierge se mordit les lèvres.

Julienne passa devant lui d'un air superbe, et gagna la cellule d'Alizia.

C'était une bien pauvre retraite, mais c'était la plus belle chambre de la prison d'Avranches. Il y avait un lit avec des rideaux de serge verte, deux chaises qui trébuchaient dans les trous du carreau, et le fameux piano de trente francs par mois. Le piano était placé dans un enfoncement de la muraille, et Julienne ne l'avait jamais remarqué. Le mobilier de la prisonnière se complétait par un petit poêle et une table...

Alizia était assise auprès de la table, immobile et les yeux perdus dans le vide; il n'y avait point de livre ouvert auprès d'elle, point d'ouvrage commencé. — Ses deux mains, blanches et presque diaphanes, se croisaient sur ses genoux.

Elle portait une robe noire; ses cheveux, rejetés en arrière, découvraient ses tempes et son front. — La mort elle-même n'aurait pas pu la faire plus pâle.

Elle était bien changée. — Ce n'était plus ni la brillante pensionnaire de madame Duplessis, ni la sous-maîtresse doucement résignée des demoiselles Leblond : ce n'était plus cette belle statue, fière et morne, que nous avons admirée sur la terrasse de Villers, le soir du départ, ni cette jeune fille inclinée déjà sous la main du malheur, mais qui se redressait dans sa solitude, si forte encore et si ardente aux joies du souvenir, dès que le regard ennemi du monde ne passait plus sur elle.

C'était une pauvre créature brisée et vaincue. Les larmes avaient éteint l'éclair de ses grands yeux noirs. Il y avait sur son visage une expression de souffrance qui navrait.

Julienne entra tout doucement et referma la porte. — La tasse de bouillon fut déposée sur la petite table, puis la bonne femme vint s'asseoir près d'Alizia, dont elle caressa les mains froides.

— Eh bien! ma pauvre chère demoiselle, dit-elle en tâchant de sourire, — comment allez-vous aujourd'hui?

— Cela va bien, répondit Alizia d'un ton morne.

Elle baissa les yeux, pour les relever bientôt pleins de larmes.

— Vous êtes venue tard aujourd'hui... reprit-elle.

— Monsieur n'est sorti qu'à deux heures, répondit la vieille.

— Et il vous chasserait peut-être, bonne Julienne, — interrompit Alizia, s'il savait que vous avez pitié de moi.

Julienne ne pouvait pas comprendre tout ce qu'il y avait d'amertume dans cette parole.

— Ne voulez-vous pas goûter un peu de mon bouillon? dit-elle pour détourner l'entretien.

Alizia la repoussa doucement.

— Non... non, répliqua-t-elle.

Puis elle ajouta comme en se parlant à elle-même :

M. de Bryant le vit disparaître

— Elle est venue encore une fois... j'avais peur... quand j'ai vu passer l'heure ordinaire, je me suis dit : elle ne viendra plus... Je me dis cela bien souvent!

— Si c'est possible, fit la vieille avec reproche, — d'avoir des idées comme ça !...

— Il faut me pardonner... je suis si malheureuse!... et ma pauvre tête devient si faible!... je n'ai plus que vous en ce monde, Julienne... Oh! je sais que vous êtes bien charitable...... mais la charité se lasse.... quand vous serez comme les autres.... quand une fois vous me croirez coupable...

Julienne gardait le silence. — La goutte d'eau qui tremblait aux cils d'Alizia roula lentement sur sa joue.

— Peut-être est-ce fait déjà?... murmura-t-elle.

La vieille servante avait un poids sur le cœur; elle mettait tous ses efforts à ne point pleurer.

— Sur ma parole sacrée, s'écria-t-elle, cherchant une solennelle formule de protestation; — aussi vrai que Dieu est bon, ma pauvre enfant, je vous crois innocente !

Alizia eut presque un sourire, et ce pâle rayon qui brillait parmi sa tristesse lui rendit, pour un instant, sa souveraine beauté.

Julienne était en admiration devant elle.

Le sourire fugitif s'éteignit.

— Mais, reprit la vieille servante, — ce qui me fâche c'est votre silence... pourquoi ne pas vous défendre?

Les paupières d'Alizia se baissèrent de nouveau.

— Il faudrait accuser.... murmura-t-elle.

— Eh bien!... s'écria Julienne, le grand mal!... c'est une bonne œuvre que de combattre les méchants.

Alizia ne répondit pas tout de suite; sa tête était inclinée, elle semblait rêver.

— Il y a bien longtemps que je souffre... murmura-t-elle enfin; — j'ai appris de bonne heure à pleurer... Dieu veut que ma vie finisse comme elle a commencé.

Julienne l'écoutait en silence. Il y avait comme une auréole de résignation douce au front de la pauvre prisonnière.

La voix d'Alizia devint si basse et si voilée que l'oreille de Julienne, affaiblie par l'âge, ne pouvait plus saisir le sens de ses paroles.

Alizia disait :

— Pourquoi la frapper dans son bonheur, moi qui n'espère plus ? Dieu a fait deux parts dans la vie pour les deux sœurs... A l'une il a jeté la misère, à l'autre il a donné toutes les joies. Que sa volonté soit faite !

— Moi, je ne suis qu'une pauvre bonne femme, dit Julienne ; mais M. Martial a confiance en moi, et, si vous vouliez seulement me dire un mot, je saurais bien vous sauver.

Alizia la regardait avec de grands yeux distraits et absorbés.

— Voyons, chère demoiselle, reprit la vieille en lui serrant les deux mains, je vous le demande en grâce !

Un geste d'Alizia l'interrompit ; elle allait parler : Julienne écouta.

Alizia releva la tête et mit un doigt sur sa bouche.

— Connaissez-vous une jeune femme, belle, riche, heureuse ?... murmura-t-elle.

Et comme Julienne, surprise, ne répondait point, elle ajouta :

— Une jeune femme aussi belle, aussi riche, aussi heureuse que la comtesse Clotilde de Bryant ?

— Pourquoi me demandez-vous cela ?... balbutia Julienne.

Il y avait de l'égarement dans les yeux d'Alizia.

— Pourquoi ? répéta-t-elle ; vous me demandez pourquoi ! Écoutez ! si vous en connaissez une, allez vers elle... allez bien vite ! et dites-lui de fermer la porte de sa maison, car le bonheur est comme un oiseau qui s'envole, et le malheur veille derrière le seuil, tout prêt à se glisser par la porte entr'ouverte. Dites-lui d'aimer ses enfants et d'être une mère jalouse...

A-t-elle une fille ? si elle a une fille, dites-lui de prendre bien garde ! Il y a des créatures qui font métier de remplacer les mères auprès de leurs filles. Oh ! si vous saviez ! si vous saviez !

Julienne se sentait prise d'effroi ; elle avait peur de comprendre. Était-ce un aveu ? était-ce du délire ?....

La main d'Alizia devenait plus froide entre ses mains.

— Ces créatures, reprit-elle encore, s'appellent institutrices... Quand elles entrent dans une maison, les larmes viennent et le sourire se voile... Il y avait une jeune femme qui était riche, belle, heureuse, comme la comtesse Clotilde de Bryant.

LAGNY. — Imprimerie de VIALAT et Cie.

— Mon Dieu ! mon Dieu !... s'écria Julienne, incapable de se contenir davantage, c'est donc vous !... et tout ce qu'on dit est vrai ?

Alizia secoua la tête avec lenteur.

— Je vous parle de longtemps, dit-elle. La jeune femme qui était belle, riche, heureuse, est morte dans la misère et dans l'abandon... Sa fille, dont le berceau s'entourait de tant de luxe brillant, de tant de joies chères, sa fille est restée seule en ce monde, sa fille qui avait pour père un prince... pour père légitime !

Mademoiselle Pauli appuya sur ces derniers mots avec une intention que Julienne ne pouvait pas comprendre.

Puis elle reprit encore, mais d'une voix faible et qui allait s'étouffant de plus en plus :

— Sa fille, qui n'a connu dans la vie que les larmes, sa fille qui va mourir infâme et déshonorée !...

Elle cacha sa tête entre ses deux mains, sa poitrine, soulevée, sanglotait.

Julienne se disait :

— Serait-ce d'elle-même qu'elle veut parler ?... Seigneur Dieu ! la pauvre fille est folle...

Elle n'osait plus interroger.

Au bout de quelques minutes, Alizia se redressa tout à coup ; ses yeux étaient secs ; son regard avait recouvré sa fierté.

— Ils sauront qui je suis... dit-elle en relevant les yeux sur Julienne qui évitait maintenant son regard ; — quand je serai près de mourir, il faudra bien qu'ils viennent !... Je les appellerai tous auprès de mon lit... et alors ils se repentiront !

— Est-ce qu'on parle de mourir à votre âge, ma chère demoiselle ?..... voulut dire Julienne.

Martial force le comte de Bryant à se battre.

Alizia mit la main contre sa poitrine haletante.

— On parle de la mort, dit-elle, quand on la sent venir.

Sa figure s'éclaira d'un beau rayon d'espoir.

— Et je la sens... reprit-elle ; — oh ! ses promesses ne peuvent tromper !

Julienne détourna la tête : elle pleurait.

— C'est vous qui avez été ma dernière amie... reprit Alizia d'une voix douce et contente, c'est vous qui remplirez mon dernier désir.

— Oh ! ma pauvre enfant ! ma chère demoiselle !... s'écria Julienne dont le cœur se fendait ; — je vous en prie, ne parlez pas ainsi !

5

Alizia prit ses mains qu'elle attira contre son cœur.
— Est-ce que vous me refusez?... dit-elle avec un sourire plein de caresses.
La vieille ne pouvait plus parler...
— Que le paradis doit être plus beau pour ceux qui ont souffert ici-bas! poursuivit Alizia, dont les joues et le front se col raient d'un incarnat léger : — oh! vous qui m'aimez, il ne faut point pleurer sur ma mort... car je ne puis être heureuse qu'aux pieds de Dieu!
— Écoutez!... reprit-elle en changeant de ton; — écoutez ma pauvre histoire, afin que mon dernier vœu soit rempli.
« J'étais presque une enfant; ma mère vivait; l'avenir était pour moi plein de promesses et de joies.
« J'aimais pour la première et la dernière fois de ma vie.
« J'étais aimée.
« Il y a sept ans que je vis avec son souvenir. — Quand je serai morte, vous ouvrirez le corsage de ma robe; vous trouverez là, dans mon sein, une lettre cachetée : l'adresse est mise.
« Vous irez vers lui et vous lui donnerez la lettre que mon cœur aura sentie à son dernier battement.

. . . .

— Madame Julienne, dit M. Loisel en montrant sa tête à la porte, bien des pardons... mais on va fermer.
Julienne se leva précipitamment; elle avait les yeux gonflés et brûlants.
— Quant à vous, mademoiselle, dit le concierge en se tournant vers Alizia, dont la figure était calme, — il faut être prête demain matin de bonne heure... Vous partirez pour le château de Villers, où vos interrogatoire et confrontation se feront sur les lieux mêmes.

XXVII.

DERNIÈRE ENTREVUE.

Le pauvre Bosco avait raison : il n'y avait plus au beau château de Villers ni joie, ni sourire; le malheur avait passé par là.
Contre leurs habitudes, le comte Hector et sa femme avaient laissé venir les plus durs mois d'hiver, sans songer à revoir Paris, — Paris où la comtesse Clotilde avait de si charmants triomphes; — Paris la ville débonnaire et courtoise où les talents problématiques de M. de Bryant trouvaient tant et de si sincères admirateurs!
Il n'y avait plus de fleurs dans les grandes corbeilles du jardin; les tilleuls montraient leurs branches contournées et noires. — Dans le parc, la dernière feuille était tombée; — et déjà, deux ou trois fois, le givré, qui brillait aux vitres des croisées, avait laissé voir, en se fondant, le mont Saint-Michel couvert d'un blanc manteau de neige.
Et pourtant, la famille de Bryant restait en Normandie; Paris avait beau jeter à la province, par les cent voix de la presse, l'écho enflé de ses plaisirs.
On ne voulait rien entendre; le château de Villers était muet et sourd....
C'était une froide matinée de décembre, — une voiture lourde et massive, attelée de deux vieux chevaux, tourna l'angle de la grande route et prit l'avenue de Villers-Bryant.
Deux gendarmes à cheval l'escortaient.
La voiture monta, au pas, l'avenue et vint s'arrêter devant cette grille dorée où nous avons vu, naguère, les hôtes du château prendre congé de leurs nobles amphytrions.
Entre ce brillant départ et cette pauvre arrivée, il y avait plein contraste. — C'était par une belle soirée d'automne que les adieux s'étaient échangés gaiement. Le soleil se couchait dans son lit de pourpre, et teignait de reflets roses les hautes murailles du château. Chaque degré de la terrasse avait son vase de fleurs, et l'automne, réchauffant les tons du feuillage, donnait à chaque arbre l'apparence d'un bouquet épanoui.
Les équipages, rangés à la file, étincelaient; les fiers chevaux piaffaient en mordant les mors...
Aujourd'hui, le soleil matinier se cachait derrière les nuages; il n'y avait plus ni feuilles ni fleurs, et au lieu des voitures armoriées, c'était une pauvre carriole en cuir terne et mal tendu qui s'arrêtait devant la grille.
La grille s'ouvrit, mademoiselle Pauli mit pied à terre, soutenue par un employé de la prison d'Avranches.

Tandis qu'elle montait les marches du perron, les domestiques de Villers s'étaient rassemblés dans le vestibule, pour la voir entrer. Depuis une heure, on l'attendait en glosant et en raillant. — Mais, quand elle passa, soutenue par l'homme de la prison, la valetaille impitoyable écarta ses rangs silencieusement. Personne ne songeait plus à se moquer, et pas une parole ne fut prononcée.
Alizia était si changée et si pâle!
Après son entrée, une demi-heure s'écoula, pendant laquelle une tristesse plus morne sembla peser sur le château.
L'homme de la prison et les deux gendarmes déjeunaient à l'office, entourés des domestiques muets.
— C'est pas l'embarras, disait l'homme de la prison la bouche pleine; — d'Avranches jusqu'ici j'ai cru deux ou trois fois qu'elle allait passer dans la voiture.
Passer veut dire mourir...
La comtesse était retirée dans sa chambre. — Depuis deux mois, elle n'avait guère quitté le lit.
Elle pleurait bien souvent. Elle avait supplié plus d'une fois son mari de retirer la plainte portée contre Alizia. — Ce malheur si cruel qui pesait sur son ancienne amie semblait lui causer non-seulement de la peine, mais une sorte de remords.
M. de Bryant avait cru devoir lui défendre toute manifestation trop charitable ou miséricordieuse : elle n'avait point visité Alizia dans sa prison.
Selon M. de Bryant, il ne fallait point de faiblesse, et le crime devait avoir son châtiment complet.
Clotilde ne résistait point; c'était un faible cœur. — Elle priait Dieu pour Alizia innocente ou coupable.
Et parfois, tant les reproches de sa conscience étaient amers, elle cherchait à la croire coupable; — mais elle ne pouvait pas.
La salle à manger ne servait plus guère qu'aux récréations de Berthe et de Marie. Les deux petites filles étaient assises l'une auprès de l'autre, tristes et les yeux rouges; elles ne jouaient point. — Par la croisée, elles avaient vu tout à l'heure Alizia Pauli, leur chère petite maman, — monter les degrés du perron. La servante qui était préposée maintenant à leur garde s'était mise entre elles et la porte.
Elles n'avaient pas pu aller à la rencontre de leur bonne amie, ni se jeter à son cou, heureuses de ce retour si ardemment espéré.
Car on leur avait bien entendu, aux petites filles le motif véritable de l'absence d'Alizia. De jour en jour, elles la demandaient à leur père, à leur mère, à tout ce qui les entourait.
Et toujours on leur répondait :
— Elle reviendra.
Elle était enfin revenue; et comme les petits cœurs de Berthe et de Marie avaient battu doucement à son aspect!
Mais pourquoi cette défense de la voir, de lui parler, de l'embrasser, elle qui était aimée comme une mère?
Seules dans tout ce grand château, protégées qu'elles étaient par leur ignorance, Berthe et Marie auraient pu être joyeuses; — mais elles pleuraient.
On avait mené Alizia dans son ancienne chambre; son gardien l'avait quittée pour se rendre à l'office.
Alizia resta seule durant un grand quart d'heure.
Ce qu'elle éprouva en revoyant tous ces objets connus, cette chambre où elle avait été presque heureuse, nous n'essayerons point de le décrire.
Rien n'avait été dérangé; elle retrouvait là, le petit secrétaire où elle avait caché si longtemps sa souffrance et son bonheur, — son lit entouré de rideaux blancs, — le piano dont les touches ne savaient qu'un chant : la valse aimée de Weber, — et derrière les carreaux de la croisée, rendus opaques par le givre, la silhouette confuse du télescope, qui était toujours à la même place.
Alizia s'était assise en entrant, épuisée de fatigue. — Un domestique était venu allumer du feu dans la cheminée, car la chambre était bien humide et bien froide. Quand le domestique fut parti, Alizia resta seule durant dix minutes environ. — Puis la porte s'ouvrit de nouveau, et le comte Hector de Bryant parut.
La physionomie d'Alizia, immobile et morne, n'exprima ni surprise ni colère.
Le comte entra d'un air timide; il s'avança jusqu'à la cheminée et s'accouda sur la tablette de marbre.
Son regard, qui était fixé sur Alizia, s'imprégnait de tristesse et de pitié tendre.
Il resta longtemps avant de prendre la parole.
— Comme vous voilà changée!... dit-il d'une voix émue; — oh! Alizia, pourquoi n'avez-vous pas voulu être heureuse?...
On eût dit que mademoiselle Pauli ne l'entendait point.

Le comte la regardait toujours. — C'était la première fois qu'il la revoyait depuis cette nuit où il avait soulevé mystérieusement le couvercle de la malle. — Il était sincèrement effrayé du changement funeste que les deux mois avaient opéré chez mademoiselle Pauli.

Car les événements, il faut bien le dire, avaient marché malgré lui. C'était l'homme des demi-mesures ; s'il avait pu prévoir toutes les conséquences de son acte, il n'aurait point osé. — Il n'y avait en lui ce qu'il faut de courage ni ce qu'il faut de méchanceté passionnée pour commettre le crime.

Tendre des pièges, nuire par la fraude, lier les jambes et les bras d'une pauvre fille pour l'attaquer ensuite sans défense, c'était là le fait de M. le comte ; il avait cru ne provoquer qu'un scandale intime en quelque sorte, et dont les échos ne dépasseraient point les murailles de son parc.

Il avait cru tout bonnement, dans le naïf calcul de sa diplomatie, se rendre maître de la situation et pouvoir dire à mademoiselle Pauli révoltée :

— Vous voyez bien que je suis le plus fort... Je tiens entre mes mains votre vie et votre honneur... Dites un mot, et je me tais... mais si vous me repoussez, prenez garde !

Et quelle arme il avait entre les mains !...

Nous ne saurions trop le répéter, ces gens habiles, ces Machiavels de salon, se trompent autant et plus que le commun des mortels. Pour raisonner juste, il faut marcher droit ; et, tandis que les prétendus diplomates de famille se creusent la cervelle à ruminer de bonnes petites infamies, ils tombent toujours dans quelque trou, comme l'astrologue de la fable, qui était du moins un honnête homme.

Le comte s'était dit : Quand Clotilde découvrira le vol, elle me fera appeler ; j'agirai avec prudence ; je m'arrangerai pour découvrir le coupable à huis-clos, et ce sera un secret entre Clotilde, Alizia et moi.

Mais la comtesse, ne voyant plus à son côté l'image chérie de son père, n'avait eu garde de soupçonner Alizia. Elle avait sonné sa femme de chambre, et, dix secondes après, tout le château était au fait de l'aventure.

M. le comte, dans cette conjoncture difficile, ne se trouvait pas entièrement au dépourvu, car il avait pris ses précautions à tout hasard, et nous n'avons pas oublié cette petite comédie, jouée dans l'antichambre de sa femme ; le prétendu sommeil de Mariette, la Normande, et la visite apocryphe de mademoiselle Pauli chez la comtesse endormie.

Ces précautions, du moins, devaient porter leurs fruits ; Alizia était bel et bien perdue, et nul soupçon ne pouvait rejaillir jusqu'à M. le comte.

Il n'y avait que ce Bosco, mais le moyen de s'inquiéter à ce sujet ! Bosco était une si misérable créature ! à supposer qu'il ne fût point allé mourir dans quelque trou, de quel poids pourrait être jamais son témoignage ?

Tout doucement et sans trop le vouloir, M. le comte, traître de comédie bourgeoise, se trouvait jouer un rôle tragique dans un drame où il y avait du sang et bien des larmes.

Ma foi, les circonstances le poussaient, il n'était plus possible de reculer ! — Était-ce sa faute, après tout, si le hasard tournait ainsi les choses ? — M. le comte prit son parti en brave, d'autant plus aisément qu'il n'avait à redouter aucun danger personnel.

Tout retombait sur autrui.

Et parfois lorsqu'il était seul dans son cabinet, malgré la nuance de tristesse que tous ces événements malheureux jetaient parmi sa rêverie, il se surprenait à rire dans sa barbe et à se frotter les mains, à la regret de son habileté suprême.

Quelle armure à l'épreuve que la diplomatie !

Une fois mademoiselle Pauli incarcérée, ce qui fut fait sur ses propres diligences, il attaqua rondement la situation. Malgré les prières de sa femme, il se porta partie civile, pour ne laisser nul prétexte à la médisance.

Seulement, il gardait par devers lui son idée.

Il était riche, — le cas échéant, Alizia pouvait encore être sauvée.

On ne saurait trop dire s'il n'y avait pas quelque chose de réel dans l'émotion profonde qui se montrait sur son visage, à ce moment où il revoyait mademoiselle Pauli, après deux mois d'absence. — Il l'aimait, en définitive, comme il n'avait jamais aimé personne, et, si cette passion d'un homme sans cœur est malaisée à définir ou à comprendre, il faut du moins l'admettre possible, puisque l'expérience nous en fournit mille exemples.

Il aimait Alizia ; s'il l'avait perdue, c'était pour vaincre sa résistance. Il s'était dit, depuis le commencement de cette guerre lâche et honteuse : Le jour où elle me cédera, je saurai bien la récompenser de tout ce qu'elle a souffert.

Mais, de même qu'il n'avait point su mesurer les résultats directs du premier coup porté, de même il n'avait point prévu jusqu'où irait le martyre de sa victime.

Était-ce bien Alizia qu'il revoyait ? Alizia, naguère encore si éblouissante de force et de jeunesse ! Était-ce bien cette pauvre créature brisée et mourante ?

Il sentit remuer en lui une fibre inconnue ; il eut pitié.

Mais en cet homme l'émotion était stérile et ne pouvait point porter de fruits.

Quand, par impossible, le sentiment humain s'éveillait pour produire un premier mouvement honnête ou charitable, la réflexion venait bien vite, semblable à la Harpie antique, qui savait gâter, jusqu'au nectar des dieux.

La sensibilité est bonne pour les sots ; ce n'est pas avec l'émotion qu'on parvient à son but et qu'on fait ses affaires.

— Mon Dieu, reprit-il après un silence et d'une voix qui tremblait encore légèrement ; je vous vois, mademoiselle, je suis là, tout près de vous, et je me demande si je rêve !

Alizia releva enfin sur lui ses yeux éteints et agrandis par la maigreur de ses joues.

— Vous devez être fier de votre ouvrage, monsieur ! dit-elle avec effort.

— Mon ouvrage ?... répéta le comte vivement.

Puis il se reprit, et ses deux mains pressèrent son front.

— Mais pourquoi feindre ? s'écria-t-il ; je vous aime trop pour mentir, Alizia... c'est vrai, c'est bien vrai ! Souvenez-vous, ajouta-t-il en joignant ses mains avec une sorte de désespoir : Souvenez-vous !... je vous l'avais dit, car je ne vous ai jamais trompée... je vous avais dit : Mon amour est de ceux qui brisent tous les obstacles. Entre ma passion que je ne puis vaincre et votre résistance, c'est un duel sans merci... Hélas ! il est le moment où mon cœur saigne à vous voir si malheureuse, je vous le dis encore, Alizia : c'est un combat à outrance où nous mourrons tous deux !

Alizia eut un sourire triste et fier.

— Aujourd'hui comme autrefois, je suis prête, monsieur, dit-elle, et regardez-moi bien : la mort dont vous parlez, elle est là, tout près de moi... Voyez si je tremble ?

Le comte se couvrit le visage et l'on entendit un sanglot sortir de sa poitrine.

— Hélas ! hélas ! murmura-t-il, et je n'ai pas pu la sauver !...

Il fit un pas vers Alizia et reprit :

— Écoutez-moi, mademoiselle, par pitié pour moi, par pitié pour vous !

— Et la comtesse Clotilde, votre femme !... dit Alizia qui sembla se ranimer pour un instant ; — votre femme qui vous aime, parce qu'elle ne vous connaît pas... votre femme qui vous a racheté le château de vos pères, qui vous a fait riche et heureux, monsieur le comte... Il n'y a donc ici que moi pour avoir pitié d'elle ?

Le comte s'était reculé d'un brusque mouvement ; un éclair de rancune avait brillé dans son regard.

Mais il se contint encore.

— Clotilde !....... murmura-t-il d'un accent contrit et plaintif ; — croyez-vous donc que ma conscience ne me dit rien, mademoiselle !... Hélas ! dans ces nuits d'insomnie que vous me faites, je pleure bien souvent, moi aussi, quoique je sois un homme, et ce sont des larmes de sang que je pleure !... J'ai lutté ; j'ai combattu... Est-ce ma faute si Dieu est impitoyable ?... Pourquoi résister à sa destinée ?... Mon sort est de vous aimer, mon sort est de souffrir ou d'être heureux à vos genoux... si vous vouliez...

Il s'interrompit pour interroger Alizia du regard.

Alizia s'était affaissée de nouveau sur elle-même. L'incarnat fugitif qui avait coloré un instant sa joue ne laissait derrière lui qu'une pâleur plus mate.

Le comte prit le courage de s'approcher.

— Si vous vouliez, poursuivit-il en se penchant au-dessus d'Alizia ; — tout le mal que je vous ai fait pourrait être réparé... Si vous vouliez !... oh ! vous êtes si jeune !... quelques jours de bonheur vous rendraient votre radieuse beauté... moi, je serais là, près de vous, guettant votre premier sourire... Mon Dieu ! ne serait-ce point la joie du ciel que de vous voir revivre peu à peu et refleurir comme un beau lys à qui manquait la goutte de rosée ?... Oh ! je vous en prie, Alizia, laissez-moi détruire ma tâche maudite, laissez-moi vous rendre en félicité tout ce que je vous ai donné de misère !

Alizia ne répondait plus : elle baissait les yeux et ses mains s'étaient croisées sur sa poitrine.

Le comte interprétait ce silence en faveur de sa cause. — C'était peut-être de l'hésitation ; — allait-il vaincre, enfin ?...

Il se mit à genoux.
— Alizia... dit-il encore; — ma belle Alizia!... écoutez-moi et jugez mon amour!..... D'autres essayeraient peut-être de vous tromper en vous disant : Je vous sauverai... Moi seul vous accusais, je retirerai mon accusation... je me mettrai entre vous et la justice... mais ce serait un mensonge, mon Alizia chérie... La justice ne veut pas qu'on lui reprenne sa proie... je ne puis rien auprès de vos juges...

Mais, si je reste impuissant devant la loi, reprit-il en relevant la tête, les hommes sont faibles, et j'ai de l'or... Oh! j'y ai bien pensé!... je savais qu'ils vous amèneraient dans ce château... Vous n'avez qu'un mot à dire, et vous êtes libre!

Alizia était comme une statue. A peine sa respiration faisait-elle battre son sein.

— Vous ne répondez pas?... reprit le comte; — peut-être ne me comprenez-vous pas?... Je suis chez moi; ici, tout m'obéit... derrière la petite porte du jardin une chaise de poste est attelée... je suis prêt à sacrifier pour vous mon rang, mes titres, ma patrie... Nous fuirons ensemble; je changerai de nom, nous irons loin, si loin que le danger ne pourra plus vous atteindre!... Et vous m'aimerez peut-être alors, Alizia, car je n'aurai plus rien pour payer votre amour!

Un bruit de voix se fit entendre, au dehors, sous les fenêtres.
Le comte voulut prendre la main d'Alizia.
Celle-ci étendit son doigt vers la porte.
— J'aime mieux mourir!... dit-elle.
Le comte se releva, les sourcils froncés.
— Vous me haïssez donc bien?... murmura-t-il en tâchant de garder sa voix hypocrite et soumise.
— Non... répliqua mademoiselle Pauli d'un accent morne et froid; — ce n'est pas de la haine.
Elle prêta l'oreille. — Les voix de la cour montaient, plus distinctes.
— C'est donc du mépris?... murmura le comte, qui tâcha de sourire.
— Écoutez!... dit Alizia au lieu de répondre; — quand j'entends cette voix-là, je suis forte! il me semble que Dieu ne m'a pas abandonnée et que j'ai un protecteur sur la terre...

Le comte s'élança vers la fenêtre; il vit, en bas, son avocat Gédéon Ricard et le juge d'instruction Martial Aubert.

Toute trace d'émotion avait disparu de son visage lorsqu'il revint auprès d'Alizia.

— Que votre volonté soit faite, mademoiselle!... dit-il en s'inclinant.
Alizia avait les yeux au ciel.
— Vous avez pu me tuer... murmura-t-elle; — mais il aura mon dernier soupir!

XXVIII.

LES TÉMOIGNAGES.

— Ah çà! mon illustre ami, disait Gédéon Ricard à Martial, je sais bien qu'un magistrat de ton importance est fort au-dessus d'un pauvre petit avocat... mais plus on est grand, plus il faut se montrer clément, mon ancien camarade.

— Je ne sais ce que tu veux dire, répondit Martial Aubert avec distraction.

Ils étaient partis d'Avranches tous les deux dans la matinée, et la voiture de M. le juge d'instruction avait rejoint la patache de l'avocat vers le milieu de l'avenue.

Martial venait, avec son greffier, au château de Villers, pour procéder à l'interrogatoire de mademoiselle Pauli, sur le lieu même du crime, et pour la confronter, au besoin, avec les gens de la maison.

Gédéon Ricard venait pour faire un peu d'embarras et quelques bons dîners; il se rappelait les joyeux repas de l'automne et en gardait de l'eau plein la bouche!

— Ah! ah! reprit-il en montant les marches du perron. Tu ne sais pas ce que je veux dire? je veux dire que c'est indécent de fermer ainsi sa porte à un vieux camarade, comme s'il s'agissait d'un créancier ou d'un solliciteur!... C'est un dragon que ton antique Julienne, mon bonhomme! Et, ma foi, si je n'avais pas un si excellent caractère, je te garderais rancune.

— Montez, monsieur Plumachon, dit Martial à son greffier.
M. Plumachon était un petit homme tout rond, tout rose et tout chauve, qui portait sous le bras une énorme liasse de papiers.

Il était resté discrètement au bas des degrés.
Sur l'ordre de son supérieur, il mit le chapeau à la main et monta les marches en mesure.

— Peste!... fit Gédéon, nous sommes dans l'exercice de nos fonctions à ce que je vois.

— Et toi, demanda Martial, que viens-tu faire ici?
— Partie civile, mon cher! On a pensé qu'un membre du barreau de Paris ne serait pas un secours tout à fait inutile pour l'éloquence nasillarde du ministère public normand... C'est pour cela que je voulais te voir hier.

La porte du vestibule s'ouvrit, et un domestique se présenta pour recevoir les nouveaux arrivants.

— Bonjour, Baptiste, dit Gédéon familièrement.
Baptiste s'inclina.
— Me voilà revenu au pays, mon brave, reprit l'avocat. Madame la comtesse est-elle visible?
— Non, répondit Baptiste.
— Ah! Et peut-on saluer M. le comte?
— Non, répliqua encore Baptiste.
— Très-bien! fit Gédéon. Alors, mon brave, je suis forcé de faire comme chez-moi... préparez-moi mon ancienne chambre, n'est-ce pas? et servez-nous un peu à déjeuner, car j'ai un appétit d'enfer!

La femme de chambre de madame la comtesse entra dans le vestibule à ce moment.

Elle alla droit à Martial.
— Madame m'a dit de guetter l'arrivée de M. le juge d'instruction, dit-elle à voix basse; madame désirerait avoir un entretien particulier avec monsieur le juge.

Le greffier Plumachon dressait l'oreille.
— On peut commencer les interrogatoires par celui de madame la comtesse, fit-il observer en souriant et en saluant.

La femme de chambre baissa la voix davantage.
— Il ne s'agit pas d'un interrogatoire, dit-elle en s'adressant toujours à Martial, et madame désire parler à monsieur le juge sans témoins...

— Préparez-vous, monsieur Plumachon, dit Martial, afin que nous puissions commencer à mon retour... Je suis aux ordres de madame, la comtesse, ajouta-t-il en se tournant vers la femme de chambre.

— A merveille! grommela Gédéon; il paraît qu'on a ses petits secrets. Trouvez-vous cela régulier, monsieur Plumachon?

Le petit greffier regarda l'avocat d'un air futé.
— Eh! eh! fit-il; maintenant on met des jeunes gens partout... les affaires vont comme elles veulent... le monde devient fou... ça finira comme ça pourra. Les gens raisonnables regardent et ne disent mot... Pensez-vous que l'on serve à déjeuner pour deux?

— Pour six, mon cher monsieur Plumachon! C'est la maison du bon Dieu, figurez-vous... Ah! ah! nous en avons mangé ici de ces fins morceaux, l'automne passé... Mais que dites-vous de l'affaire? et comment va l'instruction?

— Tout doucement, monsieur. J'ai vu le temps où les choses ne marchaient pas comme ça... Mais trop parler nuit, vous savez... Roule ta boule, comme on dit. Je pense que vous êtes de mon avis, monsieur : il fait très-froid dans ce vestibule!

Gédéon saisit avec empressement cette occasion de se poser en habitué de la maison.

— La salle à manger est ici près, mon cher monsieur, répliqua-t-il; je suis l'ami de monsieur le comte, et tout le château est à nos ordres. Je vous montre le chemin.

Il ouvrit la porte par où Baptiste venait de sortir, alors ils se trouvèrent dans la salle à manger d'où l'on venait d'éloigner les deux petites filles.

Un domestique était en train de mettre la nappe.
— Deux couverts, n'est-ce pas, Lapierre? dit l'avocat d'un ton dégagé. M. Plumachon, greffier près le tribunal d'Avranches, me fait l'amitié de déjeuner avec moi...

Martial avait été introduit dans la chambre de madame la comtesse de Bryant. Clotilde, qui avait quitté son lit pour le recevoir, paraissait extrêmement émue.

La camériste aurait donné huit jours de gages pour voir ce qui allait se passer et pour entendre ce qui allait se dire; mais il n'y avait pas moyen. La comtesse, après avoir éloignée du geste, prit elle-même le soin de fermer la double porte de son appartement.

Pas le plus petit trou pour mettre l'oreille ou pour glisser le regard.
La femme de chambre resta en sentinelle derrière la double porte; aucun bruit n'arrivait de l'intérieur des appartements.

On eût dit que cette entrevue, sollicitée si mystérieusement, était muette.

Celle de Gédéon Ricard et de maître Plumachon n'avait pas, du moins, ce défaut-là.

On leur avait servi un pâté avec une volaille froide, et ils dévoraient à l'envi l'un de l'autre.

— Ah! vous êtes maître Ricard, du barreau de Paris? disait le petit greffier, dont la figure devenait plus rose; — ah diable! Peste! Eh bien, je n'avais jamais entendu parler de vous, mais le bon vin réjouit le cœur de l'homme, comme dit le latin, à votre santé, maître Ricard, si voulez bien le permettre.

— A la vôtre, mon cher monsieur Plumachon..... et au plaisir de faire votre aimable connaissance. Comme cela, depuis deux mois, l'instruction n'a pas marché du tout?

— Pas d'une semelle!... Horatius Flaccus, qui vivait du temps de l'empereur Auguste, et qui avait pour patron l'illustre Mécène, comme vous pouvez bien ne pas l'ignorer, maître Ricard, puisque vous êtes célèbre dans le barreau de Paris, disait aux poëtes : Hâtez-vous lentement... Les juges de tous les temps et de tous les pays ont pris le précepte pour eux. Et en conscience pourquoi se fouler la rate? La vie est courte..... les heures du travail sont lentes. Je ris dans ma barbe en songeant à ceux qui se font du mauvais sang... *nunc est bibendum*, maître Ricard. Si j'avais la cave de M. le comte, je ferais la fortune de mon marchand de lard!

— Pardieu! s'écria Gédéon, — vous êtes un greffier d'esprit, j'en donne ma parole!...... Et quelle raison prêtez-vous à la paresse que M. Aubert a montrée dans cette affaire?

— Oh! oh!... répliqua le petit greffier; vous m'en demandez bien long, monsieur l'avocat! la sagesse est myope et ne voit pas plus loin que le bout de son nez... moi, si j'ai un désir, c'est d'être greffier en chef de cour royale dans un pays vignoble!

— N'y aurait-il pas quelque mystère là-dessous? reprit Gédéon.

— Je vous prie, maître Ricard, usez de votre crédit pour avoir une seconde bouteille... Du même, si c'est possible... ah! tous ces gueux de pommiers!... moi, je voudrais planter la terre en vigne... je ne sais qu'une chanson, maître Ricard, mais elle est fameuse :

« Moi, je pense comme Grégoire,
« J'aime mieux boire !... »

— Ah çà, vous êtes un vrai Roger Bontemps, monsieur Plumachon!... dit l'avocat; — je vois d'ici que vous menez la vie comme il faut?...

On apporta deux bouteilles à la fois.

Plumachon les regarda tour à tour, en extase.

— Les dieux immortels aiment le nombre impair... dit-il gravement, je suis de leur avis, s'ils préfèrent trois à deux, cinq à quatre et ainsi de suite.. Les femmes n'ont qu'une vertu, c'est de mettre de l'eau dans leur vin... Ça fait durer une bouteille... quand on pense que les prêtres ne savent pas dire ce qu'on boit dans l'autre monde?

Et tout en bavardant ainsi, maître Plumachon mangeait comme quatre et buvait le double. Il vous avait un air guilleret, alerte, gaillard, à mettre en gaieté un paralytique!

Gédéon ne pouvait rien tirer de lui, sinon de sentencieuses gaudrioles et des maximes de philosophie poculaire.

XXIX.

FIN.

Comme on était en train de décoiffer la cinquième bouteille, le petit greffier reconnut le pas de son juge dans le corridor voisin ; il emplit son verre jusqu'au bord et l'avala d'un trait. Cela fait, sa physionomie changea comme par enchantement; il appela sur sa petite face rouge et ronde un air de gravité sévère; — il recula sa chaise et se prit à feuilleter magistralement les pièces de son dossier.

Il ne s'était point trompé; c'était bien le pas de Martial Aubert qu'il avait entendu. L'entrevue de ce dernier avec madame la comtesse de Bryant venait de prendre fin.

La femme de chambre, qui était restée à son poste avec une patience héroïque, avait pu saisir les derniers mots de l'entretien.

C'était peu de chose.

— Je n'ose pas, monsieur, avait dit la comtesse ; — j'avais trop présumé de mes forces... il ne m'est pas possible de vous dire cela en face, et j'aime mieux vous écrire.

Comme elle vit sa femme de chambre qui écoutait, l'oreille tendue, elle referma la porte pour ajouter bien bas :

— Je sais que vous êtes un homme d'honneur, monsieur Aubert... je sais qu'une confidence orale serait sans danger, tandis qu'une lettre...

Elle hésita et reprit :

— Mais je suis ainsi faite... elle est innocente, j'en suis sûre... et dussé-je me perdre, je veux la sauver, car je lui dois tout!...

Elle ouvrit la porte et s'inclina, Martial fut obligé de s'éloigner.

Son rôle, dans ce château, devait être difficile à remplir, il le savait d'avance; mais il était loin de s'attendre à cet incident, provoqué par la comtesse elle-même. Tout le temps qu'avait duré l'entrevue il était resté grave et froid. — Mais quels efforts ! la fatigue venait dès le début de sa tâche. Pourrait-il la remplir jusqu'au bout?

Il avait interrogé Clotilde, mais seulement comme un juge; s'il avait pu parler avec son cœur, Clotilde ne fût point restée muette.

— Vous êtes prêt, monsieur? dit-il à son greffier en entrant dans la salle à manger.

— Toujours, répondit Plumachon, — et je pense que vous allez prendre un petit morceau de quelque chose, avant de commencer les interrogatoires.

— Fais comme nous, mon bonhomme, ajouta Gédéon, — c'est moi qui t'en convie!

— J'ai préparé une chambre suivant les ordres de M. le juge, dit Baptiste en rentrant, — et tous les domestiques sont avertis... faut-il aller chercher mademoiselle Alizia?

— Non, répliqua Martial, — pas encore... vous ferez entrer les domestiques un à un.

Puis se tournant vers son greffier, il ajouta :

— Venez, monsieur.

Plumachon se leva; il fit quelques pas sur les traces de son juge, et il n'allait vraiment pas trop de travers; mais quand Martial eut disparu dans le corridor, Plumachon battit un entrechat et revint d'un bond vers la table.

Il versa le reste de la bouteille dans son verre.

— Ah çà, disait Gédéon ; — on devrait commencer par la prévenue, ce n'est pas du tout régulier !

Plumachon lui dessina un pied de nez avant de boire.

« Quand il eut bu, il fit le tour de la table en chancelant et vint pincer amicalement la cuisse de Gédéon qui sauta sur ses pieds en poussant un cri.

— Farceur, murmura Plumachon qui souriait avec béatitude et se balançait sur ses jambes amollies; — oh! farceur! farceur! je crois que nous sommes un peu dans les vignes...

Il lui tourna le dos en riant; puis prenant tout à coup un air digne, il se dirigea vers la porte d'un pas assez ferme, la plume à l'oreille, le dossier sous le bras et l'encrier au poing.

Il rejoignit son juge dans une salle voisine et s'installa devant une petite table, pour remplir son office.

Le comte, la comtesse et presque tous les domestiques avaient été interrogés déjà ; l'instruction avait commencé six semaines auparavant dans le cabinet de Martial, et Alizia seule avait point subi l'examen voulu par la loi.

Gédéon Ricard, du barreau de Paris, avait raison, par hasard une fois dans sa vie ; cette marche était loin d'être régulière.

Mais la loi laisse de grandes latitudes au magistrat dans l'instruction criminelle ; l'usage ne peut faire règle étroite, et le juge cherche suivant sa conscience les moyens d'éclairer la justice.

Une accusation portée contre le zèle ou la probité de Martial Aubert eût été mal venue dans la ville d'Avranches. Depuis son entrée au tribunal, il avait conquis l'estime de ses collègues et le respect de ses subordonnés. Sa conduite avait été, en toutes circonstances, droite et ferme; son zèle s'était montré infatigable, et il avait mis sa haute intelligence tout entière au service de son devoir.

Malgré sa jeunesse, il avait une réputation d'autant plus solidement établie qu'elle était méritée ; on le regardait comme le modèle du juge intègre, savant, impartial.

Par le fait, il n'était point homme à traiter légèrement ses graves fonctions. C'était un cœur loyal et un esprit sérieux. — La vie et l'honneur des hommes sont entre les mains du juge ; Martial le sentait, et il eût mieux aimé mourir à la peine que de trahir le sacerdoce accepté.

Seulement, depuis que cette fatale instruction était entamée, son cœur faiblissait, incertain ; il n'avait plus de courage; les preuves qui s'accumulaient contre Alizia l'accablaient plus qu'Alizia elle-même.

Il y avait un combat entre son cœur obstiné dans le doute et sa raison convaincue.

Et cette lutte lui était chère, tant il redoutait cruellement la certitude.

Chaque jour, la voix du devoir parlait à sa conscience; chaque jour il se disait : Demain je me rendrai près d'elle; demain je l'interrogerai...

Mais, l'heure venue, la force lui manquait.

Bien des fois il s'était rendu jusqu'à la porte de la prison; sa main avait touché le marteau; puis il s'était retiré l'âme brisée.

L'angoisse le sauvait du remords.

Une fois pourtant, il entra résolument chez le concierge de la prison, et il lui dit :

— Conduisez-moi auprès de mademoiselle Pauli.

Comme il traversait le corridor sur lequel donnait la porte d'Alizia, il crut entendre les sons faibles d'un piano.

Il écouta.

C'était une valse de Weber, où la lenteur de l'exécution mettait des tristesses étranges. — On eût dit la plainte d'une pauvre âme en souffrance, ou la voix mélancolique du bonheur qui n'est plus.

Martial s'enfuit; ses yeux étaient pleins de larmes, et sa raison l'abandonnait...

La session de la cour d'assises approchait cependant, il fallait agir.

Aujourd'hui Martial venait chez M. le comte de Bryant, pour remplir son devoir, sans doute, mais aussi parce qu'un espoir avait germé en lui; il voyait jour à trouver Alizia innocente.

Aux premiers mots de madame la comtesse, cet espoir, qui ne demandait qu'à grandir, avait empli l'âme du jeune magistrat. Il lui avait fallu toute sa force pour contenir l'élan fougueux de sa joie.

Mais la comtesse avait hésité dans ses confidences, et bientôt le silence était venu.

Maintenant il fallait attendre...

En attendant, Martial, assisté de son greffier, recueillait, pour la deuxième fois, les témoignages des gens de Villers. — Et c'était là, pour lui, un rude supplice, car tous ces témoignages se réunissaient en un faisceau compacte, et concordaient terriblement.

Chaque domestique faisait sa déposition pour ainsi dire dans les mêmes termes.

Martial dictait à maître Plumachon dont les yeux éblouis voyaient toutes sortes de girandoles fantastiques, mais qui écrivait carrément et sans broncher, par la puissance de l'habitude.

C'était toujours la même formule :

« Le nommé X..... déclare que le 16 novembre 1847, il est entré avec ses camarades, à cinq heures du matin, dans la chambre de la demoiselle Pauli, remplissant les fonctions salariées d'institutrice auprès des deux jeunes filles de M. le comte de Bryant; que la demoiselle Pauli était déjà levée pour son départ, qui devait avoir lieu le matin même, il fut procédé par les domestiques et servantes du château de Villers à l'ouverture de sa malle : ceci par suite des soupçons conçus contre ladite demoiselle Pauli, au sujet d'un vol de diamants, commis au préjudice de madame la comtesse de Bryant; que lesdits diamants furent trouvés au fond de la malle, en présence de tous les domestiques assemblés et de la demoiselle Pauli elle-même.

« En foi de quoi, lecture faite de la présente déposition, le susnommé a signé. »

— A signé, répétait Plumachon.

Ces témoignages semblables établissaient bien la présence de l'objet volé parmi les effets d'Alizia, mais le vol lui même restait à prouver. Ce fut la petite servante, servante en second de Clotilde, qui se chargea de ce soin, grâce aux précautions prises par le comte Hector.

En Normandie on n'a pas des idées bien précises touchant la moralité des témoignages, et les voyageurs citent avec complaisance certains bons bourgs, où l'on se procure des faux témoins à des prix excessivement modérés.

La petite servante, pour se faire pardonner son prétendu sommeil, vint déclarer, sous la foi du serment, que mademoiselle Pauli était entrée, seule, la veille de l'événement, chez la comtesse endormie.

Et Plumachon libella sa déposition en belle écriture ronde, avec capitales enjolivées, et paraphes en labyrinthes.

Martial restait calme en apparence, mais il avait de la sueur froide aux tempes.

Un observateur attentif eût découvert en lui, pendant tout le temps que durèrent les dépositions, les traces de deux sentiments contraires.

Il semblait, à la fois, hâter de ses vœux le cours des heures et regretter les minutes écoulées.

C'est qu'il attendait impatiemment le message promis de la comtesse, et qu'il craignait le moment où commencerait l'interrogatoire d'Alizia, comme un condamné redoute la première seconde d'un supplice inconnu.

— Veuillez prévenir M. le comte, dit-il au dernier témoin entendu, que je suis prêt à recueillir sa déposition.

Ce domestique sortit.

Plumachon profita du temps d'arrêt pour tailler sa plume et se coupa le doigt très-proprement, à deux ou trois reprises. Il voyait les lambris de la salle tourner autour de lui, et il avait grand soif. Mais, à le voir droit et roide devant sa table, vous l'eussiez pris pour le plus innocent de tous les greffiers.

M. le comte Hector de Bryant parut sur le seuil, escorté de son conseil Gédéon Ricard.

XXX.

VICTOIRE DE M. LE COMTE.

A mesure que se faisaient les dépositions des gens de Villers, la double émotion de Martial augmentait : crainte et impatience.

Il regardait la pendule et comptait les minutes qui passaient, chaque minute écoulée le rapprochait de ce moment terrible où il se trouverait face à face avec Alizia.

Impossible de reculer désormais ou de fuir !

De la pendule, son regard allait vers la porte, qui ne s'ouvrait jamais que pour donner passage à un témoin nouveau. Le message de la comtesse ne venait point. Avait-elle oublié sa parole ?

Plusieurs heures s'étaient écoulées déjà depuis qu'elle avait dit, non pas au juge, mais à l'homme :

— Elle est innocente; je veux la sauver.

Et depuis lors, point de nouvelles !

Pendant la dernière déposition, qui était celle de Mariette la Normande, Martial avait eu grand'peine à garder la dignité calme qui convenait à son rôle. Les paroles de la jeune servante complétaient les autres témoignages et donnaient à l'accusation une force presque invincible.

Martial avait conçu la veille, un espoir vague et que la logique rigoureuse n'eût peut-être point admis. Il s'était accroché à cet espoir et mettait toute son énergie à le retenir. Mais son énergie pliait malgré lui parce que les faits parlaient. De loin et dans le premier feu de l'idée conçue, il avait vu tout en beau ; de près, les choses changeaient, et sans les demi-confidences de madame de Bryant, il eût déjà désespéré.

Un seul témoignage restait à recueillir : c'était celui du comte Hector. Après sa déposition, il faudrait quitter le château ou procéder à l'interrogatoire si longtemps retardé de l'accusée elle-même.

Martial n'avait plus de courage.

Mais la vue du comte le releva comme l'aspect de l'ennemi éperonne et réveille la vaillance épuisée d'un bon soldat. C'était l'heure de la lutte... Il se recueillit en lui-même, et le regard curieux de M. de Bryant ne put découvrir sur son visage aucune trace de faiblesse ou de fatigue.

Sa belle tête s'était redressée. Pour quiconque ne sondait point le fond de son cœur, c'était le juge austère, le magistrat ignorant l'émotion, l'organe impassible de la loi.

Gédéon Ricard, qui entrait derrière M. de Bryant, jeta un coup d'œil amical à Plumachon, son joyeux compagnon de table; mais le petit greffier, malgré le rubis dont étincelait sa face, imitait la gravité sévère de son supérieur.

Il l'imitait comme la parodie singe le drame; il était roide, rogue, pincé, soucieux; Gédéon ne le reconnaissait plus.

— Je crois avoir fait appeler seulement M. le comte Hector de Bryant, dit Martial au moment où l'avocat passait la porte.

— Je viens avec mon conseil, répondit le comte.

— Vous êtes ici en qualité de témoin, monsieur, et vous n'avez pas besoin de conseil.

M. de Bryant, qui était déjà au milieu de la chambre, fit un geste de mécontentement.

— En tout cas, dit-il, M. Ricard a quitté le château la veille même du crime... Il se pourrait qu'il eût connaissance...

— Si M. Ricard est assigné comme témoin à la requête de la partie civile, interrompit le juge, nous recevrons sa déposition en temps et lieu.

— Je croyais... voulut ajouter M. de Bryant.

— Veuillez nous laisser, maître Ricard, interrompit encore Martial.

Gédéon obéit de mauvaise grâce; il put entendre le petit greffier qui murmurait méchamment dans sa cravate :
— Pour le coup voilà qui est régulier !
Et Plumachon choisit cet instant pour répondre par un salut fier, au signe de tête du malheureux avocat.
— Régulier !... grommela celui-ci en disparaissant dans le corridor; — je crois que j'aurais du plaisir à donner un peu sur les doigts à mon ami Martial !... nous verrons bien sa procédure !... En attendant, je ne joue pas dans tout ceci un rôle fort éblouissant... vienne la cour d'assises, et l'on verra ce que sait faire un membre du barreau de Paris.
Le comte était seul, désormais, vis-à-vis du juge et de son greffier.
— Veuillez prendre la peine de vous asseoir, monsieur, dit Martial.
— Monsieur, je préfère rester debout, répliqua le comte en tranchant du grand seigneur, pour avoir, au moins, une contenance, — et je suppose que je n'abuserai pas beaucoup de vos moments.
Martial s'inclina et commença sans autre préambule.
— Veuillez nous dire, monsieur, ce que vous savez du vol commis dans votre maison la nuit du 15 au 16 octobre 1847.
— Mon Dieu, monsieur le juge, répliqua Hector d'un ton dégagé, — la justice aurait pu faire à mon égard une économie de temps et de peine... J'étais dans mon appartement lorsque le crime fut découvert... Je ne sais absolument rien, sinon ce qui est à la connaissance de tout le monde... Les diamants de ma femme ont été retrouvés parmi les effets de mademoiselle Pauli, au moment où elle allait quitter le château... nous autres gens du monde, nous regardons un fait semblable comme étant singulièrement concluant,... mais la justice a peut-être une autre manière de voir, et je m'incline avec tout plein de respect devant les opinions de la justice.
— Écrivez, dit Martial :
« M. le comte Hector de Bryant, propriétaire du château, déclare n'avoir point assisté à la perquisition opérée par ses gens dans la chambre de la prévenue.
« Il déclare en outre ne connaître que par ouï-dire les résultats de cette perquisition. »
Le comte avait aux lèvres un sourire ironique.
— Voilà qui est fort bien, monsieur le juge, dit-il; — comme je n'ai plus absolument rien à faire ici, je vous demanderai la permission de me retirer.
La pâleur de Martial se teignit d'une légère nuance rosée.
— Je vous demande pardon, monsieur, répliqua-t-il, — mais nous n'avons pas fini.
Le comte prit un air de résignation assez impertinent et s'assit en croisant ses jambes l'une sur l'autre.
— A vos ordres, monsieur le juge, dit-il.
— Monsieur le comte, poursuivit Martial dont la parole, si ferme d'ordinaire, hésitait et s'embarrassait; — vous ne savez rien de particulier sur la découverte de l'objet dérobé, parmi les effets de l'institutrice de vos filles ?
— Je me suis fait déjà l'honneur de vous dire...
— Veuillez me permettre d'achever...
— Ne savez-vous rien non plus, monsieur le comte, sur la manière dont le médaillon est entré dans la malle de mademoiselle Pauli ?
Pour prononcer ces dernières paroles, la voix de Martial s'était soudain raffermie; son regard perçant et assuré tombait en plein sur la figure du comte.
Celui-ci avait tressailli et ses sourcils s'étaient froncés.
— Monsieur le juge, répliqua-t-il, — votre question est pour le moins étrange !... Mais je ne veux pas lui donner une portée qu'elle ne peut point avoir... et je vous répondrai tout uniment : il est mille fois probable que le médaillon est entré dans la malle de mademoiselle Pauli, parce que cette demoiselle l'y a mis, après l'avoir volé à ma femme.
Il y eut un silence, pendant lequel Martial et le comte se regardèrent en face.
Ces deux hommes se détestaient mortellement, et chacun d'eux devinait la haine profonde de l'autre.
Ils aimaient la même femme, et vis-à-vis de cette femme leur position passive était la même : chacun d'eux croyait être dédaigné au profit de son rival.
Mais là s'arrêtait la ressemblance. Envers le comte, Alizia avait été généreuse et noble ; le comte avait profité largement de la tendresse dévouée qu'Alizia portait à sa femme; c'était ce dévouement qui faisait sa force et son audace.
Martial au contraire avait souffert, par le fait d'Alizia, durant de bien longues années; c'était Alizia qui avait brisé sa vie.

Et pourtant, si ces deux hommes étaient là se menaçant du regard, c'est que le comte voulait perdre Alizia et que Martial Aubert voulait la sauver.
— Monsieur le comte, reprit ce dernier en retenant sa voix, je crois que vous avez saisi le sens de ma question ; mais, comme vous n'y avez point répondu, je vais avoir l'honneur de vous l'expliquer plus clairement.
— Prenez garde, monsieur ! murmura Hector de Bryant ; — ceci me paraît bien étranger à vos fonctions !...
Le cœur de Martial battait à se briser dans sa poitrine. Il espérait de nouveau, car le trouble du comte lui semblait un indice, mais il souffrait au plus profond de son âme, parce que cette révélation attendue allait peut-être lui montrer Alizia dans les bras lâches de son rival.
Mais c'est en ces moments de trouble suprême que l'homme fort se relève dans son calme et dans sa dignité, comme ces guerriers vaillants qui restent debout et l'épée haute avec du fer dans la poitrine.
— La justice s'éclaire comme elle peut, dit Martial avec lenteur ; personne n'a le droit de juger ses moyens, monsieur le comte... Mademoiselle Pauli était votre maîtresse.
Plumachon dressa l'oreille.
Le comte se leva d'un mouvement involontaire et resta la main appuyée au dossier de son fauteuil.
Durant un instant sa lèvre trembla, blême et nerveusement agitée.
— Martial le dévorait du regard.
Mais ce ne fut qu'un instant. Le comte Hector avait, au plus haut degré, ce sang-froid de l'homme du monde qui sait faire face à toute situation ; et, d'ailleurs, il se sentait instinctivement dans son droit.
L'accusation s'égarait, et le juge, tout en outre-passant peut-être les limites de la prérogative qu'il faisait sonner si haut, ne touchait point encore pourtant le joint de la cuirasse.
Le comte était comme dans un fort, à l'abri derrière sa ruse que nul ne pouvait deviner. Le mépris et la défiance de son rival allaient certes bien loin, mais ne descendaient pas encore assez bas.
L'erreur de Martial, tout insultante qu'elle pouvait être, allait le rendre plus inattaquable et assurer sa victoire.
— Vous conviendrez, monsieur le juge, dit-il en souriant et d'un accent moqueur, — que nous arrivons ici à des sujets bien frivoles... Ces choses peuvent être considérées sous deux aspects : le premier, qui est fort grave et qui attaque la vie de famille... l'autre, qui se rapporte seulement aux gais propos de la médisance mondaine. Monsieur le juge, si j'étais garçon comme vous, je pourrais me divertir un instant à causer de ces joyeusetés agréables... mais, je suis marié, permettez-moi de vous le rappeler; je suis père de famille, et c'est bien le moins, monsieur le juge, que toutes les petites calomnies dirigées contre ma conduite s'arrêtent au seuil de la maison habitée par madame la comtesse de Bryant, ma femme.
— Monsieur le comte, répliqua Martial, ma position est pénible, et plus que personne je rends hommage à l'inviolabilité de la vie privée, mais le vulgaire se trompe étrangement lorsqu'il pense que la mission du juge rapporteur est de trouver un coupable dans tout accusé.
— Oh ! permettez, monsieur le juge ! interrompit le comte en gardant son ton de persiflage, je suis, pour ma part, surabondamment convaincu que vous cherchez ici une innocente.
Martial ne se troubla point; il pouvait tout entendre et tout supporter.
— J'ai ma conviction, monsieur, répondit-il avec sa fierté digne, — et je fais ce que je crois être mon devoir... Sans accorder à la voix du monde une importance qu'elle n'a pas toujours, j'ai dû me demander si, en présence d'une vie de jeune fille jusqu'alors sans tache, il n'était pas de certaines probabilités dont il fallait tenir compte.
— Et puis-je savoir si ces probabilités accusent madame la comtesse de Bryant et moi, monsieur le juge ?
— Elles n'accusent pas madame la comtesse de Bryant, répondit Martial.
— Cependant, dit le comte, qui voulait continuer sa raillerie, — madame la comtesse aurait bien pu, pour se venger d'une rivale préférée.....
— Madame la comtesse de Bryant est un noble cœur..., répliqua Martial.
M. de Bryant se mordit les lèvres ; mais ce ne fut point à cause du coup indirect que lui portait le jeune magistrat.
Il venait de lâcher une parole imprudente et qui aurait pu mettre sur la voie.
Parler de vengeance, c'était porter la lumière d'un côté où les ténèbres pouvaient seules le protéger !
Il se repentait déjà. Et, pour faire diversion, il changea un peu sa ligne de bataille.

— Allons, dit-il, en grimaçant la bonhomie, je vois bien que vous n'êtes pas très-éloigné monsieur le juge, de ne croire coupable... Je ne puis pas prétendre que ce soupçon bizarre me laisse sans émotion... Vous êtes jeune, monsieur... la générosité chevaleresque est le défaut de votre âge... et, quand il s'agit d'une jeune fille, belle comme les amours.

— Monsieur... interrompit Martial.

— Ah! je vous prie... laissez-moi un peu me défendre!... S'il y a quelqu'un d'insulté ici, je ne pense pas que ce soit vous, monsieur Martial Aubert... je disais que la jeunesse est généreuse, quelquefois aveuglément..... et qu'il peut ne pas être sans danger de confier des fonctions graves à ceux qui n'ont point encore perdu cette générosité un peu folle...

— Attrape, mon bonhomme!.. pensa Plumachon dans son coin; voilà un comte qui aurait fait un joli avocat... Si on avait seulement un verre de vin pour réjouir un peu le cœur de l'homme!..

— Placé comme vous l'êtes entre une accusée fort jolie, je dois en convenir, mais prise, à peu de chose près, en flagrant délit, poursuivit M. de Bryant, et un personnage dont la position présente quelques garanties, un membre assurément fort obscur d'une famille illustre et respectable,
— soyez tranquille, monsieur Aubert, je n'énumérerai pas mes autres titres, — vous penchez pour l'accusée jeune et charmante, vous vous roidissez contre l'évidence... et peut-être serait-on en droit de vous dire que vous compromettez la dignité de votre robe !

— Et le grand monsieur Aubert qui reste capot ! pensait Plumachon.

— Mon Dieu, reprit encore le comte, qui usait impitoyablement de son avantage, nous avons tous été jeunes !..... Et si j'étais garçon comme vous, monsieur le juge, peut-être ne me défendrais-je pas tant de cette prétendue bonne fortune... Mais dans ce cas-là même, car il me plaît d'admettre un instant avec vous que mademoiselle Pauli a été ma maîtresse... cela vous fait pâlir ?... je n'y comprends plus rien !

— Il n'y a ici qu'un juge, monsieur le comte, dit Martial Aubert, dont la voix vibrait profonde et triste; le sarcasme s'émousse contre une conscience pure... J'écoute et je pèse chacune de vos paroles... l'avenir décidera.

— Toi, tu pataugeas, dit en lui-même maître Plumachon.

— A Dieu ne plaise que j'attaque votre jeune renommée, monsieur Aubert! répliqua le comte en s'inclinant avec un respect exagéré; je plaide ma cause parce que l'on m'accuse, et voilà tout... Sur mon honneur, je croyais vous être très-agréable en abondant un peu dans votre sens... Voyons, discutons avec calme, comme il convient à des gens de notre sorte... Je reprends : à supposer même que j'aie été l'amant de mademoiselle Pauli, je me demande en vain ce que l'on pourrait conclure de ce fait en faveur de l'accusée... Quand on est la maî-

Julienne chez le concierge de la prison.

tresse d'un homme, aurait-on par hasard le droit de voler les diamants de sa femme.

Martial était immobile sur son siège; son visage était redevenu de marbre.

— Permettez-moi de rectifier une erreur, monsieur le comte, dit-il; vous n'avez pas à plaider devant moi... J'interroge et vous répondez... Dois-je conclure de vos dernières paroles que vous avouez le fait de vos relations avec la prévenue?

Un instant, le sourire de M. de Bryant se teignit de fatuité contente; son regard, fixé sur Martial, se détourna, puis se baissa.

Il hésitait évidemment.

D'un côté, il y avait ce méchant plaisir de torturer son rival; de l'autre un danger qui ne pouvait pas être bien terrible.

— Vous y tenez donc beaucoup, monsieur le juge?... reprit-il en passant sa main dans ses cheveux avec négligence; — mon Dieu, je crois que vous attachez à ce fait une importance fort exagérée... Vous venez de m'indiquer une erreur où je tombais; s'il m'était permis de vous rendre le même service, je vous dirais toute votre pensée.

Le comte changea de ton et prit un air sérieux.

— C'est une chose grave, monsieur, poursuivit-il, quand on est magistrat salarié par l'État, que d'accuser sans preuves un homme comme moi, fonctionnaire et placé comme je le suis... Je pense que vous n'avez point calculé le danger, et que vous avez oublié de mesurer vos forces.... Le petit drame que vous avez arrangé en vous-même, — car je vous devine, monsieur, — prouve beaucoup d'imagination et peu de convenance... Vous vous êtes dit : Cet homme a séduit une pauvre jeune fille; il a usé envers elle d'une prodigalité folle; il a été jusqu'à dépouiller sa propre femme pour parer l'idole... On trouve de ces faits, monsieur, dans les déclamations des écrivains modernes, et vous vous êtes dit encore : Quand la fièvre a été passée, quand madame la comtesse a ouvert les yeux, M. de Bryant, qui est naturellement un misérable, puisqu'il est gentilhomme, dix fois millionnaire et commandeur de la Légion d'honneur, a reculé devant l'aveu de sa faute... Il a laissé le soupçon d'un crime planer sur une malheureuse jeune fille !...

Il a fait plus : pour garder la paix de son noble ménage, il s'est fait lui-même accusateur !...

Le comte s'interrompit en un ricanement amer, tandis que Plumachon approuvait du bonnet.

— Le malheur, reprit M. de Bryant, c'est qu'il n'y a rien dans tout cela que d'impossible... c'est que la triste victime elle-même n'a pas trouvé une parole d'accusation contre son bourreau; et, s'il faut descendre à des faits plus précis, c'est que madame la comtesse de Bryant, quelques heures avant la découverte du vol, portait encore à son cou, comme dix témoins pourront l'établir, le portrait du prince.

M. de Bryant s'arrêta pour attendre la réponse de Martial, qui garda le silence.

Le comte avait victoire complète.

Il repoussa son fauteuil.

— Maintenant, monsieur le juge, dit-il en reprenant son ton de moquerie, — je me retire..... car je ne pense pas que vous ayez fantaisie de faire libeller par votre greffier la dernière partie de ma déclaration... Si vous aviez besoin de moi, par hasard, je reste au château et je suis à vos ordres.

Il salua et prit congé.

— Allons, se dit Plumachon, mon juge est bloqué comme un ange! voilà un malin comte... et qui a de bon vin !

Martial demeura pendant plusieurs minutes immobile et comme anéanti. Son regard, perdu dans le vide, n'avait plus de pensée.

Le petit greffier, qui était au meilleur moment de l'ivresse, commença tout tranquillement un somme.

La tête de Martial tomba, lourde, sur sa main; le sang lui monta au visage. Son esprit engourdi s'éveillait et un monde de pensées envahissait son cerveau.

Il était vaincu; on lui avait montré le néant de ses espoirs. Et pourtant il espérait encore.

Il ne voulait pas se rendre, parce que derrière sa défaite était la perte absolue d'Alizia.

En toute cette lutte où le magistrat risquait sa position et sa dignité peut-être, la conscience de l'homme, il faut bien s'en souvenir, ne capitulait point.

Martial combattait désespérément pour conquérir la preuve de l'innocence d'Alizia. Mais, si cette preuve n'existait point, Martial était prêt à condamner Alizia, dût-il en mourir.

Il voulait bien s'exposer à tout et braver l'opinion du monde; mais il restait pur vis-à-vis de lui-même, et jamais âme de juge n'avait pu s'ouvrir, plus droite et plus intègre, devant l'œil de Dieu.

Au bout de cinq minutes, il quitta son siège et appela son greffier, qui s'éveilla en sursaut.

— Suivez-moi, lui dit-il; — nous allons interroger l'accusée...

XXXI.

L'INTERROGATOIRE.

Martial allait d'un pas ferme et rapide le long des corridors du château; il avait évidemment fait un dernier appel à toute sa force, à toute son énergie.

Derrière lui, maître Plumachon marchait en décrivant des zig-zags assez variés; au détour des galeries, quand l'œil de son supérieur pouvait observer sa marche, il se redressait et prenait une grave tenue; — puis il recommençait à courir des bordées fantastiques, et à battre très-bien les murailles.

En passant devant la porte de madame de Bryant, Martial ne s'arrêta point, mais son regard s'attacha sur cette porte close et une prière passionnée jaillit de son cœur.

Il poursuivit sa route vers l'appartement d'Alizia.

Si son œil avait eu le pouvoir de percer la barrière qui le séparait de la comtesse, il aurait vu que cette dernière n'avait point oublié sa promesse.

Clotilde était seule dans sa chambre; elle écrivait, assise devant son bureau.

Et tout en écrivant, ses paupières se mouillaient de larmes.

Après le départ de Martial, elle avait hésité longtemps et sa plume s'était trempée plus d'une fois dans l'encre avant de toucher le papier.

Puis sa générosité native et la voix du souvenir qui parlait au fond de sa conscience avaient vaincu sa crainte.

Qu'avait-elle à redouter? Ce n'était point la première fois qu'elle confiait au papier ce que sa bouche n'osait dire. Elle était faite ainsi, et beaucoup lui ressemblent. Quand il fallait parler sous un regard ouvert et curieux, sa timidité la faisait muette; elle ne retrouvait un peu de courage que dans la solitude.

Elle se souvenait de ce dernier message,

Bosco donne à Pluton le déjeuner d'Alizia.

envoyé à mademoiselle Pauli la veille du départ. Cette lettre, pleine d'excuses et d'actions de grâce, n'en disait-elle pas plus que tous les aveux ?

Il y avait un secret entre madame la comtesse de Bryant et la pauvre institutrice, accusée de vol.

Et, si la pauvre institutrice l'eût voulu, le dossier de l'instruction aurait contenu plus d'une lettre de madame la comtesse.

Mais c'était un cœur si noble et si haut que celui d'Alizia Pauli!

Elle avait déjà sauvé Clotilde une fois en sa vie, au prix de son bonheur; maintenant, qu'il s'agissait de se sauver elle-même, elle ne réclamait point le témoignage de Clotilde.

Elle laissait Clotilde au milieu de son bonheur. — Pas une plainte! — Et l'on disait qu'elle se mourait lentement, sous la honte et dans la souffrance.

Oh! sa mort était comme sa vie, la sainte martyre!

Qu'importaient à Clotilde les apparences et ces preuves qui servent à guider le jugement des hommes? Elle était certes bien loin d'accuser son mari, car elle l'aimait toujours, et, tant qu'on aime, on est aveugle; mais une fois passée la première heure de surprise, elle n'avait pas douté un seul instant de l'innocence d'Alizia. Les faits pou vaient parler et accabler l'accusée ; Clotilde ne savait que l'absoudre, parce qu'elle la jugeait avec son cœur.

Il y a des choses impossibles, et l'on pourrait presque dire qu'il ne suffit pas toujours de voir pour croire.

Mais Clotilde n'avait point de preuves à opposer aux témoignages accablants qui s'élevaient contre son ancienne amie; elle n'avait que sa conviction profonde et que ses souvenirs.

C'était l'histoire de ses souvenirs qu'elle voulait raconter au juge; elle voulait lui dire : « Voilà ce que mademoiselle Pauli a fait autrefois. Descendons ainsi sans secousse de l'héroïsme jusqu'à l'infamie ! »

Quand elle s'était trouvée en face du juge prêt à entendre sa confession, le cœur lui avait manqué : le juge avait nom Martial Aubert.

Martial Aubert qui avait aimé Alizia Pauli autrefois, et qui l'aimait peut-être encore; Martial, que le dévouement d'Alizia avait frappé d'une blessure si cruelle !

Martial, qui était aussi une victime sacrifiée à son propre bonheur ! elle n'avait pas osé lui dire : — C'est moi... moi, seule... et le premier pas d'Alizia sur cette pente glissante, au bas de laquelle était un abîme de larmes, fut fait pour me sauver ?

Comment prononcer ces paroles, quand on est faible, et que l'âme est amollie par les souffrances du corps ?

Car Clotilde, elle aussi, avait bien souffert. Le front radieux de la jeune femme adorée et brillante s'inclinait maintenant tout pâle; ses jolis yeux bleus, qui naguère savaient si bien sourire, étaient creusés par les pleurs.

Où était la reine des nobles fêtes du château de Villers ?

Elle se penchait, brisée, sur la tablette de son secrétaire; sa main gauche contenait les battements de son cœur endolori; sa main droite effleurait le papier où l'encre blanchissait en passant sur des larmes tombées.

Alizia était encore assise à la place où le comte Hector l'avait laissée.
— Martial, qui venait d'entrer, avec son greffier, avait pris place auprès de la fenêtre.

Il tournait le dos à la jeune fille et ne pouvait point la voir.

Sur le visage de Martial et sur celui d'Alizia un sentiment pareil se montrait : c'était une émotion multiple et composée de mille émotions diverses. Tous deux se regardaient à la dérobée; il y avait dans leurs regards de la surprise et de la peine.

Ils s'aimaient uniquement et passionnément. Que dire ? La suprême souffrance est tout près de l'extase. — Alizia espérait...

Quand Plumachon eut taillé sa plume et disposé son papier, il dit :
— Je suis prêt.

Ce fut comme un coup frappé à la fois sur ces deux cœurs qui ne voulaient point s'éveiller.

Alizia tressaillit et ses beaux yeux se baissèrent ; Martial eut un frisson par tout le corps.

Il avait presque oublié le motif de sa venue.

Sa main toucha son front, comme pour réduire une pensée rebelle.
— Quels sont vos noms et prénoms ? demanda-t-il en faisant sur lui-même un violent effort.

— Alizia Pauli, répondit la prévenue d'une voix douce et faible comme un murmure.
— Votre âge ?
— Vingt-deux ans.
— Votre profession ?
— J'étais institutrice, avant qu'on ne m'eût chassée !
— Vous êtes accusée, reprit Martial qui détournait les yeux avec honte, — d'avoir, dans la nuit du 15 au 16 novembre 1847, détourné, au préjudice de madame la comtesse de Bryant, un médaillon entouré de diamants d'une valeur considérable.

Alizia garda le silence. Ses yeux, levés au ciel, semblaient implorer le témoignage de Dieu.
— Niez-vous ?... demanda encore Martial.

Alizia fit un signe de tête imperceptible.
— Ecrivez qu'elle nie... dit le juge.

Plumachon obéit.

Il arrivait à cette période de l'ivresse où l'engourdissement succède à l'excitation; sa tête, alourdie, cherchait un appui, mais son écriture restait nette et assurée.

Martial reprit :
— Pouvez-vous expliquer la présence de l'objet volé dans votre malle, au moment du départ ?
— Je ne le puis.
— Niez-vous le fait ?
— Non.
— Un seul témoignage établit certaine visite que vous auriez faite dans la soirée de la veille à madame la comtesse, qui dormait.
— Je n'ai pas quitté ma chambre.
— C'est pendant cette visite que la chaîne retenant le médaillon au cou de la comtesse aurait été tranchée...

Alizia ne répondit pas tout de suite. Quand elle prit la parole, ce fut pour dire bien bas :
— Je suis sûre que Clotilde ne m'accuse pas de vol.
— Ecrivez qu'elle nie... répéta le juge.

Puis il ajouta, en se tournant vers mademoiselle Pauli :

— Avez-vous quelque chose à dire pour votre défense ?

Alizia le regarda en face.
— Rien... murmura-t-elle.

Martial s'agita sur son siége. Durant un instant, il chercha une formule nouvelle, pour répéter sa question.

Il retomba peu à peu dans sa rêverie, où Alizia le suivait.

Ils gardaient le silence tous les deux, mais leurs âmes se parlaient, et il y avait entre eux comme un muet échange de pensées.

Cette fois, la voix de Plumachon ne vint point provoquer le brusque réveil. Le petit greffier avait la plume en arrêt, le corps droit et toute l'attitude d'un homme qui écrit, mais sa tête pesante s'était enfin penchée sur sa poitrine, et, comme on ne lui dictait plus rien, il s'était paisiblement endormi.

Le silence régnait dans la chambre.

Cela dura longtemps.

Ce fut Alizia qui reprit la parole.
— Martial, dit-elle, employant à son insu cette formule familière qu'elle n'eût point osé prendre, assurément, au temps de son bonheur, — je sais que vous ne me croyez pas coupable.

Martial appuya ses deux mains contre son front qui brûlait.
— Nous sommes bien malheureux ! poursuivit Alizia comme en rêve ; — pauvre Martial ! quand je vais être morte, il faudra vous souvenir de moi.
— Morte ! répéta Martial, dont les yeux s'égaraient. — Écoutez ! je tiens à mon devoir plus qu'à la vie... mais je voudrais tant vous sauver !... Défendez-vous, au nom de Dieu ! mademoiselle ! dites-moi un mot, un seul mot qui puisse m'être une arme contre vos accusateurs.

Alizia secoua la tête, et sa figure pâle s'éclaira aux belles lueurs du sourire.
— Tous ceux qui s'aiment ici-bas et qui n'ont point offensé Dieu, murmura-t-elle, se retrouvent dans le ciel !

Puis elle ajouta :
— Si j'avais su plus tôt que vous m'aviez gardé votre amour !... mais on n'ose pas, quand on est pauvre et vaincue...... Hélas ! le bonheur était entre nous deux !
— Alizia ! prononça Martial, dont la parole s'étouffait entre ses lèvres serrées, j'ai versé des larmes de sang sur votre souvenir... ne me trompez pas, car vous êtes malheureuse et je vous pardonne. Vous aimiez cet homme ?

La jeune fille jeta sur lui un regard étonné.
— Quel homme ? dit-elle.
— Le comte Hector de Bryant.

Alizia croisa ses deux mains sur ses genoux ; le rouge lui vint au front, puis elle resta plus pâle.
— Je m'étais abusée... balbutia-t-elle ; — mon cœur est faible comme celui d'un enfant... Il me semblait que vos yeux feraient de ces choses qui payaient bien des jours de souffrance !... oh ! ma dernière heure eût été trop douce !

Elle ne parla plus.

La porte s'ouvrit, et un domestique parut, tenant à la main une lettre cachetée.
— De la part de madame la comtesse, dit-il.

Martial prit la lettre et l'ouvrit précipitamment, après avoir fait signe au domestique de s'éloigner.

Alizia était immobile, la tête inclinée et les yeux baissés.

Martial lisait. — A mesure qu'il lisait sa main tremblait et ses yeux se remplissaient.

Quand elle releva les yeux, il était à genoux devant elle, les mains jointes et le regard suppliant.
— C'est mon rêve !... murmura-t-elle sans paraître étonnée ; — je songeais que Dieu avait pitié de nous, Martial... et qu'il faisait descendre sa lumière divine au fond de votre cœur... Pour un instant, vous aviez ce regard qui perce les consciences... Vous voyiez ma pauvre âme, et, agenouillé comme vous l'êtes, vous me disiez : Je t'aime... Moi, je me penchais sur votre front et je vous rendais ce baiser que vous me donnâtes — il y a bien longtemps — et quand l'orchestre du bal jouait cette valse de Weber, dont l'harmonie est restée dans mon cœur comme un souvenir adoré...

Tout en parlant, elle se pencha sur le front de Martial, que ses lèvres effleurèrent.

Martial pleurait et ne trouvait point de paroles.
— Vous souvenez-vous ?... reprit-elle ; — moi, je n'ai eu que cette joie durant bien des années... Quand je souffrais trop et que je tombais trop près du désespoir, j'allais chercher à mon piano une illusion chère... La valse résonnait doucement à mon oreille... et vous étiez là près de moi, Martial...

Elle se rejeta vivement en arrière.
— Mais vous ne me croyez peut-être pas ?... se reprit-elle ; — cet homme dont vous parliez, vous pensez que je l'aime ?
— Mon Dieu ! s'écria Martial, avec une angoisse profonde ; — je ne le crois plus... et sais-je ce qu'il y a dans mon cœur !... Le bonheur était là... toute une vie de belles félicités !... Oh ! vous vous êtes dévouée pour une autre, Alizia !... Cette lettre que je viens de recevoir, cet aveu qui s'est fait attendre si longtemps, — ce cri tardif de la conscience, si je l'avais entendu plus tôt, j'aurais pu vous sauver...

mais, maintenant, que croire?....., Mon esprit se trouble et je deviens aveugle!...

Il ouvrit les revers de son habit et prit à la main le journal écrit par Alizia. La jeune fille le lui arracha et sa bouche se colla sur les feuillets du livret.

— Mon pauvre confident!.. murmura-t-elle, — avez-vous vu la trace de mes larmes, Martial?... Mon Dieu! que j'étais heureuse encore!... et comme je pérais parfois!

Martial la contemplait; la lumière était au seuil de son esprit, mais n'y pénétrait point encore.

— N'était-ce donc pas à lui que s'adressaient vos plaintes?... murmura-t-il en pâlissant.

Alizia, qui tenait ses yeux baissés, jeta un regard à la dérobée vers le greffier; le sommeil de celui-ci se trahissait par des ronflements de plus en plus bruyants.

— Il dort... dit-elle en ramenant son regard sur Martial.

Sa voix était plus faible, et un voile semblait descendre sur sa vue; — mais elle souriait bien doucement.

— Il dort... répéta-t-elle, — nous sommes seuls... combien de fois, Martial, durant ces longues années de peine, j'ai souhaité vous voir une heure, seule à seul... — le temps de vous montrer mon âme.

Sa main s'appuya sur les mains jointes de Martial, qui avait le cœur plein d'angoisse et de joie.

— Serait-il donc bien vrai? disait-il, — et n'auriez-vous jamais cessé de m'aimer?

Elle souriait; — ses paupières battaient alourdies, comme celles de l'enfant que le sommeil va conduire au pays enchanté des rêves.

Martial oubliait, à la contempler, le présent cruel. — Une expression étrange brillait par intervalles dans les regards de la jeune fille, dont les pensées semblaient s'égarer au delà des limites de la vie.

Puis sa prunelle s'éteignait, comme si son esprit eût rencontré tout à coup de vagues ténèbres...

Elle était si belle que Martial se demandait si elle appartenait encore à la terre.

— Il y a tout là-bas, dit-elle avec son angélique sourire, dans le faubourg de la ville d'Avranches, une vieille maison dont les murailles sont grises. Au premier étage de cette maison qui est la dernière du faubourg une fenêtre s'ouvre chaque matin. — Oh! comme j'ai souvent attendu l'heure où la croisée allait s'ouvrir!...

Martial ne respirait plus; il la regardait avec de grands yeux stupéfaits. — Y avait-il du délire dans ces paroles qui semblaient confondre les distances, et donner aux yeux bornés du corps une portée impossible?...

Le souvenir d'Alizia devenait plus suave; mais sa taille s'affaissait, et l'on eût dit que le souffle abandonnait sa poitrine.

— La croisée s'ouvrait enfin, poursuivit-elle d'une voix assourdie; — c'est une chambre toute tendue de noir... Pourquoi?... Je me disais : Nos cœurs sont en deuil... Oh! je l'aimais, cette chambre qu'on avait faite à l'image de notre tristesse.

Il y avait un homme assis devant le bureau d'ébène..... sa tête pensive s'appuyait sur sa main... Vous étiez bien pâle parfois, Martial.

— Est-ce un rêve?... balbutia celui-ci.

La tête d'Alizia s'inclina en avant. — Elle souleva sa main avec effort et prit le journal qui restait ouvert à côté du juge.

Sa voix devenait si faible qu'on ne l'entend it presque plus.

— Est-ce à moi que venaient vos pensées! poursuivit-elle en feuilletant au hasard les pages du journal; — les miennes étaient toutes à vous... ces lignes où votre nom ne se trouve nulle part, ne parlent que de vous... Mon Dieu! que je vous aim is!... que je vous aime!...

Martial était en extase. Il ne songeait plus ni à son devoir, ni même à l'accusation portée contre Alizia.

— Il ne voyait qu'elle et son amour, ce trésor sans prix qu'il avait demandé à Dieu toute sa vie.

- Sa voix caressa la main d'Alizia qui rouvrit les yeux pour sourire.

— Mais, dit Martial qui n'avait plus qu'un doute et qu'une pensée, — il y a ici loin jusqu'au faubourg d'Avranches!

Alizia, par un dernier effort, étendit sa main dans la direction de la fenêtre fermée.

Puis sa tête oscilla et se renversa; sa paupière tomba sur sa joue. Elle s'était évanouie, sans secousse et comme on s'endort.

Durant un instant, Martial resta indécis entre elle et la fenêtre, derrière laquelle brillait le cuivre poli du télescope.

Il devinait à moitié; — sa passion de savoir était irrésistible.

Il s'élança, ouvrit la fenêtre et mit son œil au verre du télescope, qui n'avait pas changé de place depuis un mois.

Pas n'est besoin de dire ce qu'il vit; ses deux mains pressèrent à la fois sa poitrine haletante, et sa prière monta vers Dieu.

Puis il revint vers Alizia évanouie; il couvrait de baisers ses mains froides; il ne songeait à rien, sinon au bonheur de la voir revivre et de la faire heureuse!

Il l'appelait, et lui promettait plus de félicité qu'elle n'avait eu de souffrance.

Alizia ne s'éveillait point.

Seul et répugnant d'instinct à demander du secours, il voulut lâcher le corset de la jeune fille, et détacha les agrafes de sa robe.

Sur son sein et tout contre son cœur, qui ne battait plus guère, il y avait une lettre pliée.

C'était celle que Julienne devait remettre à son maître, quand Alizia serait morte.

Martial rompit le cachet d'une main tremblante.

Il y avait, sous l'enveloppe, deux feuilles de papier; sur l'une, mademoiselle Pauli avait noté la valse de Weber, en souvenir de cette heure radieuse qui brillait toute seule dans son passé.

Sur l'autre, il y avait quelques lignes que Martial lut en pleurant. Que d'amour! et quelle résignation sainte!

Alizia disait le secret de sa vie; elle parlait vaguement d'un mystère, dévoilé à son lit de mort, mais elle ne faisait pas même allusion au vol dont elle était accusée.

Martial pressait le papier contre ses lèvres.

Tout à coup ses larmes se séchèrent, et un cri de terreur s'échappa de sa poitrine.

Le souvenir lui revenait; la réalité se dressait devant lui, menaçante et implacable. Il était juge, et cette femme, qu'il aimait jusqu'à l'adoration, était une accusée.

Son cri éveilla le greffier en sursaut.

Il resta droit et roide devant son papier, mais il trempa furtivement dans l'écritoire sa plume où l'encre avait eu le temps de sécher.

Il n'osait point se retourner pour voir ce qui se passait derrière lui.

— Rien! murmurait Martial avec découragement; elle ne m'a rien dit pour repousser l'accusation!... pas un seul mot qui puisse servir à sa défense... Rien! Et je suis son juge! Rien!...

— Rien... répéta timidement Plumachon, qui était un peu dégrisé et qui pensait qu'on lui demandait le dernier mot de sa dictée.

Comme Martial gardait le silence, le petit greffier fit un travail mental. Il se sentait en faute et se demandait ce que le juge d'instruction avait pu lui dicter durant son sommeil. Tout à coup il se toucha le front ; il avait dû dormir longtemps; peut-être que son juge avait libellé le brouillon de son rapport au bas de l'interrogatoire.

Plumachon savait par cœur les formules.

Il se mit à écrire avec une rapidité prestidigieuse; sa plume brûlait le papier.

Après une demi-douzaine d'alinéas bien nourris, il détacha sans hésiter la phrase sacramentelle :

« Déclare qu'il y a lieu à suivre. »

Puis il signa en laissant une place honnête pour le nom de Martial, et sans oublier son paraphe à labyrinthes.

Il se tourna sur sa chaise d'un air satisfait.

— Voilà, monsieur, dit-il.

Martial était debout devant Alizia et la contemplait avec désespoir. Il s'approcha de lui et lut ce que le greffier venait d'écrire.

— Ai-je dicté cela?... murmura-t-il comme s'il eût douté lui-même de sa raison chancelante.

— Parbleu! répliqua Plumachon.

Martial prit la plume; son regard désolé alla encore une fois vers Alizia pour s'élever ensuite au ciel.

— Mon Dieu!... murmura-t-il d'une voix défaillante; vous seul, désormais, pouvez avoir pitié de nous!

Martial était resté indécis longtemps devant la page écrite, où le hasard semblait lui dicter si impérieusement son devoir.

Dans son cœur Alizia était innocente ; — innocente, non-seulement de ces accusations qui avaient fait son malheur, à lui Martial, depuis tant d'années, mais innocente, à plus forte raison, de l'action infame qui lui était imputée.

Alizia digne de lui; Alizia l'aimait. — Ce rêve impossible qu'il avait fait autrefois se réalisait par la toute-puissance de Dieu.

Mais cette instinct de cette conviction qui n'a pas besoin de preuves, n'est pas celle que la justice demande, Martial était juge, et le juge doit être convaincu autrement que l'homme.

Ces sentiments, ces impressions, ces instincts par lesquels nous nous laissons guider, tous tant que nous sommes, le juge les écoute avec défiance et leur préfère la moindre preuve matérielle; il met la règle à la place du sens, et c'est d'après certaines formes rigoureuses que sa conviction doit être établie.

Aussi peut-il arriver qu'il y ait à la fois deux convictions chez le juge : celle de l'homme et celle du magistrat.

Cette robe rouge ou noire des pontifes de la loi oblige comme la noblesse antique, — et parce que l'homme est aveugle, en ses vertus comme en ses vices, il advient que l'erreur naît ainsi trop souvent de l'excès même d'une intégrité sublime.

Quand on est pur, quand on est austère, on ferme l'oreille à la voix du cœur, et ces instincts que Dieu a donnés à l'homme pour discerner le vrai d'avec le faux, on les repousse d'autant plus fièrement qu'ils sont mieux d'accord avec le penchant du cœur.

Ceux qui admirent Brutus, assistant au supplice de ses fils, comprendront surabondamment cette tendance. Nous qui avons toujours entrevu l'orgueil stupide et féroce sous ces grandes sévérités républicaines, nous taisons humblement notre avis.

Toujours est-il qu'en ce moment, plus Martial sentait grandir son amour, moins il pouvait absoudre, en face de ces témoignages accumulés contre Alizia.

Il croyait, mais il ne se sentait pas le droit le croire.

La lutte fut longue au dedans de lui-même; elle fut terrible; — sa main n'eût pas tant hésité s'il s'était agi seulement de signer sa propre condamnation...

Il signa.

Mademoiselle Alizia Pauli était renvoyée devant la cour d'assises du département............

C'était dans les derniers jours de décembre 1847, une neige fine et dure tombait sur la grande route qui mène d'Avranches à Saint-Lô. — La campagne était toute blanche. — Il faisait un de ces froids subtils qui pénètrent les os jusqu'à la moelle.

Il était environ dix heures du matin; malgré le mauvais temps, on voyait un assez bon nombre de paysans sur la route; quelque chose d'extraordinaire devait se passer en ville, car ce n'était point quantième de foire.

Il n'y avait plus guère qu'un quart de lieue jusqu'au faubourg, et sans la neige tombante qui voilait l'horizon de toutes parts, on aurait vu déjà les clochers de la bonne ville de Saint-Lô.

Les paysans allaient à pied ou à cheval, les mains dans les poches et le bâton à la boutonnière; ils marchaient vite et gaiement, causant procès, chicane, clôtures, servitudes, chevaux vicieux parés pour la vente, vaches malades déguisées en laitières valides, et autres supercheries de l'âge d'or, comme font toujours les naïfs habitants de nos campagnes.

Les jeunes gars échangeaient des coups de poing amoureux avec les filles rougeaudes, qui mettaient bravement leurs bas bleus dans la neige...

On était gai comme pinsons; évidemment on allait à la fête.

Sur l'un des bas-côtés de la route, le plus loin possible du milieu de la chaussée où marchaient Normand et Normandes, un pauvre petit être, bizarrement contrefait, se frayait un passage dans la neige non battue. Ses habits étaient entièrement blancs de givre; il se traînait avec des efforts qui faisaient peine à voir, et la fatigue semblait l'accabler.

En le dépassant, les bons paysans riaient de tout leur cœur et disaient :
— Voilà Mahieux qui s'en va aussi à la cour d'assises!

Les paysans ne se trompaient point.

C'était Bosco qui avait employé plus d'un jour à faire la route d'Avranches, jusqu'au chef-lieu du département.

Depuis l'instant de sa fuite, il n'avait jamais remis le pied dans la maison de Martial Aubert.

Il avait vécu, Dieu sait comme, caché aux environs de la ville d'Avranches et demandant la charité dans les fermes.

Un matin, il avait appris que l'ancienne institutrice du château de Villers allait être jugée aux assises de Saint-Lô. Il s'était mis en route, et depuis lors, il marchait.

Cette mise étrange et vigoureuse qu'il avait contre la pauvre fille soutenait sa faiblesse. Il était encore malade; il souffrait de la faim et du froid; la fatigue le brisait, mais il ne s'arrêtait point.

Tout le long du chemin il se disait :
— Je vais voir !... Je vais voir !.... C'est moi qui l'ai condamnée, — parce qu'elle est la fille... parce qu'elle a voulu tuer la comtesse !... parce qu'on l'aime et qu'elle n'aime rien !

Il pressait le pas en redressant sa tête chevelue.

— Rien !... reprenait-il; — c'est le démon qui l'a faite, car elle n'a pas de cœur... Oh! je vais voir !... Je vais voir !

Son regard brillait d'un éclat sauvage et sa passion excitée lui donnait de la force.

Mais au moment où nous le trouvons sur la grande route, à un quart de lieue de Saint-Lô, son pauvre petit corps chétif et mal formé était rendu de lassitude. Il n'avançait plus guère, et malgré sa volonté inébranlable, la courte distance qui le séparait désormais de la ville était encore trop longue.

Il allait, chancelant, tombant, se relevant; sa poitrine haletait et tout son corps tremblait.

Les paysans s'amusaient comme des bienheureux à voir l'effort désespéré de sa course.

En un moment, il rencontra une fondrière et disparut presque tout entier dans la neige. Les paysans, appelés par ses cris plaintifs, accoururent et l'entourèrent.

Au lieu de le relever, les braves gens le regardaient se débattre dans son trou.

— Est-il drôle, au moins, le Mahieux? disaient-ils; est-il cocasse !
— Aidez-moi... balbutiait le malheureux Bosco : — aidez-moi... je vous en prie !... Vous ne savez pas vous autres... C'est aujourd'hui qu'on la juge... il faut que je sois là..... car c'est moi..... moi qui la condamne.

Et tout le monde de rire, — et le chœur de reprendre;
— Est-il drôle, le Mahieux... Oh! là là !

Pendant que Bosco suppliait et que les bons paysans s'amusaient de sa peine, la voiture publique d'Avranches vint à passer, au trot pénible de ses trois chevaux.

— Monsieur le conducteur !... cria un paysan; — voulez-vous emmener un juge à la cour d'assises?

La voiture s'arrêta parce que le conducteur n'avait pas compris.

Les excellents rustres entrèrent tous à la fois dans la plaisanterie ; ils saisirent Bosco et le portèrent en triomphe jusqu'à la voiture.

— Que voulez-vous que je fasse de cela ?... demanda le conducteur.
— On a besoin de lui, répondit un paysan, — pour condamner la voleuse d'Avranches.

Bosco, tremblant et tout blême, murmurait :
— Je vous en prie !... je vous en prie !

Le conducteur, qui était bon enfant, le saisit par la peau du cou comme un chien et le jeta sur la paille de l'impériale.

Paysans et paysannes crièrent : Vive Mahieux ! la voiture reprit la route de Saint-Lô, où elle arriva au bout de quelques minutes.

Bosco restait étendu sur sa paille, dans un état d'immobilité complète ; il savourait avec délices ces quelques instants de repos, mais il n'était pas homme à oublier son idée fixe.

Le conducteur ne songeait plus à lui, — Bosco se démêla le mieux qu'il put entre les bagages et s'avança jusqu'au rebord de l'impériale.

Presque tous les voyageurs s'étaient éloignés déjà. Bosco se pendit à la courroie et se laissa glisser jusqu'à terre sans accident.

Une fois là, il étira ses petits membres et enfla sa poitrine avec triomphe.

Il était encore bien las, et il n'avait pas mangé depuis le matin de la veille, mais en ce moment il ne sentait plus ni la faim, ni la fatigue.

— Où juge-t-on?..... demanda-t-il au premier passant qu'il rencontra en entrant dans la rue.

On lui indiqua le tribunal.

Ses petites jambes se mirent à trotter d'elles-mêmes; il dépassait en vérité les bons gens de Saint-Lô, se rendant à leurs affaires.

En un clin d'œil, il fut à la porte de la grande chambre du tribunal, où se tenait la cour d'assises.

Mais, une fois là, pas moyen d'avancer d'une semelle.

La salle comble regorgeait au dehors; impossible de percer la cohue compacte et serrée. — Bosco n'entendit qu'un murmure sourd où dominait, de temps à autre, la voix perçante d'un avocat ou l'organe nasillard d'un témoin bas-normand.

— Est-elle déjà condamnée ?... demanda-t-il à ses voisins.
— Ça n'en vaut guère mieux, lui répondit-on, car tout le monde est contre elle.

Bosco ne possédait rien ici-bas, mais il eût donné la moitié de sa vie pour être au premier rang des spectateurs.

Ceux qu'il avait interrogés le regardaient et souriaient. — Il y avait là un grand gars de Coutances, dont la tête dépassait le niveau de la foule.

— Faut que le Mahieux voie un petit peu !... dit-il avec la pesante bonhomie des colosses.

Le cœur du nain sauta dans sa poitrine, quand il se sentit soulevé par deux grands bras et que son regard put dominer la cohue.

A l'entour, on ne s'occupait plus que du Mahieux; l'audience était un instant oubliée.

Et Bosco ne voyait même pas l'attention moqueuse dont il était l'objet; son âme avait passé dans ses yeux; il regardait, — il regardait de toute sa force.

Que de têtes immobiles ou agitées! que d'hommes au crâne nu, que de coiffures de femmes, depuis le chapeau à fleurs des élégantes de Saint-Lô, jusqu'au pauvre bonnet de coton des *jeunesses* normandes!

Bosco n'avait jamais rien vu de pareil.

Sa prunelle resta d'abord éblouie.

Puis il aperçut la robe rouge du président, — la cour dont l'aspect sévère et grave lui donna le frisson, — les tribunes chargées de dames en parures.

Au banc des témoins, il y avait des figures connues : tous les domestiques de Villers, ses anciens camarades.

Puis c'étaient les jurés, les avocats en robe; et cette foule impossible à nombrer qui fascinait son regard.

Il ne pouvait voir le visage de l'accusée, non plus que celui du défenseur; tous deux lui tournaient le dos.

Et néanmoins, une fois que son œil fut tombé sur Alizia, il ne s'en détacha plus.

Elle était tout en noir; sa tête voilée s'inclinait sur sa poitrine.

— En as-tu assez?... dit le rustre de Coutances.

Encore un petit peu, murmura Bosco.

La foule éclata de rire à l'entour.

— Pas bête, Mayeux !... es-tu bête?

Le colosse, qui se fatiguait du jeu, le brandit un instant à bout de bras, au-dessus des têtes, comme il eût fait d'une poupée; puis il le replongea tout au fond de la cohue.

Bosco ne vit plus rien, sinon la veste d'un paysan, dont les basques courtes et rondes étaient à la hauteur de ses cheveux.

Quelle bénédiction que la cour d'assises, pour une ville de province! D'abord, c'est un spectacle gratis : le plus aimable de tous les spectacles, mêlant le drame à la comédie, faisant rire à se tordre les côtes et pleurer à chaudes larmes.

Et puis c'est une aubaine; s'il y a seulement une cause comme il faut, bonne banqueroute de notaire qui ruine deux cents familles, un petit rapt orné de circonstances suffisamment romanesques, ou même seulement, malgré la fréquence du fait, une jolie femme accusée d'avoir empoisonné son mari, les auberges de la ville deviennent subitement trop petites. Les cuisines éteintes des restaurants se rallument. De toutes parts arrivent des gens curieux et bien payants. Le commerce va; l'industrie s'éveille. Il y a des promeneuses au Cours, et, chose inouïe! des loges pleines au théâtre.

La fleur des départements voisins est dans les hôtels, et parfois Paris lui-même envoie son contingent à ces douces fêtes.

Deux ou trois avocats célèbres et une demi-douzaine de sténographes, quelque peintre famélique pour prendre le profil précieux du faussaire ou de l'assassin.

Il ne s'agissait ici que d'une pauvre jeune fille accusée de vol, mais la jeune fille était belle comme un ange, le nom d'un grand seigneur se trouvait mêlé à l'accusation, et l'objet volé avait une valeur de près d'un demi-million.

Ce sont là des éléments de succès, il faut en convenir.

Et d'ailleurs, ce n'était pas tout.

Il y avait un fait bien extraordinaire, incroyable, inouï dans les fastes de la cour d'assises, si fertiles pourtant en événements bizarres.

Un fait dramatique au plus haut point, romanesque jusqu'à dépasser la vraisemblance; une vraie curiosité judiciaire, une de ces choses qui font époque dans l'histoire d'un tribunal; un maître-scandale!

La première fois que la nouvelle en avait transpiré dans le public, personne n'y avait voulu croire. — C'était tout bonnement impossible.

Il s'agissait d'un homme dont la réputation de haute intégrité n'était plus à faire, d'un magistrat dont la vie sans tache pouvait servir de modèle à ses collègues.

Comment penser?....

Et pourtant le bruit prenait de la consistance; à mesure que l'ouverture de la session approchait la rumeur s'enflait de plus en plus.

On ne niait plus; on se bornait à douter.

Aujourd'hui que la session était ouverte, chacun avait pu voir par ses yeux. C'était vrai.

C'était bien vrai. — M. Martial Aubert, le juge d'instruction qui avait signé le renvoi de la voleuse d'Avranches devant la cour d'assises de Saint-Lô, s'asseyait au banc de la défense en qualité d'avocat.

Il s'était démis de ses fonctions de juge pour plaider, en quelque sorte, contre lui-même.

Il y a des gens qui n'ont pas de pudeur!

Cet homme qui avait volé l'estime et le respect de tout un ressort, s'était laissé séduire par la beauté d'une fille sans aveu!

L'institutrice l'avait ensorcelé, comme elle avait ensorcelé autrefois madame la comtesse de Bryant, la pauvre femme! et M. le comte lui-même, à ce que l'on prétendait.

Certes, il y avait dans ce fait de quoi mettre en branle tous les amateurs d'émotions imprévues.

Aussi les tribunes étaient combles; on n'eût pas pu glisser une aiguille aux places réservées. A part les dames de Saint-Lô, d'Avranches, de Coutances, etc., qui avaient des protections dans le tribunal, nous eussions retrouvé là grand nombre de nos anciennes connaissances : toutes les invitées de Villers, madame veuve de Mareuil, la discrète fabricante de mariages, le tiers d'agent de change Ligeac, le poëte tragique, le vicomte ruiné, madame Duplessis avec deux ou trois de ses anciennes élèves qui avaient été autrefois les condisciples d'Alizia Pauli, et même dans un coin plus modeste, les deux demoiselles Leblond, plus vieilles, plus laides, plus pauvres, plus aigres que jamais.

Tout ce monde suivait les débats avec une avidité qu'il faut renoncer à décrire. Tout ce monde dévorait l'accusée à belles dents.

La veuve de Mareuil disait que Gédéon Ricard, assis au banc de la partie civile, allait lui arranger d'importance !

Ce n'était pas elle qui avait cru jamais à ces prétendues vertus de l'institutrice!

Le tiers d'agent de change, le poëte tragique et le vicomte ruiné faisaient chorus.

Madame Duplessis, qui portait le deuil à cause de la chute regrettable de son neveu Martial, un jeune homme de si grande espérance! prétendait avoir été toujours que cette fille finirait mal.

Et penser qu'elle sortait d'une institution si connue par la vie exemplaire de ses élèves!...

Les demoiselles Leblond allaient beaucoup plus loin. Elles se rappelaient avec de grands hélas que du temps où Alizia était sous-maîtresse chez elles, une cuillère en métal d'Alger avait disparu de l'office.

Tous ces souvenirs se mêlaient à la chronique secrète du château de Villers; on parlait de la maladie de madame la comtesse, que cette fille avait tuée aux trois quarts; — des folies que le comte avait dû faire pour elle; — et l'on revenait encore à l'histoire de Martial, un homme si bien apparenté, un homme qui pouvait prétendre à tout!

Les dépositions étaient entendues, pour la plupart; les domestiques du château étaient venus l'un après l'autre apporter leurs témoignages identiques. — Il ne restait plus à entendre que Mariette, la petite servante de madame la comtesse, une cuillère et même Hector lui-même et un seul témoin à décharge, assigné à la requête du défenseur.

On se disait de tous côtés que l'arrêt serait rendu dans la soirée.

Ce bruit venait de proche en proche jusqu'à la portion de l'auditoire qui se tenait au dehors, attendant son tour, et que de nouveaux arrivants recrutaient à chaque instant.

Bosco n'était plus des derniers; la queue s'était allongée; il y avait maintenant derrière lui assez de gens pour l'empêcher de reculer. — Le pauvre nain était littéralement noyé dans la foule : ses poumons absorbaient avec effort une atmosphère chaude et suffocante. Il ne voyait rien; ses oreilles ne saisissaient qu'un murmure indistinct et confus. La place étroite et disputée qu'il occupait ne lui était même pas ménagée dans toute la hauteur de la taille d'un homme; au-dessus de sa tête, les coudes se rejoignaient, les épaules se touchaient. — Autour de lui, les jambes se serraient, à cause de la pression opérée par les nouveaux venus.

Il était là comme en un étui mouvant et se rétrécissant à chaque instant, — il étouffait; mais il ne songeait guère à son mal. — La bouche ouverte et cherchant un peu d'air pour sa poitrine haletante, il restait là, essayant de se glisser en avant, mais ne pointe de reculer.

Un sentiment étrange le soutenait et l'exaltait; il repassait dans sa mémoire tout ce qu'il avait vu pendant que le gars de Coutances le soulevait à bout de bras.

Toutes ces têtes innombrables qui se dressaient attentives et avides, toutes ces femmes richement parées, — ces avocats qui parlaient, ces juges si graves sur leurs sièges; — tous les acteurs, enfin, de ce grand drame, depuis le premier jusqu'au dernier, c'était lui, Bosco, qui les avait amenés là!

A part la haine obstinée qui restait en son cœur, il se sentait tressaillir d'orgueil.

— C'est moi!... disait-il en lui-même; — c'est moi tout seul!... Sans moi on lui aurait pardonné ce qu'elle a fait de mal... car j'aurais pu dire à M. Aubert : Elle n'est pas une voleuse...

Il souriait, malgré le poids écrasant qui était sur sa poitrine.

— Car je sais tout, moi... reprenait-il : — j'écoutais et je guettais... mes yeux sont meilleurs que ceux de tous ces juges!... mais ce que je sais, je ne veux pas le dire!...

Par un mouvement insensible et dont il ne se rendait pas compte lui-même peut-être, il avançait peu à peu; son effort continu écartait une hanche, fatiguait une jambe; il passait, profitant du plus petit trou et une fois qu'il avait conquis une semelle de terrain, il la défendait au péril de sa vie.

La foule était si compacte, surtout aux environs de la porte, que la plupart ne pouvaient point se baisser pour voir quel genre d'intrus se glissait ainsi entre les jambes.

On laissait faire.

Et Bosco gagnait du terrain.

Il s'en apercevait, parce que le murmure grandissait à son oreille; il ne distinguait point encore les paroles prononcées, mais la voix de ceux qui parlaient se rapprochait.

Il devait être maintenant à l'intérieur de la salle d'audience.

Les efforts qu'il avait faits dans la matinée se joignaient à la fatigue présente pour l'accabler; mais au lieu de s'arrêter, il prenait courage.

— Je veux la voir, pensait-il... — je veux être là, tout près d'elle, quand le juge va la condamner!

Le juge, pour lui, c'était Martial Aubert. Il n'avait reconnu que les domestiques de Villers, dans le coup d'œil ébloui qu'il avait jeté sur la salle; il se représentait, à sa manière, le tribunal, et croyait fermement que M. Aubert était le chef des juges.

Et son esprit, excité jusqu'à la fièvre, travaillait encore plus que son corps.

Il tremblait parfois en songeant qu'il allait frôler peut-être, dans son passage à travers la cohue, la mère terrible du comte de Bryant.

Et la comtesse Clotilde, sa maîtresse bien-aimée! comme il y avait longtemps qu'il ne l'avait vue! On disait dans la ville d'Avranches qu'elle était bien malade. — Oh! cette Alizia Pauli! c'était elle qui avait pris le bonheur de la comtesse! Quel châtiment serait trop dur pour elle!...

Bosco redoublait d'efforts pour hâter sa marche ténébreuse.

— C'est moi... se disait-il pour exalter son courage: — c'est moi qui l'aurai punie; c'est moi qui aurai vengé ma maîtresse.

La comtesse si bonne! Elle croyait le pauvre Bosco mort sans doute, et peut-être avait-elle eu des larmes pour son souvenir.

Pendant que le nain suivait sa route inaperçue, guidée qu'il était par le bruit des débats, l'audience marchait. Une voix connue vint frapper l'oreille de Bosco.

— Voilà M. Martial qui commence à juger... se dit-il. — Est-ce que j'arriverais trop tard!

La voix de Martial Aubert s'élevait en effet dans l'enceinte silencieuse. La foule écoutait, on n'entendait que le bruit des respirations pressées.

Puis, par intervalles, une commotion magnétique gagnait de proche en proche; un murmure sourd s'élevait.

Il y avait un frémissement général, dont Bosco ressentait le contre-coup, sans savoir ni comprendre.

Quand Martial Aubert se tut, une longue émotion régna dans l'auditoire.

Il y avait auprès de Bosco des femmes qui pleuraient.

Le nain était à la torture. — Que se passait-il? — Ses jambes avaient beau se raidir et tout son petit corps se tendre; il avait beau se dresser sur la pointe de ses pieds, sa tête dépassait à peine la ceinture de ses voisins. Enfermé dans sa prison humaine, il ne savait rien de ce qui avait lieu autour de lui.

Quand il voulait interroger, on le repoussait rudement et l'on s'indignait qu'un être de sa sorte eût osé pénétrer jusque-là.

Car le peuple n'aime guère l'égalité que pour abaisser ce qui est au-dessus de lui. — Quand il domine, par hasard, l'égalité lui semble une chose fort ridicule.

Il est alors comme ces saints-simoniens, devenus millionnaires qui ne songent plus du tout à mettre en commun les biens de ce monde.

A mesure que Bosco avançait, sa tâche devenait plus difficile; la muraille mobile s'épaississait au-devant de lui, en même temps que l'atmosphère, viciée tout à fait, refusait d'alimenter ses poumons.

Il allait toujours, cependant, et l'obstacle qui lui barrait la route l'empêchait au moins de tomber.

Une autre voix avait succédé à celle de Martial, et l'émotion s'était calmée. — C'était le ministère public qui parlait.

Après le ministère public, vint le tour de maître Gédéon Ricard, avocat du barreau de Paris.

Nous sommes contraints d'avouer que cet orateur n'eut point tout le succès qu'il avait espéré. Les va-nu-pieds de l'auditoire ne trépignèrent absolument pas, les vicomtesses bas-normandes ne lui envoyèrent aucune espèce d'œillades; le président, qui était un conseiller de la cour royale de Caen, se trouvait ne point parler du nez, et ne lui fit même pas la joie de le rappeler à l'ordre.

La veuve de Mareuil déclara en bâillant qu'il était ennuyeux, et le poète tragique se rappela involontairement la première représentation de son *Polynice*.

Le président prit la parole pour résumer les débats.

En ce moment Bosco avait percé la foule tout entière; mais sa marche, directe d'abord, avait dévié peu à peu. Il se trouvait contre le lambris, à l'extrémité de l'enceinte, sous l'escalier qui conduisait au banc des jurés.

Le lambris, massif et bas, se découpait, comme c'est l'ordinaire, et suivait en zig-zag les marches de l'escalier.

Bosco parvint à se jucher sur l'étroit rebord, et pour la première fois, depuis quatre grandes heures, il put donner un peu d'air à sa poitrine oppressée.

Il ne voyait rien encore, sinon le banc des jurés qui était vide; mais sa tête arrivait au niveau commun, et il pouvait entendre une partie de ce qui se disait dans la foule.

— Acquittée! acquittée! murmurait-on de toutes parts; elle va être acquittée...

— Ah! ah!... on peut dire que son avocat a crânement plaidé!

— A-t-il donné sur les doigts à ce comte de Bryant, au moins!

— C'est vrai que les riches veulent toujours victimer comme ça le pauvre monde...

Bosco n'entendait de tout cela qu'un seul mot : — Acquittée!... acquittée!... Il y avait dans son cœur une rage sourde et terrible.

Ses paupières brûlaient; la sueur coulait le long de ses tempes.

Cet avocat, qui avait si bien défendu l'institutrice, il aurait voulu le tenir sous les pieds et l'écraser!

Il restait encore un degré entre lui et le banc du jury qui venait de se retirer dans la salle des délibérations.

A l'aide de ses pieds et de ses ongles Bosco grimpa, recommençant son effort patient, et parvint à s'accrocher à la balustrade.

Sa tête dépassa enfin le lourd niveau de cette foule, qui l'avait opprimé si longtemps.

Il revit, en détail et à loisir, tout ce qu'il avait aperçu durant un instant trop court.

Parmi les juges, il n'y avait que des visages inconnus; — et c'était bien étrange, car il était sûr d'avoir reconnu la voix de Martial!

Mais qu'importait cela? — Son regard ne s'égara pas longtemps au banc de la cour et revint tout de suite se fixer sur l'accusée.

Alizia lui tournait le dos, ainsi que son défenseur, dont la tête, coiffée d'une toque, s'inclinait pensive.

De l'autre côté d'Alizia, Bosco reconnut Julienne, qui s'asseyait au banc des témoins.

La voix de la pauvre vieille s'était élevée toute seule en faveur de l'accusée.

Il y avait encore des larmes dans les rides de sa joue.

Bosco se sentit le cœur gros, — mais il détourna les yeux, parce qu'il voulait haïr en entier, et garder sa colère implacable.

Il avait beau chercher la comtesse dans la salle, il ne la trouvait point, et il se disait :

— Elle est malade, peut-être... comme ils l'ont tous trompée!... cette fille dont on a pitié parce qu'elle est belle... Ah! si M. Martial était là, il la condamnerait bien, lui, car c'est un homme juste!

Le jour baissait, et à l'autre bout de la salle, on allumait déjà les lampes.

Bosco était tapi dans l'angle formé par le mur et la balustrade, — sa tête seule était visible.

La foule n'avait garde de faire attention à lui. — Si quelqu'un l'eût remarqué par hasard, il n'y aurait eu ni moquerie ni rires; car le pauvre petit corps difforme disparaissait complètement pour ne laisser voir qu'une tête d'enfant mélancolique et belle, entourée de grands cheveux blonds.

Après la sortie du jury, des conversations s'étaient établies de toutes parts dans la salle. A l'exception des gens de Paris et de Villers, qui connaissaient mademoiselle Pauli de longue main, le vœu public était pour elle.

Sa beauté, sa jeunesse, et surtout l'admirable plaidoyer de son défenseur, avaient touché au vif la fibre populaire; l'auditoire, devançant le verdict, la proclamait innocente.

Et à mesure que l'absence des jurés se prolongeait, les conversations particulières se taisaient; le silence revenait peu à peu dans la salle.

— Tous les regards, brillants d'une impatience avide, se portaient vers la salle des délibérations dont la porte restait close.

On attendait.

Bosco éprouvait au centuple cette impatience fiévreuse qui faisait courir dans l'auditoire de longs frémissements. Il attendait, lui, aussi, comme le joueur passionné qui guette l'arrêt du sort.

— Que font-ils donc derrière cette porte?... pensait-il; — et les juges, pourquoi ne disent-ils rien?... S'ils allaient ne pas la condamner! Elle serait libre; peut-être qu'elle reviendrait au château... la comtesse est si bonne!

Ses yeux ardents se fixaient sur Alizia par derrière, et, si son regard avait eu le pouvoir de tuer, Alizia serait morte.

En ce moment où les murmures de la foule étaient pour elle, en ce moment où chacun espérait un verdict d'absolution, la haine de Bosco grandissait et s'envenimait.

La fille sans cœur! — le mal! le poison vivant qui était entré pour ainsi dire dans les veines de la comtesse!

La porte de la salle des délibérations se rouvrit; les jurés regagnèrent leurs bancs avec lenteur.

L'auditoire s'agita sourdement, puis un silence profond régna dans l'enceinte.

Le chef du jury, debout et découvert, la voix étouffée par l'émotion, lut un papier qui tremblait dans sa main.

La figure de Bosco étaient en feu; tout son sang lui montait au visage; ses oreilles bourdonnaient. — Il n'entendit que les derniers mots du verdict :

« Oui, l'accusée est coupable! »

Alors une joie insensée lui emplit le cœur, et tandis qu'un murmure triste courait dans l'auditoire, il poussa un grand cri de triomphe.

Il était fou. — Ses mains s'élevèrent pour applaudir.

Mais ses mains retombèrent tout à coup et sa bouche resta béante.

— En même temps, un voile de pâleur descendit sur son front.

Au cri poussé par Bosco, l'avocat de mademoiselle Pauli s'était retourné. — Bosco avait reconnu la douce et belle figure de Martial.

Il resta comme frappé de stupeur.

Puis Alizia tourna la tête à son tour. — Comme elle était pâle! — Dans ses grands yeux noirs il y avait des larmes.

Bosco la vit échanger un regard avec Martial, et une sorte de lumière le frappa au cœur.

L'âme entière de la jeune fille était dans ce regard. Le nain sentit comme un bandeau qui tombait de sa vue.

Ses yeux se mouillèrent.

Mademoiselle Pauli tendit la main à Martial.

— Oh! fit Bosco, est-ce que je rêve! pourquoi est-il là?

La tête d'Alizia se penchait jusqu'à toucher l'épaule de Martial.

Bosco joignit les mains.

De tout ce triomphe qui l'exaltait naguère, il ne restait rien, et cette voix orgueilleuse qui parlait tout à l'heure dans sa conscience, disait :

« C'est toi! c'est toi qui la condamnes, » lui envoyant un brûlant reproche.

Il y avait un rayon d'amour dans les yeux d'Alizia. La froide statue avait un cœur. Il s'était trompé, sa haine injuste avait frappé à l'aveugle.

Que dire? Dans ces intelligences incomplètes et obscures où la raison se voile trop souvent, tout est affaire de sensibilité; l'impression première agit avec violence, et la réaction est un coup de foudre!

D'autres auraient vu peut-être avec froideur ce qui était sous les yeux de Bosco, Bosco, lui, avait l'âme navrée.

Tout ce qu'il y avait entre Alizia et Martial Aubert, Bosco le devinait : le mystère de ce jeune esprit prenait une intuition extraordinaire.

Les faits passés se déroulaient devant ses yeux avec une signification nouvelle.

Elle aimait. Elle aimait!... c'était une pauvre martyre qu'il avait frappée sans pitié ni pardon !

Il aurait voulu franchir la distance qui séparait d'Alizia et de Martial pour s'agenouiller entre eux deux, pour demander grâce en pleurant... Car il se disait toujours :

— C'est moi... c'est moi qui l'ai condamnée!

Et comme si Dieu eût voulu le punir à ce suprême instant, l'émotion, trop forte, paralysait son pauvre corps, anéanti d'avance par la fatigue. Il ne trouvait ni voix ni paroles.

Il voulait crier, et il ne pouvait pas.

Il demeurait immobile et de grosses larmes roulaient sur sa joue...

La foule s'était écoulée morne et silencieuse après la condamnation d'Alizia Pauli.

On avait éteint les lampes.

Dans la grande salle, déserte maintenant, il ne reste plus que Bosco, qui s'était affaissé sur les marches de l'escalier.

Il pleurait tout bas. — Parmi les ténèbres, ses yeux voyaient encore la pâle jeune fille, penchée sur l'épaule de Martial Aubert.

Que d'amour et quelle poignante souffrance !

Et Bosco n'avait pas pu parler ! la voix s'était arrêtée dans sa gorge muette !

Que faire ?.. que faire, mon Dieu ! — les gardiens, en fermant la salle d'audience, causaient entre eux. Ils avaient dit :

— On n'a pas pu la ramener dans sa prison... ils lui ont fait une chambre au greffe... Elle se meurt, la pauvre fille !

Les deux mains de Bosco se crispaient contre sa poitrine.

C'était lui... c'était lui !..

Oh ! la laisser mourir !..

Et revoir Martial en habit de deuil ! — Et suivre de loin la vieille Julienne, quand elle irait prier en pleurant sur la tombe de la condamnée !...

C'était le soir de l'arrêt rendu ; il était à peu près neuf heures.

Dans l'une des chambres affectées au service du greffe on avait dressé un lit de sangle, où mademoiselle Alizia Pauli s'étendait, mourante. Le silence régnait parmi les personnes présentes.

Il y avait là M. le comte Hector de Bryant, la comtesse sa femme, Martial Aubert et Julienne qui priait à voix basse, agenouillée au pied du lit.

Le comte Hector se trouvait là de son propre mouvement ; il était venu à l'issue de l'audience, ignorant l'état de sa victime, et voulant sans doute renouveler les propositions d'enlèvement qu'il lui avait faites naguère au château de Villers.

Car M. le comte suivait son idée avec acharnement, et sacrifiait à la seule passion qu'il eût éprouvée en sa vie.

Il avait toujours pensé qu'Alizia, condamnée, serait en son pouvoir.

En la voyant perdue et si près de mourir, peut-être avait-il ressenti un mouvement de repentir ; — mais il était trop tard.

M. le comte, prenant son parti en brave, avait voulu se retirer ; c'était l'arrivée de sa femme qui lui avait barré le passage.

Clotilde venait là, cédant au dernier appel de son ancienne amie.

La tête d'Alizia reposait, livide et presque inanimée, sur le rude oreiller.

— Le prêtre est-il là ?.. demanda Martial au surveillant que sa charge obligeait à ne point quitter la chambre.

— Il attend..., répliqua ce dernier.

Alizia rouvrit les yeux à demi et sembla compter ceux qui entouraient sa couche.

Quand nous l'avons vue au château de Villers, lors de son interrogatoire, elle était déjà bien malade. Sa faiblesse avait grandi depuis, et les émotions de cette journée terrible l'avaient laissée brisée.

La mort était suspendue au-dessus de cette pauvre couche ; quelques heures encore, et la douce martyre allait avoir sa place au ciel.

Elle le sentait, car elle souriait.

En elle, il y avait quelque chose qui déjà n'était plus de la terre...

Avec l'aide de Martial, elle se souleva sur le coude.

— Toujours auprès de moi..., murmura-t-elle, tandis que son regard se ranimait, tendre et reconnaissant ; — Martial !.. ma bonne mère Julienne !... Oh ! je ne meurs pas sans amis.

Son œil se reposa, calme et doux, sur M. de Bryant qui détournait la tête.

— Je ne vous avais pas fait appeler, monsieur le comte, reprit-elle, — mais soyez le bien venu... Je ne garde point de colère contre vous... et je prie Dieu de vous pardonner comme je vous pardonne.

Le comte Hector s'inclina cérémonieusement. Il jouait un rôle ici comme ailleurs. En face de cette agonie, qui était le fruit de ses intrigues maladroitement tissées et de sa brutale diplomatie, il éprouvait un sentiment triste sans doute, mais il gardait son sang-froid et ses prétentions au titre de comédien très-fort.

Il ne s'avouait point que la clémence seule de sa victime le sauvait en ce moment de la honte.

Il se disait : c'est malheureux ! la chose n'a pas tourné comme il faut.

— Mais il se consolait en ajoutant : Pour ce qui me regarde, je n'ai rien à craindre... Quand même elle parlerait, on ne la croirait pas maintenant qu'elle est condamnée.

Alizia tendit sa main à Clotilde, qui était auprès de son mari, pâle et le cœur serré.

La comtesse s'approcha ; elle prit la main de son ancienne amie et ses yeux se mouillèrent.

— Vous êtes bonne, Clotilde, lui dit mademoiselle Pauli, — et je crois que vous m'avez aimée.

— Oh ! fit la comtesse, ma pauvre Alizia !..

Celle-ci attira Clotilde jusque sur son lit, et ses yeux demi-clos nagèrent dans le vide.

Julienne priait toujours. — Martial priait à la tête du lit, grave et triste ; ses paupières se baissaient ; il cachait le mieux qu'il pouvait la douleur immense qui étreignait son cœur.

Le comte songeait à la retraite et choisissait son moment.

Durant quelques secondes, Alizia sembla se recueillir en elle-même ;

puis elle regarda la comtesse qui pleurait, et lui dit de cette voix caressante que les jeunes filles prennent pour échanger leurs confidences amies.

— Il faut que le malheur des uns serve du moins au bonheur des autres... Vous êtes jeune, Clotilde, et bien belle !... Si Dieu le veut, vous avez le temps d'être heureuse... Croyez-moi, soyez vous-même la mère de vos enfants, et ne mettez jamais une étrangère entre vous et l'amour de votre mari ..

A mesure qu'elle parlait, les larmes de la comtesse se séchaient et ses yeux prenaient une expression de craintive défiance.

Le cœur de Martial battait. — Où allait ce préambule ? — Était-ce un aveu qui venait aux lèvres de la mourante ?..

Le comte Hector écoutait, inquiet ; il ne songeait plus à se retirer.

— Seulement, il se tourna par deux fois du côté de la porte, où il avait cru entendre un léger bruit.

La porte était immobile, et personne ne s'y montrait.

— Vous m'entendez, n'est-ce pas ? reprit Alizia ; — Pourquoi tenter Dieu ?.. il y a des femmes si belles et si perfides !

— Que voulez-vous dire ?.. murmura la comtesse.

— Je suis cela par expérience, reprit Alizia, lentement et d'un accent rêveur ; — elles sont humbles et modestes... elles se glissent dans les familles... on a pitié d'elles d'abord, — puis on les aime...

La comtesse recula d'un pas ; son regard courut de mademoiselle Pauli au comte Hector, qui jouait l'indifférence.

Julienne, toute seule, comprenait vaguement les paroles de la condamnée, parce qu'une fois déjà, dans la prison d'Avranches, elle l'avait entendue prononcer des paroles semblables.

Alizia ne voyait point le trouble de ceux qui l'entouraient.

— Je suis innocente, poursuivit-elle, — et vous le croyez, Clotilde... Je n'ai pas dérobé vos diamants... mais quand j'aurais pris ce médaillon, madame, — sa voix changeait et s'affermissait — ce n'eût point été un vol.

La tête de la comtesse brûlait, et mille pensées se croisaient dans son cerveau.

Un doute venait à l'esprit de Martial lui-même.

La comtesse se disait : C'est le dernier cri de sa conscience... c'est sa confession... elle parle des droits que lui donnait la coupable passion d'Hector !..

— Vous pouvez tout dire, Alizia, murmura-t-elle, — et je puis tout pardonner.

— Pardonner !... répéta mademoiselle Pauli dont le front se couvrit d'un incarnat fugitif ; — qui parle ici de pardonner !... Ces femmes qui viennent s'asseoir au bas bout de la table et qui vendent leur misérable vie pour le pain de chaque jour, ne sont pas toutes des bourreaux, madame... il y a parmi elles des victimes !... ne détournez pas les yeux de moi, car mon âme est sans crainte au moment de subir le jugement de Dieu... ce n'est pas à moi que je pensais, madame, quand je vous ai dit : prenez garde !... Je pensais à la femme du prince de Santa-Croce, — votre père, madame... — Je pensais à la pauvre princesse que j'ai vue mourir dans les larmes... Elle avait donné sa confiance à une étrangère... Le prince choisit entre elles deux... l'étrangère était plus jeune, peut-être plus belle... votre mère vous a-t-elle jamais dit son histoire, madame ?

Un tremblement nerveux agitait tout le corps de la comtesse.

Mademoiselle Pauli se tenait droite sur sa couche, sans le secours de Martial ; pour un instant, elle avait repris sa beauté fière et royale.

Martial se redressait, d'instinct, à côté d'elle ; il regrettait la crainte éprouvée ; l'orgueil du triomphe était sur son front.

— Ce n'est pas à votre mari que je songeais, poursuivit Alizia, — quand je vous ai dit : J'aurais pu prendre le médaillon sans commettre un vol... je disais cela parce que le médaillon renfermait le portrait de mon père.

Un cri étouffé s'échappa de la poitrine de la comtesse.

L'étonnement était sur tous les visages.

Alizia baissa les yeux, sa voix devint douce comme un chant.

— Je suis la fille du prince de Santa-Croce... dit-elle en s'adressant toujours à la comtesse, votre mère était institutrice de ma sœur aînée... Tout ce que Dieu m'avait donné de bonheur en ma vie, c'est vous qui me l'avez pris, madame... il me restait un espoir, — son regard d'amour se tourna vers Martial, — je vous le sacrifiais.

Quand ma mère mourut, abandonnée, de la blessure incurable que lui avait faite votre mère, elle exigea de moi deux promesses, madame : première je l'ai violée, car j'étais une enfant et la jeunesse est confiante... Je suis venue vers votre mère, malgré mon serment, et Dieu m'en a puni... ma seconde promesse c'était de ne jamais vous dire mon nom... je l'ai tenue jusqu'à cette heure où je me sens mourir...

La comtesse cacha sa tête entre ses mains.

Le front d'Alizia était redevenu pâle. Elle continua d'une voix qui allait faiblissant :

— J'aurais pu vous haïr... mais vous étiez ma sœur, et je n'avais que vous à aimer sur la terre. J'ai préféré l'amour à la haine, madame, et ma dernière parole est pour vous bénir.

Sa tête retomba sur l'oreiller ; il y avait autour de sa beauté comme une auréole sainte. Les sanglots de la comtesse et de Julienne interrompaient seuls le silence solennel.

— Monsieur le comte, dit Martial à voix basse, faudra-t-il vous apprendre quel est désormais votre devoir ?

— Si tout cela est vrai, murmura le comte, je dois convenir que c'est une très-malheureuse affaire... Mais il me semble qu'on peut accepter avec quelque défiance toutes ses allégations romanesques...

— Oseriez-vous douter ? s'écria Martial avec menace.

Au moment où le comte ouvrait la bouche pour répondre, une main lui toucha le bras. Il se retourna et fit un bond en arrière, comme s'il eût marché sur un serpent. Bosco était derrière lui.

Le comte était si troublé, qu'il céda à son premier mouvement, et s'élança vers la porte, qui restait entr'ouverte depuis l'arrivée de Bosco.

Mais Martial l'avait déjà prévenu.

Julienne s'était levée et tenait le nain par les deux bras.

— Il sait quelque chose ! dit-elle, faites-le parler.

— Croira-t-on le témoignage d'un enfant idiot et méchant? balbutia le comte Hector au comble de l'agitation.

Le nain regardait la comtesse, qui avait toujours son visage entre ses mains, et le regard qu'il lui jetait exprimait une détresse profonde.

— Je parlerai... murmura-t-il ; oh ! ma pauvre maîtresse ! qui aurait pitié d'elle !... Si Dieu avait voulu, monsieur le comte, vous m'auriez tué sur le coup, et je ne souffrirais pas ce que je souffre !

— C'est donc lui qui t'avait frappé ! s'écria Julienne.

Le comte haussait les épaules et faisait des efforts désespérés pour garder bonne contenance.

— C'est lui !.. répéta Bosco, — mais vous aurez pitié de ma pauvre maîtresse, n'est-ce pas? C'est lui !.. la veille du départ de la demoiselle... c'est lui qui m'a jeté du haut en bas de la terrasse, parce que je l'avais vu s'introduire, la nuit, chez l'institutrice et glisser les diamants dans sa malle !..

La comtesse s'affaissa sur elle-même, au pied du lit, et ne bougea plus. Bosco vint tomber à genoux auprès d'elle.

Alizia n'avait pas entendu. Cette immobilité où elle restait plongée, était-ce le sommeil ou déjà la mort ?

Aux dernières paroles de Bosco, le comte avait jeté un regard cauteleux vers Martial Aubert qui lui barrait toujours la porte. Ses yeux s'étaient baissés sous l'éclair terrible qui brûlait dans la prunelle de Martial. La figure de celui-ci, que d'ordinaire toutes les émotions laissaient impassible et calme, était décomposée. La tempête qui remuait son cœur agitait et tiraillait les muscles de sa face. Sa poitrine battait. Tout son corps tressaillait. Les poings fermés et le torse en arrière, il regardait le comte, comme si son œil eût eu le pouvoir de l'anéantir.

— Suivez-moi, monsieur, dit-il d'une voix étranglée.

Comme M. de Bryant hésitait, il lui mit la main sur l'épaule, et le corps du comte fléchit, rien qu'à cet attouchement. Martial le poussa violemment au dehors. En ce premier moment où il se trouva seul avec le comte, son meilleur ami ne l'aurait pas reconnu.

Il y avait en lui comme une vigueur foudroyante, et son visage transfiguré tuait comme la tête de Méduse...

Le comte tremblait et haletait.

Martial était devant lui, les bras croisés, les dents serrées, incapable de prononcer une parole.

La salle où ils se trouvaient faisait partie du greffe et servait de dépôt pour les pièces de conviction.

Les mains de Martial se crispaient ; son regard fit le tour de la chambre, sans qu'il sût lui-même ce qu'il cherchait.

Parmi les pièces de conviction, il y avait deux épées, déposées là pour une affaire de duel.

La poitrine de Martial rendit un rugissement de joie sauvage. Il se précipita, saisit les épées et en jeta une aux pieds du comte.

Il avait fermé la porte à double tour. La chambre était étroite. Il y avait place à peine pour la longueur des deux épées. On ne pouvait ni reculer ni fuir..........
. . . .

Quelques minutes après, le prêtre vint au chevet d'Alizia. Martial était de retour. On avait éloigné madame la comtesse de Bryant.

Julienne restait seule au pied du lit, avec Bosco accroupi

Interrogatoire d'Alizia.

dans la poussière. Martial prit la main de la jeune fille.

— Alizia, dit-il, voulez-vous être ma femme ?

Mademoiselle Pauli rouvrit les yeux à demi. Dans son regard on lisait le doute de sa pauvre âme, habituée à souffrir.

— Alizia, répéta Martial qui retenait ses larmes, — vous vivrez... Dieu vous doit des jours heureux. Voulez-vous être ma femme ?

La jeune fille entendit ; elle crut cette fois. Un angélique sourire vint éclairer sa beauté. Sa bouche sentr'ouvrit comme pour prononcer le oui joyeux de l'épousée. Elle était bien heureuse...

Le prêtre récitait à voix basse la prière des agonisants.

FIN.

www.ingramcontent.com/pod-product-compliance
Lightning Source LLC
LaVergne TN
LVHW020954090426
835512LV00009B/1890